新·全球文明史译丛
主编 王献华 周锡

# 时间的
# 全球史

[美] 瓦妮莎·奥格尔 著

郭科 章柳怡 译 孙伟 译校

浙江大学出版社

## 图书在版编目（CIP）数据

时间的全球史 /（美）瓦妮莎·奥格尔著；郭科，章柳怡译. — 杭州：浙江大学出版社，2021.6（2021.12重印）

书名原文：The Global Transformation of Time: 1870—1950
ISBN 978-7-308-19888-2

Ⅰ.①时… Ⅱ.①瓦…②郭…③章… Ⅲ.①时间—管理—历史—世界 Ⅳ.①C935-091

中国版本图书馆CIP数据核字（2021）第056039号

THE GLOBAL TRANSFORMATION OF TIME: 1870–1950
by Vanessa Ogle
Copyright © 2015 by the President and Fellows of Harvard College
Published by arrangement with Harvard University Press
through Bardon-Chinese translation copyright © (2017)
by Zhejiang University Press Co., Ltd.
ALL RIGHTS RESERVED

浙江省版权局著作权合同登记图字：11-2019-411号

### 时间的全球史

（美）瓦妮莎·奥格尔　著　郭科，章柳怡　译

| 责任编辑 | 谢　焕 |
|---|---|
| 责任校对 | 陈　欣 |
| 封面设计 | 云水文化 |
| 出版发行 | 浙江大学出版社 |
|  | （杭州天目山路148号　邮政编码：310007） |
|  | （网址：http://www.zjupress.com） |
| 排　　版 | 浙江时代出版服务有限公司 |
| 印　　刷 | 杭州钱江彩色印务有限公司 |
| 开　　本 | 880mm×1230mm　1/32 |
| 印　　张 | 11.25 |
| 字　　数 | 288千 |
| 版 印 次 | 2021年6月第1版　2021年12月第2次印刷 |
| 书　　号 | ISBN 978-7-308-19888-2 |
| 定　　价 | 68.00元 |

版权所有　翻印必究　印装差错　负责调换

浙江大学出版社市场运营中心联系方式：（0571）88925591；http://zjdxcbs.tmall.com

# 缩略词

| | |
|---|---|
| AHR | 《美国历史评论》（*American Historical Review*） |
| AN | 法国国家档案（Archives Nationales Françaises） |
| AP | 巴黎档案（Archives de Paris） |
| AUB | 美利坚大学贝鲁特档案与特别收藏，雅弗图书馆（American University of Beirut Archives and Special Collections, Jafet Library） |
| BArch | 德意志联邦档案（German Federal Archives） |
| BL APAC IOR | 大英图书馆亚、太、非藏馆，印度办公室记录处（British Library Asia, Pacific, and Africa Collections, India Office Records） |
| BNA | 英国国家档案（British National Archives） |
| BTA | 英国电信档案（British Telecom Archives） |
| HC Deb | 下议院辩论（House of Commons Debates） |
| HL Deb | 上议院辩论（House of Lords Debates） |
| LNA CTS | 国际联盟档案——通信与运输分部（League of Nations Archives, Communications and Transit Section） |

| | |
|---|---|
| LOC WCA | 国会图书馆手稿分馆，世界历法协会记录（Library of Congress Manuscript Division, World Calendar Association Records） |
| NAN | 纳米比亚国家档案（National Archives of Namibia） |
| NLS | 苏格兰国家图书馆，约翰·穆雷档案（National Library of Scotland, John Murray Archives） |
| RGO | 剑桥大学图书馆，皇家格林尼治天文台档案（Cambridge University Library, Royal Greenwich Observatory Archives） |
| RMA | 皇家邮政档案（Royal Mail Archives） |
| TNA | 坦桑尼亚国家档案（Tanzania National Archives） |

# 致谢

当我在英国邱园\*当地星巴克咖啡店里写下这些字时，我在经受着时差带来的特别糟糕的反应，时间标准化的诸多限制显而易见地令人厌倦。我们的时区可能已经完全统一，若无时间管理，我们可能迷失在我们忙碌的生活当中。但是，在现代医学出现奇迹，生产出睡眠与休息的替代物之前，人类的身体与心灵总是在反抗快节奏。这种快节奏构成了现代交通运输的基础，由于这种时间上的协调，如今我们可以跨越海洋与大陆。但这种变化是从19世纪下半叶才开始的——这就是本书要讲述的故事。

在完成本书的旅途上，在寻找档案的过程中有着许许多多的极乐瞬间。在这期间，我们发现的星星点点的证据表明，在让时间变得更统一方面，人们投入了多少辛苦努力，以及这一进程又必然是何等的"不自然"。我不得不谢谢许多老师与同事，他们教会了我如何注意并解读这些瞬间，以及如何思考——以及不考虑——时间。本书始于柏林的自由大学（Free University）与哈佛大学。在哈佛，我很荣幸与斯文·贝克特、查尔斯·S.迈尔（Charles S. Maier）共事。斯文对真正的全球史投注的热情意味着我能够继续一项计划，其他人则因为它太过宽泛、简直无法想象而予以拒绝。斯文还就资本主义与全球化的关系，以及国家在全球化当中扮演的角色向我提出不少问题，当我着手有关一个完全不同的话题的新计划

---

\* 邱园（Kew Gardens），即英国皇家植物园。——译者注

时，这些问题继续萦绕在我的心头。查理[*]，正如大家所知现今在哈佛，他给每个话题都带去了必要的怀疑主义（与幽默），并激励我往大处想。

哈佛的其他人同样给予了支持，而且同样重要。当写作计划与其说是在朝向全球，不如说是在中东发展时，阿法塞赫·纳玛巴迪（Afsaneh Najmabadi）自愿与我共事。尽管方向改变，她还是一如既往，对此我深深感激。罗杰·欧文（Roger Owen）、戴维·阿米蒂奇[**]，以及埃雷兹·马内拉（Erez Manela）是我的对话搭档，或研讨会的召集人，他们助我对全球史进行思考。两位杰出的阿拉伯语老师，卡尔·沙里夫·埃尔托奎（Carl Sharif Eltobgui）和哈立德·马斯里（Khaled al-Masri），他们激励我调动起学习这门语言所需的全部努力。

自2011年起，我便执教于宾夕法尼亚大学，在这儿，新部门的同事很快就让我觉得大学礼堂（Collage Hall）是我的学术家园。我要特别感谢沃伦·布雷克曼（Warren Breckman）、史蒂夫·阿恩（Steve Hahn）、彼得·霍尔奎斯特（Peter Holquist）、本杰明·纳撒斯（Benjamin Nathans）、埃米·奥夫纳（Amy Offner）、汤姆·萨格鲁（Tom Sugrue）、伊芙·特劳特-鲍威尔（Eve Troutt-Powell），尤其是斯蒂芬妮·麦柯里（Stephanie McCurry），谢谢你对拙著提供建议，发表评论，以及为我这位新同事做的许多事情。若无慷慨的基金赞助、非凡的同侪，以及社会科学学院（School of Social Sciences）的高级研究所（Institute for Advanced Study，IAS）给予的奇妙的大学组织陪伴（在那里，我度过了一年的学术休假），我原本是无法完成本书的。我感谢丹尼尔·艾伦（Danielle Allen）、迪迪埃·法辛（Didier Fassin）、丹尼·罗德里克（Dani Rodrik），以及琼·W. 斯科特（Joan W. Scott），谢谢他们接待了

---

[*] 查理（Charlie），查尔斯的昵称。——译者注
[**] 戴维·阿米蒂奇（David Armitage），美国历史学家，其作《内战：观念中的历史》已经有简体中文译本。——译者注

我，还要谢谢2013—2014年度那个极好的同事团队，谢谢它让这次休假成为目前为止我人生中最值得铭记的经历。

完成本书让我阅览了大量档案，去了很多地方，在那些地方，各式各样的人都在过去的岁月中给予我帮助。我想感谢美利坚大学贝鲁特图书馆的工作人员，贝鲁特的日耳曼东方研究所（German Orient Institute）的主任与工作人员，尤其是IAS图书馆出色的图书管理员团队。

那些年里，在助研、翻译，以及其他任务和后勤方面，不少人给予我帮助——卡梅隆·克劳斯（Cameron Cross）、沃纳·希勒布雷希特（Werner Hillebrecht）、乔纳森·科恩（Jonathan Korn）、纳撒尼尔·米勒（Nathaniel Miller）、阮坦（Thanh Nguyen）、安德烈娅·奥科利（Andrea Okorley）、艾玛·庞斯福思（Emma Paunceforth）、罗伯托·萨巴（Roberto Saba），以及菲利帕·索尔登瓦格纳（Philippa Söldenwagner）。

各个基金为本书提供了所需的经济资助：哈佛欧洲研究中心（Center for European Studies）与艺术和科学研究生院（Graduate School of Arts and Sciences）；基础研究，德国学术交流中心（Studienstiftung, the German Academic Exchange Service/DAAD）；史密森学会的美国历史国家博物馆（National Museum of American History）；贝鲁特的日耳曼东方研究所；宾夕法尼亚大学研究基金，以及宾夕法尼亚大学艺术与科学学院，还有其他好几项资助。

那些年里，很多同事和朋友都拨冗对我的著作给予了反馈，还邀我出席他们的研讨会，同我分享已出版或未出版的资料：特别是戴维·阿米蒂奇、奥里特·巴什金（Orit Bashkin）、戴维·贝尔（David Bell）、马克·布拉德利（Mark Bradley）、谢尔·加龙（Shel Garon）、迈克尔·盖耶（Michael Geyer）、罗布·科勒（Rob Kohler）、诺姆·玛戈（Noam

Maggor）、埃雷兹·马内拉、亚当·麦基翁（Adam McKeown）、凯瑟琳·M. 奥列斯科（Kathryn M. Olesko）、阿维尔·罗斯瓦尔德（Aviel Roshwald）、雅各布·索尔（Jacob Soll）、詹姆斯·弗农[*]、雅各布·弗格尔（Jakob Vogel）、塔拉·扎赫拉（Tara Zahra），以及在哈佛举办的资本主义研讨会上的各位参与者。自我在柏林还是学生起，塞巴斯蒂安·康拉德（Sebastian Conrad）的著作一直都是我自己思考历史的灵感来源与钦慕的方向。蒂尔·格拉特（Till Grallert）亲切地向我指出了种种错误；当然，仍然存在的全部错误都是我犯的。

哈佛大学出版社的乔伊斯·塞尔策（Joyce Seltzer）很早便对我的想法产生兴趣，当时，它们还几乎不能构成一本书的计划。布莱恩·迪斯特伯格（Brian Distelberg）确保了简单而迅捷的通信，还在其他很多事情上给予帮助。出版社的外部评论者提供了必要而富有创新性的反馈，它有助于我完成一本更好的著作。

第四章和第五章讨论的部分观点，此前在《它是谁的时间？时间的多元化与全球的状况，19世纪80年代至20世纪40年代》（"Whose Time Is It? The Pluralization of Time and the Global Condition, 1870s-1940s"）一文中得以探究，文章发表在《美国历史评论》，2013年10月，第5期第120卷，页码是第1376页至第1402页。

写作本书的过程当中得到的最重要的支持，来自所有那些在过去的岁月中提供了友谊和情感养料的人，无论是在马萨诸塞州的剑桥、贝鲁特、费城，抑或在它们之间的诸多城市——他们晓得他们是谁。我亏欠他们和我的家人良多——多到无法偿付。在某些方面，本书献给J.，关于人类时间，他虽不知晓但他可能教会了我最多的知识。

---

[*] 詹姆斯·弗农（James Vernon），美国历史学家，其作《远方的陌生人：英国是如何成为现代国家的》已经有简体中文译本。——译者注

# 目录

001　导言

032　第一章　全球化世界中的国家时间

073　第二章　节约社会时间

117　第三章　从国家时间到全球范围内的统一时间

155　第四章　殖民地时间大战

192　第五章　对时间管理进行比较

244　第六章　伊斯兰教的历法时间

288　第七章　给所有人的一份历法

337　结　语

# 导言

1891年春，赫尔穆特·冯·毛奇（Helmuth von Moltke）伯爵在德国国会上站起身来，就采纳"统一时间"的问题进行发言。作为一名鲐背之年的老人，他成功说服了此前还摇摆不定的听众接纳并支持改变时间系统，与他同时代的人后来将之归功于他那富有激情又鼓舞人心的演讲。经过各个政府部门、铁路官员、立法者和公众多年的讨论，德国最终准备就绪，考虑在全国范围内实施共同的平均时间系统。但不那么清楚的是，这个新时间系统是在电报、火车，或许还有特定的政府机关内部使用，还是说，这个新的平均时间系统将会扩展至国民生活的方方面面。就毛奇和其他人所理解的这一转换的某些部分来看，它的变化是极其巨大的，以至于连他自己都督促人们要慎之又慎。然而毛奇并没有活到享受他的演讲辛劳带来的成果那个时候；这位德国军事战略方面的伟大长者，在德国国会大厦（Reichstag）的演说过后几乎不到一个月就去世了。但在1892年秋和1893年冬，德国国会两次讨论了一项法案，该法案提议令本国时间比英国格林尼治时间快上一个小时，这就成为德意志帝国新的平均时间。法案在1893年4月1日通过，并成为法律，它既适用于内部行政，又服务于日常生活的外部目的。[1]

赫尔穆特·冯·毛奇设法要解决的问题，按理说来是漫长的19世纪造成的最重要的社会、政治和文化的转型之一：现代时间系统的兴起。

在这个艰巨而持续甚久的过程中，当地时间（local times）让位于时区（time zones）和全国平均时间（countrywide mean times）；格里高利历法（Gregorian Calendar）*传播到非西方世界诸多地区；时间最终从自然和农业节奏中分离出来，而且呈现出更多的抽象内涵，成了将要嫁接到自然节奏之上的系统网络；时间正在愈发同职业观念相联系，包括了工作时间、休闲时间、娱乐时间、学习时间。在世界上很多地区，这个经历了几乎一个世纪的转型，甚至衍生出更多种类的时间，因为宗教时间系统和其他的时间系统以及地方历法，同新的时间系统一起得到持续使用。在这个后工业社会中，沟通和职业模式的变化，使得这些现代时间系统经历了混杂与再次转型，直到现在依然为我们所用。

毛奇并非默默无闻之辈。在三十年时间里，他先后领导了普鲁士和德意志的参谋部。他的军事能力，被普遍认为是在三次"统一战争"（three "wars of unification"）**中普鲁士获胜的主要原因，而这三次冲突为1871年德意志民族国家的建立铺平了道路。因此，在1891年的国会辩论当中，赫尔穆特·冯·毛奇的妙招，就是打了军事将领这张牌。或许，作为一位19世纪的战略家，毛奇最与众不同的素质，就是他关于铁路的知识以及在战争中对铁路的运用。虽然铁路和补给线在1866年同奥地利的战争中就派上了用场，但真正的考验落在1870—1871年与法国的冲突之中。此时，在铁路的帮助下，毛奇巧妙地组织了军队的调动，这尤其得感谢精心策划的铁路时刻表和联运系统。[2]当这位老人在德国国会大厦前发表演讲时，他强调的是时刻调整得当的铁路对保卫德国来说所具有的不可或缺性。他警告说：即使是在和平时期，一年一度的动员演练也要依靠铁路的帮助来顺

---

\* 即现在的公历或阳历，它由罗马天主教教皇格里高利十三世（Pope Gregory XIII）于1582年启用，因此得名。——译者注

\*\* 依次是1864年普鲁士与丹麦的战争、1866年普鲁士（联合意大利）与奥地利的战争，以及1870—1871年普鲁士与法国的战争。——译者注

利完美地调动军队。综上所述，毛奇论说道：采用统一的德国平均时间，关系到民族的安全，因为它在很大程度改善了防御当中的一个关键因素。反对它则意味着削弱德国。

对于为什么德国需要统一的时间，毛奇还进一步给出了第二个论据。当时，德国存在着五个时间系统：柏林时间、路德维希港（Ludwigshafen）时间、卡尔斯鲁厄（Karlsruhe）时间、斯图加特（Stuttgart）时间，以及慕尼黑时间。根据毛奇的说法，这样的多重时间是"德国分裂以来便一直存在的遗迹，而如今我们成了一个帝国（Reich）[德意志帝国（German Kaiserreich）]，这种多重时间理应被废除"。他提了到1871年之前的政治情势，彼时，德国由许许多多小型的、通常领土极小的邦松散地组成德意志联邦（German Confederation）。终止维持内生于地方主义（regionalism）的这五种时间体制，既是为了国家安全，又是为了民族建设。[3]

尽管毛奇出于"民族理由"进行了这样的论证，可一旦这些计划成为法案摆在德国国会面前，它们就会夹杂着一条非常不同的论证路线。

这些论证同法案一起描绘了一个新的世界图景：世界变得越来越小了，在其中，交流变得越来越频繁，而距离逐渐缩短，并且人、货物和思想不断跨越国家的边境。法案如此声明道："只要生活在极其狭窄的圈子里打转，只要从一个地方到另一个地方的交通依然缓慢，同时确定时间的精确度仍然很低，那么当地时间……对每个地方来说就是足够的。"然而，现在，"人们越来越普遍地认识到，完善的、由空间和时间关系主导的运输（以及言外之意的交流）方式，要求为更广阔的领土创造一个关于时间的统一定义"。[4]这一声明是对采用单一子午线这一提议的赞同，而全球范围内以小时为范围（hour-wide）的时区系统就基于此。1884年在美国华盛顿特区举行的本初子午线会议，便最为突出地表达了这一点。[5]

那个系统，以及稍后它那个不太知名的引进统一的"世界历法"的孪生项目，都遵循了一个几乎带有乌托邦式愿景的逻辑，它关乎一个通用时间系统，关乎相互联系与不断整合。这一相互关联的世界出现的证据非常充足，其范围覆盖新闻报道、关于统一时间系统的小册子、科学家写的短文章，以及立法者、管理者和钟表匠的声明等等。乍看来似乎只是纯粹修辞的东西，却根深蒂固地成为一种思想观念和世界观，我们不能将之作为门面装饰予以忽略。

这份德国法案的起草者是对的：19世纪后期的几十年，人们见证了全球规模的互动剧增，这些互动将人和地区带入生产和交换的网络之中，带入帝国的和殖民的职业和生计之中，同时还破坏了非西方世界自主的、区域的经济与政治体系。早在1848年，马克思和恩格斯就曾对相互联系（interconnectedness）赋予了社会经济上的意义，他们写道："不断扩大产品市场的需求，在全球范围中追逐着资产阶级。它必须遍布各处，到处安身，建立无处不在的联系。"电报、铁路，以及蒸汽轮船为这种互动提供了新技术和交流的基础。用今天的话来说，19世纪正快速经历着全球化。[6]全球化在此取其最广含义，即在世界各地与各国之间建立持续的政治、经济、社会和文化的联系，以及相互交流与依附的过程。就全球化的某些特征来说，19世纪下半叶，看起来与今天不同。将1900年前后的几十年看作是一个全球化的时期，有助于使今天的我们更加熟悉逝去的19世纪，同时又能关注到两个时代之间的区别。与此同时，这样一个视角还会令人们对一种今天习以为常的说法产生怀疑：作为一种新事物且具有前所未有的规模与范围的全球化，是今天才发生的。[7]

在把通用时间视为德国国家时间系统这种立场上，赫尔穆特·冯·毛奇并不是孤身作战。在日益普遍化的统一时间观念和关于这些观念的传播与流通与实现这类观念的民族主义的、有时是地方主义的框架之间的张力,就其同时代的观察者而言是依然存在的。罗伯特·施拉姆(Robert Schram),一位奥地利的地质测量师,对采用全国平均时间进行了思考,也有着很多观察。"我们这个世纪展现出不少奇怪的对立,一方面,人类致力于将自己分裂为一个个封闭的大大小小的民族(natiönhen),并在其间建立隔墙;另一方面,在与贸易、工业,以及科技有关的一切事物中,(人类)又前所未有地感到一种共性。"[8]统一的时间系统就是这样一个共性。

＊＊＊

1900年前后,当时的观察家们都意识到了相互联系在多大程度上重新定义了时间、空间,以及社会关系。他们描绘了一幅正在变成地球村(global village)的世界图景。把19世纪下半叶与此前紧密联系与互动的例子和时段区别开来的,正是这种对全球性(globality)的领悟,以及对世界是相互联系的这一事实的认识和反思。大卫·哈维(David Harvey)＊后来创造了"时空压缩"("time-space-compression")一词,作为一个分析概念,以后见之明来描述这类转型,而其他学者也紧随其后。但这种"互联之说"("connectivity talk")和对全球性的自觉沉思,最初在19世纪时业已得到表现。自我反思的全球化是一种心态,它塑造了人们对全球化的回应和掌控方式。[9]与此同时,毛奇和与他类似的19世纪的欧美人准确地将地球看作是属于相互竞争的民族—国家的臣民和公民的世界,在这其中,民族认同(national identities)和民族归属(national belonging)逐渐占据了核心舞台。这样一部关于确定时间体制的实践与改革时间体制

---

＊ 大卫·哈维(1935—),英国当代社会理论家、西方马克思主义学者,著作有《跟大卫·哈维读〈资本论〉》《资本的限度》《新自由主义简史》等。——译者注。

的观念的全球史，把在这个相互联系的世界中发挥作用的动力机制带到了前台：欧洲和北美关于时间的种种观念被传播到世界上的其他地区，但这些观念最初是作为国家时间和地区时间系统来实行的。在没有直接的传播渠道的情况下，它们在世界上的不同地区同时得到了表达。后来成为一个整体的通用时间系统的起源是民族性的、地方性的，有时是区域性的。时间系统改革的故事因此或许提出了最具挑战性的、可供分析的问题，每个研究19世纪和20世纪早期全球史的历史学家们都得面对这个问题：一方面是世界各个国家和地区之间愈发增强的融合与联系，另一方面是民族主义和强大的国家机器的同时增长。[10]更重要的是，这样一个全球化的、国际化的视野，把欧洲的发展历史放在与其他历史并列的位置上。通过考察不同的欧洲国家如何被同世界其他地区的交流和认知，如何被对一个愈发全球化的世界之领悟所塑造，此项研究也是在完成一项关于"由外向内"（"from the outside in"）书写欧洲历史的提议。

当毛奇和其他人在19世纪版本的全球村中四处张望时，让他们倍感震惊的是，这个缩小的世界变得何等地竞争激烈。克服距离上的困难似乎不仅标志着旅行和交流的便利，而且也意味着全面的侵蚀状态，使得在这个缩小了的空间中和平共处变得愈加难以想象。欧洲大陆正努力适应一个新生的、野心勃勃的、日益富有攻击性的大国及其经济实力的兴起，这就是德国。在欧洲以外，为抢夺最后一块未被殖民的土地，以及开拓新市场，获取并售卖原材料、商品和制成品而进行的领土掠夺已经全面展开，就连日本和美国也开始在亚洲和西半球标记自己的势力范围。这样一种零和竞争甚至在大国政治之外也留下了印迹。它渗透进了科学和各类不同的学术科目。因为专门技术和知识能够转化为工业的、军事的和文化的"进步"，能够让一国压制其他国家。从居住在欧洲和北美以外的人的角度来看，前景似乎危机重重。中国、奥斯曼帝国、埃及和地中海东部的观察家们业已警觉地看到,非西方社会落入欧美的殖民的、帝国的统治似乎是不可逆转且不可阻挡的历史进程。在这个竞争激烈的相互联系的世界中,无论是非西方社会,还是毛奇以及身在欧洲和北美与他同时代的人们,都试图通过扭转货物、人,以及与时间有关的观念,服务于本国的进步和他们所在的社会与国家的强大。[11]

19世纪的观察家们在智识上衡量这个相互联系的、竞争的世界的途径,就是进行比较。无论是在柏林还是贝鲁特,伦敦还是孟买,时人都痴迷于在其他的社会和国家与本国之间建立差异性和相似性。他们比较了各个方面,从文明进步水平到经济实力,到人口发展情况,人类头骨的形状,科学成果以及测量时钟时间、设计历法和管理社会时间的各种方式。进化论思想在19世纪下半叶,甚至在部分非西方世界都激起了兴趣,特别是在不同阶段的生物、社会以及文化的发展和完善方面的历时性比较方面得心应手,并成为一个在许多知识生产领域中的基本认识型工具。[12]

19世纪全球化所设定的结构,让比较变得十分便利。更加廉价的印刷品让传播异域社会与国家的成就和缺点的新闻信息,与此前的时代相比,变得更加容易,价格更加低廉,并为更多的人打开了一扇面向世界的窗口。更重要的是,越来越多的人通过贸易、旅行、移民以及为帝国和殖民服务,获得了关于外国社会的一手经验。比较的方法在全球的经济、政治以及文化趋势的全景和地区经验之间转化。1878年,德国哲学家弗里德里希·尼采(Friedrich Nietzsche)以一段警句表达了这一关系:

> 比较的时代。人们受传统的束缚越小,他们内心动机的骚动就越大,因而他们表面的不安、相互间的交流以及他们的多重努力也就越大。现在对谁还会有一种更为严厉的束缚能将他和他的后代拥在一个地方呢?对谁还会有某种严厉束缚的东西呢?所有的艺术风格一个接

一个地被模仿，道德、风俗、文化的所有阶段和种类也都被模仿。这个时代是如此获得其意义的：各种世界观、各种风俗文化在这个时代能得以比较，并且一个接一个地受到体验；这在以前是不可能的，因为以前一切文化都只有地域性的支配地位，所有艺术风格都束缚于时间和地点。*13

法国教育家埃德蒙·德莫兰（Edmond Demolins）于1897年发表了"盎格鲁－撒克逊人的优越性——原因何在？"一文，不妨拿它作为在这个全球化经验之中诞生的比较精神的一个受到欢迎的例子。他的短文，受到种族理论的影响，比较了英国和法国的教育系统，并谴责法国的教育系统应为国家的人口衰退以及财政困境负责。这篇短文被翻译成阿拉伯语、保加利亚语、英语、波斯语、日语、波兰语、俄语，以及西班牙语（在西班牙和秘鲁），在对民族成功的秘密感到好奇的那些国家里，该标题同样非常流行。[14]

比较的问题在于，全球化和所谓对时间和空间的征服，让时人意识到，世界并非是十足相似的，而是充满巨大差异——以至于到了无法比较的程度。在这个世界上，是时间在衡量并且建立了差异性。因此，时间并不像法律、公制制度，或妇女运动那样，仅仅是这几十年中被国际化和普遍化的一种范畴或标准。首先，时间令全球化的想象成为可能。时间无处不在：19世纪下半叶，时间成为一个在广泛领域中被展示、被探究的对象。其中一些领域在斯蒂芬·克恩（Stephen Kern）的那本迷人的、关于时间和空间的"文化"的书中找到了自己的历史，这本书允许斯蒂芬·克恩透过时间和空间的多棱镜，看到不同于欧美的文学、绘画、哲学，以及在地理和其他方面的智识上的、艺术上的表达。[15]

---

\* 引文译文参考弗里德里希·尼采的著作《人性的，太人性的：一本献给自由精灵的书》，杨恒达译，中国人民大学出版社2005年版，第23页。——译者注

一方面，历史作为一门学科，从语文学和其他领域中挣脱出来，以其现代的形式整合成大学的一个组成部分。其他科学，诸如考古学和地质学，也同样在探索历史时间。众所周知，这些（以及其他许多）学科首先且最重要的任务是服务于典范化（canonization），以及不断地为民族国家发明历史。[16]然而，通过将民族与人民的历史绘制在通用的、进化的时代的网格之上，历史时间也有助于创造差异关系，进而把民族的历史置于时间的世界之中。在他对民族主义的著名阐释中，本尼迪克特·安德森（Benedict Anderson）强调了一个民族"在历史中稳定地向下（或向上）运动"这个观念的重要性，这类似于一个"遵循时历规定的节奏，穿越同质而空洞的时间的有机体"[*]这个观念，为的是想象民族这个共同体。但安德森没有看到的，或许是：（尚未被阐明的）跨国历史比较最有助益的成就在于，就民族国家与民族主义的形成而言，国内的居民逐渐把自己想象成归属于某个民族与自外而内的塑造是同等重要的。无论是想象的还是物理的边界，都是在它们之外和之内的东西相互交叉贯穿和加以定义的时候制定下来的。[17]民族不仅被想象成了一个民族共同体，而且还被想象成一个由各种社会和其他民族构成的全球共同体的一部分，它们全都被定位在历史时间之中。结果，那些非西方社会要么注定被看作是"没有历史的民族"，要么被贬低为文明和进化发展的早期阶段，注定在19世纪学术分工中成为人类学而非历史学的研究对象。因此，欧美的历史学家、人类学家，以及民族学家们，否认这些民族具有"同时期性"（"coevalness"），正如约翰内斯·法比安（Johannes Fabian）在其关于时间和人类学关系的著作中论辩的那样。[18]这样一种差异的时间化（temporalization of difference）与不同的时间性（temporalities）在19世纪

---

[*] 引文译文参考本尼迪克特·安德森的著作《想象的共同体：民族主义的起源与散布》（增订版），吴叡人译，上海人民出版社，2011年，第24页，略有改动。——译者注

的全球化发展当中最为关键。时间，或由此而来的时间的缺席，进而成为在全球范围内比较不同进化水平、历史发展阶段和定位（positionality）的一种手段。

社会时间也在一定程度上成为一种定位装置。19世纪下半叶，工人和雇主就社会时间、工作时间、休闲的意义和分割，以及它们之间的适当比例进行斗争。将某些具有时间特定性的任务（time-specific task），例如"工作""休闲""休息"，指定为不同时间部门，有助于在这些群体中提升对有效时间管理的意识。用米歇尔·福柯（Michel Foucault）的术语来说，公民与臣民会进一步在学校、工厂、军队，以及其他"完全的"机构中暴露在时间的规训（time discipline）下。[19]作为19世纪全球化的一部分，对个体、集体，以及他们那些功能各异的时间的分类，不仅很快被运用于国内相关社会经济群体，而且还得以扩展，以便将各个民族和社会（更准确地说，各个种族）的工作习惯和时间管理技能从整体上一网打尽。在西方传教士和商人的眼中，非西方人士被集体谴责为懒惰者，不能实施恰当的时间管理。在帝国竞争的世界里，这些污名偶尔会被改革者内化，尤其是在那些还没有沦为被欧洲人统治，但很有向西方优越性屈服的风险的地区。黎凡特的阿拉伯知识分子敦促他们的同代人改善时间管理，为的是让"东方"文明赶上欧洲。19世纪对进步和现代化的关注，就是建立在相似的线性历史的、自然化的、进化的时间观念之上的。并且，与进步同步的要求迫切需要对时间进行现代管理与部署。特别是在非西方世界，机械时钟成为地位的象征，表明其所有者紧随现代时间的步伐。[20]对变得现代的渴望，让欧洲和北美以外许多知识分子和革命者们如此着迷，因而成为另一个进行全球性定位的工具。

与进步相关联的、合理而有效的时间，也遍布19世纪诸国那膨胀的官僚与政府部门之中。对火车与电报、安排表和时刻表的合理时间进行微调,捋顺行政管理,成为渴望在全国范围内打造一套时间的技术官僚网络的民族国家的头等大事之一。但对国家时间系统来说,为了变得合理而有效,它们不得不与其他国家的时间系统相结合,最初主要是邻国的时间系统,但渐渐地增多到包括远远超出与这个国家直接接壤的时间系统。甚至在推行全国范围内的平均时间之时,19世纪的人们就算不能立刻想到世界时间,也会在地区时间内想象这个国家所处的位置。

各种历法及其涉及的日期记载系统,是另一个在不同社会和国家之间建立差异的方法,其方式即把它们定位在特定的宗教与普世的历史之中。19世纪下半叶是历法改革的时代。格里高利历法被引入许多非西方国家。截至19世纪末,好几个宗教群体都讨论过改革他们那些受人尊敬的历法,欧美的商人则要求采纳通用的"世界历法"("World Calendar")。比较不同的历法时间系统,设计转换公式,以便排除不同的历法和历史之间的困难,成了经济学家、历法改革者,以及好奇的门外汉的主要当务之急。

虽然历史学和历史学的思考方法、历法改革、时间管理和时间效率,以及进步的时间观念在非西方世界中有很多追随者,但独独由欧洲人和美国人制订了全面的、通用的时间改革计划。有些差异显得太不具有共同性,以至于无法通过简单的比较勾勒出来,而更强的一致性则会带来更大的可比性。马克思和恩格斯认为,一致性的增殖主要是一个特别阶级的特权,而这不仅仅局限于时间。他们在著名的《共产党宣言》中写道:"资产阶级由于一切生产工具的迅速改进,由于交通的极其便利,把一切民族甚至最野蛮的民族都卷到文明中来了。……一句话,它按照自己的面貌为自己创造出一个世界。"[21]由欧洲和美国天文学家、外交家、铁路工人推广的这种由一天中的每一个小时构成的24个统一时区的系统,是一项最为雄心勃勃的计划。在世界各地,当地的太阳时(local solar times)都将遭

011

到废除，让位给新的平均时间；鉴于其具有的一致性，后者比较和计算起来可谓轻轻松松。同样，一个统一的世界历法将废除数不胜数的地区性日期记录系统、季节年（seasonal year）安排，取而代之的则是一个统一的年份，一个面向所有人的单一日期记录制度。恰恰在同一时期，东地中海周边的穆斯林博学人士，以天文学为基础构想了一个类似的通用时间系统——因为数个世纪以来，穆斯林记录时间的方法都有赖于天文学，甚至比欧洲人还要早——只不过在他们那里，一份通用的穆斯林历法将适用于所有的穆斯林，但却不会把伊斯兰时间加在其他现有的时间系统上，避免使其同质化。

\*\*\*

19世纪下半叶，这些针对时间的各色关注——从平均时间到时钟和手表、社会时间、时间管理，以及历法时间——使得在全球范围内引人注目地同时出现了"时间讨论"（"time talk"）。在这些各种各样的时间系统当中，有一些性质尤其受到历史学家的重视。在历史上，时间的测量广泛被理解成进化式的，从有赖于太阳和季节这类天然的、"具体的"的计时器，发展到如今通常用来测量"抽象"时间的器械（从机械时钟到原子时钟）。在这方面，穆伊什·普斯通（Moishe Postone）在对马克思主义思想和资本主义制度下的社会关系的特征进行修正时，将"具体"时间和"抽象"时间并列在一起。具体时间随着事件而变化，指的是特定的任务或进程，它们通常与农业劳动或做祷告有关。测算具体时间取决于自然事件，比如时日、月亮周期，以及季节，而不是统一时间单位的前后接续。历史上，包括欧洲在内的诸文化，都各自将白天和黑夜分为12个不均匀的小时，其长度根据季节长短而不同。14世纪，普斯通和其他人所说的抽象时间出现在欧洲西北部的中心城市。普斯通的抽象时间是"统一的、连续的、同质的、'空洞的'时间，与诸事件无关"。截至17世纪，抽象时间"在成为具有社会支配权的道路上顺利发展"。如今时间是一种衡量活动的途径，并且最终成为衡量活动的标准。[22]在E. P. 汤普森（E. P. Thompson）那篇已有50年历史的著名论文"时间、工作纪律和工业资本主义"（"Time, Work Discipline, and Industrial Capitalism"）\*中，他通过对比"工作导向"（"task orientation"）、带有"时间感"（"time-sense"）的自然节奏、工厂纪律的内化，以及对统一工作时间所包含的空洞的时间（empty time）\*\*的估测，进行了相关的论述。[23]

与这一叙述（普斯通主要将其作为历史背景，而不是作为论据）相反，全球时间系统改革这一故事揭示出，抽象时间并非经历了一个又一个世纪的过程逐渐问世，并在全球范围的进程中最终被标准化的一个特定实体或数字。普遍的、统一的，以及抽象的时间，是被积极地塑造与重塑，并在一个或许称得上悠长的、艰巨而困难的过程中被发明出来的，这个过程比通常假定的时间要长得多，并且它远非一个独立的变量，而是依赖于各种物质的、政治的、文化的，以及社会的现实。因此，直到20世纪头二十年为止，对很多人甚至是受过教育的人来说，理解抽象时间依旧有着无法克服的想象上的困难。截至此时，无论是在公共与私人的时钟上所分派与显示的新的、统一的时间，还是工业资本主义（industrial capitalism），都没能催生出一个使用同质、抽象时间的世界。

时间是一个如此宽泛的主题，以至于从古代到中世纪再到现在，已经有很多著作书写了它的方方面面。所有社会都以某种形式或别种形式，感觉到了标记时间的需要。它们发明了或是简单或是高度复杂的各式各样的

---

\* 英文论文标题中的Work Discipline疑为Work-Discipline之误。——译者注

\*\* 以上术语的翻译参考了E. P. 汤普森的著作《共有的习惯》，沈汉、王加丰译，上海人民出版社，2002年，第382页至第442页。——译者注

工具和仪器，以满足这一愿望。相应地，这些有关时间的著作背景各异：作者是研究不同时代的历史学家、科技史学家、人类学家、社会学家，以及哲学家等等。历史学家经常将"时间"主题与大卫·兰德斯（David Landes）、卡洛·奇波拉（Carlo Cipolla）和雅克·勒高夫（Jacques Le Goff）讲述的中世纪和现代早期的经典故事联系起来。兰德斯的著作至少讲述了三个故事：为何欧洲人在中世纪发明了机械时钟？为何中国人没能发明出来它？为何最终是在18世纪的欧洲和19世纪初的美国出现了现代手表行业？兰德斯的叙述渗透出一种胜利主义的信念，庆祝欧洲人的天才，在面对其他文明，尤其是中华"文明"的短板时取得的成就。严格来说，这部作品并不能作为以跨文化和比较的视角书写时间的历史的典范。卡罗·奇波拉的小书描绘了14世纪欧洲机械时钟的扩散过程，以及它们在接下来的3个世纪中与日俱增的复杂程度。在关于中世纪和近世的时间的论述当中，雅克·勒高夫的论证是最有见地和最具持久性的。在一篇短文章中，勒高夫提出，在14、15世纪的欧洲，随着商业市场社会的出现，对时间进行标记的有用性也随之不断增长。因而出现了工作钟（work bells）、塔钟（tower clocks），以及其他视觉的或听觉的、表示不同时间的信号的扩散。自那以后，资本主义社会的出现与时钟的扩散、时间意识的不断增强密切相关。这种时间的实践和观念在随后几个世纪传播的广泛程度，以及资本主义被这些发展所推进和对其密切依赖的程度，则是勒高夫没有着手处理的另一个问题。[24]

除中世纪和近代早期这两个时期外，时间还吸引了研究19世纪的历史学家的注意力，特别是研究美国以及法国科学的历史学家。有关时间分发服务的商业化、对新时间系统的广泛不信任、公共时钟的推广，以及美国参与由国际科学家和天文台职工游说采取统一时区的国际运动，这些叙述大量存在。因有关时间的科学知识和通信技术的影响，时间改革的故事通常由科学和技术史家进行叙述。这些叙述分析了他们在时间测量手段方面遇到的挑战，这些挑战一直让至少从地理大发现时代以降的天文学家、地图绘制者、航海家、钟表匠，以及他们为之服务的统治者烦恼不已。吃航海饭的人尤其渴求足够精准而稳定的计时器，能够带到船上确保时间正确。诸多国家，比如英国和法国，出于帝国和商业的缘故，始终依赖航海，它们慷慨地拿出奖品酬谢任何能够解决如何能在海上找准经度问题的人。其中原因在于，时间和空间密不可分。地球一次完整的自转，完成时间是24小时，等于360度。因此，一个小时可以表示为15个经度。两地之间的经度就等于两点之间的时差。如果一个航海家知道在一个确定地点，比方说旅程的起点，与处于某个地点的船所在的本地时间之间的时差，那么，他就能知晓一艘船相对于确定地点的所在位置。[25]

在天文表（astronomical tables）的帮助下，发现海上本地时间是可能的。真正的问题则是知道在国内参照点那个时刻的时间正好是多少。从18世纪中叶开始，一些在启程时设定好目的地时间的海上计时器和摆钟，终于足够强大到能够在航行旅途中保持原始时间的准确。[26]英国经度委员会（Board of Longitude）是改进计时、表格，以及地图背后的主要赞助者。由此产生的制图学方面的进步，使英国地图制作者成为该领域的领头羊。虽然很多种子午线还在使用，但是其他国家的制图师开始以格林尼治子午线作为自己的制图的依据。19世纪，不同领域的科学会议开始着手解决子午线繁多的问题，以及在世界范围内记录时间缺乏统一性的问题。[27]

基于涉身其中的科学家和科学机构留下的档案文献，时间系统改革这一历史，其主角似乎是卓有影响力的天文学家、在天文台工作的科学家、大地测量学家、测量员、数学家，以及铁路工人。他们相聚在国际会议上——这些会议中最有名的是1884年在华盛顿特区举行的——交流有关全球范围内记录时间的想法，选择了一条本初子午线，设计了时区。[28]虽然这些故事是对激发了科学家们对时间进行不同思考的网络和环境所作的令人着迷的叙述，但这些叙述应以多种方式展开。在19、20世纪之交的时间系统改革是一个全球现象。传播通用时间背后的动力与随后形塑了时间系统改革、有关时间的观念的流动、变形，以及非西方世界各个地区同时出现的关于相同时间概念的表述，无法在一个国家的视角下（无论美国的或法国的）予以体现。

更重要的是，一部过于侧重在各国际会议和诸机构之间奔波的专家、科学家，以及外交家的时间改革史，可能会曲解时间系统改革的本质。欧美有关时间系统问题的专家们，一定想象着自己的改革计划将延伸至本国以外。他们记录时间的方案将全球涵盖在内，而改革后的时间系统会是"普遍性的"，因而不会拘泥于具体的社会和世界区域。但经过更为仔细的考察后会发现，这些学者、外交家，以及科学家，都在高扬一个相当狭隘的全球概念。在世界标准时间（world standard time）、世界历法（world calendar）、世界语（world language，Esperanto），抑或世界邮政联盟（world postal union）等表达中包含的"世界"，指的都是欧洲和北美。那些注定在全球改革计划传播与采纳过程中积极的参与者，除少数例外，都是西方世界主权民族国家的代表。[29]在这种情况下，大批改革者，或是聚集在国际会议之上，或是创立种种国际组织，的的确确在各种改革项目当中积极地思考着非西方世界的地位，但是他们的心灵格局显示出其他一些偏见，反映了帝国时代中的利益与权力圈层：北美人习惯性地盯着西半球与拉丁美洲；满脑子帝国想法的英国人，则将澳大利亚或印度当作大英帝国错综复杂的世界中两块不同的基石。

或许因为美国官员对拉丁美洲于美国利益的战略重要性进行了思索，欧美专家留下的档案把我们指向了围绕在该大陆采纳全国平均时间而产生的争论；也或许因为英国科学界怂恿伦敦的政府官员，给大英帝国"皇冠上的宝石"赋予一个更加"文明的"平均时间,档案也把我们指向围绕印度时间改革问题的争论。而黎凡特的改革者,以及同一时期中国人、奥斯曼土耳其人和阿拉伯－穆斯林同时明确提出的历法改革计划,其中关于时间改革的各种观念的变动、随后的挪用与转型,几乎被这些档案无视了。因此,在1900年前后欧美人为其全球计划而在心中所设定的世界地图上,这些大陆仍是一片空白。这并不是说,英国无人想到非洲,抑或美国无人思考亚洲,因为显而易见的是,这个时期为征服非洲而进行的"抢夺",以及将美国的"西部"边界放到了亚洲和太平洋,这些行动都与这种假设背道而驰。但是,当国际主义者在讨论全球治理和在世界范围内推行改革的计划时,某些社会在对话中看起来更得心应手,而其他一切本来可能同时会参与相关讨论的社会,则因其不适合(因其尚未准备好参与到这些辩论之中)或不值得进行合作,而被排除在外。讲述时间改革的全球史(以及全球性的其他话题)的来龙去脉并非要进行无所不包的、没有遗漏的叙述。但对知识和权力等级进行再现的风险,作为本书所研究的进程的一部分,是真实存在的。因此,时间改革与其他横跨几个大陆的发展进程的全球史,必须在策略上抵消这些扭曲。这样的历史不能简单地遵循时间改革问题上的官方思维。平衡帝国时代盲点的一个方法,就是在构成1900年世界的各种不同的政治单位和尺度上跟踪有关时间或其他任何事物的观念的流动与表达——广义地说,包括中央集权的民族国家,海外帝国,多民族的、没有完全被殖民的陆上帝国,城市,以及国际组织,这些是最核心的类型。对研究现代欧洲以及其他地区的历史学家而言,对"'全球'和'国际'意味着什么"这个问题进行概念化,那些对普遍性问题进行思考的人的位置便会被引起关注——不同地方与社会的历史行动者思考并构想"世界"所依赖的社会和政治条件。西欧民族国家如德国、法国,以及英国;近期成为殖民地的亚洲和非洲地区;长期属于英国的印度;欧洲在拉丁美洲的非正式利益范围；垂死挣扎的奥斯曼帝国的外围贝鲁特市区；以及诸如国际联盟（League of Nations）这样的国际组织；对它们而言，时间系统改革意味着不同的东西。

同样重要的是，与专家、天文台，以及国际组织的档案内容相左的政府档案描绘出了一幅在时钟时间和历法的法律执行方面的不同画卷。从这个角度来看，专家投入甚多的1884年华盛顿特区会议，看起来并非一个终点，而是时间改革的一个不起眼的、很快就被人彻底遗忘的开端，它大体上毫无影响力。对平均时间系统的采纳来说，1884年的会议几乎毫无意义，因为时间统一的进程一直拖到了20世纪三四十年代，而且几乎可以说是很不稳定、危险重重，而且充满了机能失调的问题，甚至在欧洲也是如此。欧洲和北美之外，根本不存在时区系统，在20世纪中叶以前，甚至都没有一个稳定的平均时间，这比现存的学术研究所认为的大约要晚五六十年。毕竟，在设计一个全球时区的方案方面，科学家心中所想的是一个非常雄心勃勃的计划。确保那样一个有关时间的法律得到执行所遇到的实际困难，以及对准确时间精准地进行全面分发所带来的后勤挑战，则是花了数十年方才得到克服的苦差。更关键的是，一旦时间系统改革在科学家和天文台运行人员的圈子之外得到讨论，对立法者，以及至少接受一定程度教育的官僚来说也是无比困难的——因为他们需要将时间想象成抽象的、空洞的，不受自然节律和太阳运动的束缚。关于改革时钟时间与历法的讨论、关于支持和反对这些改革的争论，揭示了比一直以来所承认的、时人对时间的看法更多的内容。

更复杂多样的档案还进一步指出，在19、20世纪之交，时间系统的改革和转型具有多个维度的意义。时间改革的社会、政治和文化侧面，比起国际会议和天文台，以及它们对标准时间的讨论，更居于故事的核心。科学家、天文学家，以及铁路工作人员，或许把精力集中在了精确度和测量

导言

上面，其目的要么是决定经度，要么是时间表的设计。但是，政府官员，大批新闻记者、宣传家，以及自称"专家"的人们懂得，时间对社会运用和日常工作生活中的时间体验有着政治上的影响。因此，从20世纪头十年开始，政府官员和其他专家越来越关注平均时间与太阳时之间的偏差，以及对日光（daylight）的极为谨慎的运用。[30]欧洲和美国的行政人员开始担心起节约日光来，并谴责对日光的"浪费"，尤其是在夏季数月。相较此前他们眼中关于平均时间的讨论，如今的时间更加明确地注入了社会观念和意义。夏令时的采纳改变了人的行为，鼓励了特定的时间体系的活动与运用，而打击了其他时间系统，因而受到争议。在工人阶级不断扩大的时代，更民主的政治参与成为现实，并且对某些人来说成为一种威胁的时候，夏令时被誉为锻造优秀公民的权宜之计。

国家是种种新时间系统的模棱两可的来源。在欧洲和北美以外的地方，殖民地政府并不会总是感到有必要马上推广使用统一的、以小时为基础范围的时区。因此，欧洲和北美以外的社会体验到的时间系统的转型，并非仅仅通过国家或政府而进行的。在平均时间系统比较早的得到使用的例子中——如英属印度——新的时间系统有煽动抗议和受到拒绝的可能性，恰恰是因为它们发源于殖民国家。在其他的例子中，有些国家或是因为精力太分散，无法处理时间系统统一所需的后勤工作，或是单纯对此避而远之，而一个随着对时间和空间的重新配置而正在全球化的世界，则激发了中产阶级从自身利益出发，在对种种时间体系的比较中思考时间和空间正在变化的本质。在奥斯曼帝国的阿拉伯诸行省，时人甚至不需要转向国外去进行比较。越来越多的欧美领事、传教士、商人来到东地中海沿岸，建立学校，以及他们自己的法庭。在这种语境中，将"阿拉伯"与"伊斯兰"时间同欧美时间进行比较，对具有改革心态的观察者来说可谓自然而然。

欧洲人和美国人广泛地出现在晚期奥斯曼帝国的黎凡特，这便让当地的记者和知识分子慌乱不已，尤其是因为与此同时，欧洲人正式殖民整个大陆的前景近在咫尺。阿拉伯与伊斯兰教的思想家极度焦虑，他们致力于他们所理解的"东方"的自强和自我提升的使命。这个运动的一部分，就是要朝他们的阿拉伯同胞灌输更加有效的时间管理方案。将欧美使用和花费社会时间的方法与他们自己所属的社会中的普遍习惯进行比较，这暗示着，如果阿拉伯人要想挺身而起抵抗外来势力的影响，抵抗可能到来的殖民统治，他们需要做得更好。作为补救，知识分子和记者提倡，把欧美更为古老的"时间就是金钱"等观念与伊斯兰和前伊斯兰时期更为老练的"时间即命运"的哲学相融合。地方改革者们选择在欣欣向荣的阿拉伯语出版物上发表文章，以之作为他们交流自己观点的主要媒介，其中偶尔也包括有关电报、时钟，以及时间系统的诗篇。[31]

并非每个人都认可现代科技和它全心投入打造的各种时间系统。20世纪伊始，伊斯兰教法律专家和饱学之士参与了一场激烈的辩论，它关乎用电报来报道新月的出现是否符合伊斯兰法，以及是否允许以这样一种电报性的信息来并宣布斋月（Ramadan）的开始和结束。这些争议最终提出了一个问题：鉴于穆斯林居住在世界各地，伊斯兰的历法时间究竟有多强的通用性？在一个靠印刷物和电报联系的世界当中，从东南亚到北非的穆斯林，突然注意到，在决定伊斯兰太阴历（Islamic lunar calendar）的种种计时惯例之间存在着严重的分歧。就像同时代的欧美人一样，伊斯兰教法律学者通过对经文进行解释，来为统一历法的确定提供证据，并最终提出了一个通用的伊斯兰教历法的概念。

历法改革是一个在西方和非西方世界中得到同样广泛讨论的问题。19世纪70年代和80年代，欧美科学家、天文学家的主要精力集中于时钟时间。一直为人忽视的是，其实他们的兴趣很快也转向了历法。改革者、立法者，以及行政人员所理解的"时间"，包括的不仅是时钟时间和采纳平均时间，还有历法。在重组德国时钟时间的尝试过程中，不可胜数的历法改革者，带着他们力图进一步统一历法时间的愿望，加入了赫尔穆特·冯·毛奇的行列——这其中包括切萨雷·通迪尼·德·夸伦吉（Cesare Tondini de Quarenghi），一位罗马天主教圣保罗教士会的会士（Barnabite），他曾在19世纪90年代游历了博洛尼亚（Bologna）、巴黎和圣彼得堡，致力于让东正教国家采纳格里高利历；乔治·伊斯特曼（George Eastman），柯达公司的创始人兼所有者，他在20世纪20至30年代提倡采用一份有13个月的历法；还有艾哈迈德·沙基尔（Ahmad Shakir），一位开罗的《古兰经》学者、法理学家，他于1939年提出了一套通用的伊斯兰历法。[32]

在欧洲政府的档案里，有关历法改革的通信，与有关采纳平均时间的文件被保存在了同一个分类之中。显然，时人把历法与时钟时间都看作属于更为广泛的有关时间系统统一问题的一部分，但是，当今的历史学家有关历法改革的叙述却付之阙如。欧美的历法改革与时钟时间改革几乎同时启动，卷入这两个运动的人物往往颇有重叠。20世纪的头十年里，当种种国际商会（chambers of commerce）的新兴运动成为历法激进主义（calendar activism）的主导力量之时，这些事项真正获得了发展的动力。历法改革一开始曾经是为了传播格里高利历，但很快转变成在全球范围内引入一个通用的"世界历法"（World Calendar）的计划。[33]比起曾经的平均时间，历法改革得到了商人，以及可以被广泛地描述成资本主义利益相关群体（capitalist interests）的更加积极的支持。是历法时间，而非平均时间的引入，指明了"抽象"时间与资本主义之间的关系，尽管这与E. P. 汤普森和穆伊什·普斯通设想的不同。在20世纪20和30年代，这一运动得到了国际联盟以及各种商会的支持，从而达到了顶峰。

＊＊＊

构成本书所呈现之历史的诸个章节，将会对全球各地一系列各异的时间系统改革历程进行考察。故事始于德国和法国对全国范围平均时间的推行。接着到了英国，在那里，紧随其后有关统一时钟时间的争论可谓具有特别的活力：这就是有关夏令时的讨论。然后，故事记录了全国平均时在大英帝国、德国殖民地，以及拉丁美洲等欧洲和北美以外地区的传播。于是乎，殖民的时间系统和反殖民的时间系统的历史，通过英属印度这个例子得到了更加深入的研究。而在随后另外一个非西方且非殖民地的环境之下——也就是奥斯曼帝国的一个省会城市贝鲁特——阿拉伯知识分子和改革家正在为何为卓有成效的时间系统的管理与利用进行争论。时间系统改革随后就被带至东地中海的伊斯兰教学者那里。

这故事以对历法改革进行的探索作为结束，而历法改革则是一个多样化的运动，其中包括有组织商业的利益、国际联盟的作用，以及世界范围内为推广各种已经过改革的历法而奔走的个人。这些章节的主题，按照在1900年前后"时间"问题所触及的种种智识辩论和制度进程所作的一种分类而将时间系统改革依次展开：国家的、政治的，以及法定的时间；社会时间；资本主义的时间；殖民地时间；时间管理；宗教时间；历法时间。

语言至关重要，而且对时间的"命名"还是这个故事的一个基本特征。本书频繁地把全国平均时间的采纳（最常见的是将某一个时间系统用作整个国家内的平均时间）与当地时间系统，或者说，太阳时系统，进行对比。在本书所涵盖的时段内，这些地方的太阳时系统，毫无例外地都是指地方平太阳时（mean local and solar times）＊——也就是，在纠正了一年显象时间（apparent time，日晷时间）变动的影响后的时间系统。为了清

---

＊ 即地方平太阳时（Local mean solar time）——译者注。

晰易懂,"太阳时"或"当地时间"在本书中可以互换使用,而不使用天文学意义上准确的说法,即"平太阳时"("solar mean time")和"平地方时"("local mean time")。[34]

"格林尼治时间"("Greenwich Time"),或更准确地说,"格林尼治平均时间"("Greenwich Mean Time"),很少在英国之外的地方得到运用。因此,在只是提及格林尼治的零度子午线与世界某个地方的平均时间或太阳时之间的数字上的差异时,本书使用了当今对世界时区的官方称呼,即"协调世界时"("Coordinated Universal Time",UTC)。这个说法,其中立程度并不高于"公元纪年"相对于"基督纪年"的中立程度,但与别的替代名称相比,至少"协调世界时"会较少地使人联想起特殊的历史背景。特别是当谈及某些特殊的殖民地背景下所采用的时间系统时,资料来源所采用的语言往往令人困惑,因为它反映出某份档案材料的来源,而这份材料恰好是对某一时间系统的改革所作的报告。而这往往不是殖民地官员自己的语言,而是那些本身来自完全不同背景,却碰巧参与了某一特殊的殖民地状况并进行了书写的人的语言。

今日用英语写作的历史学家们在讲述采纳时区的故事时,主要使用的是"标准化"(standardization)一词。然而,"标准化"绝不仅仅是一个描述性的术语,而是一个在美国很盛行,但在美国之外使用不多的历史性术语。这个词仅在20世纪二三十年代随福特主义(Fordism)的成功而得到过广泛的传播。因此,它与一致性(uniformity)和统一时间系统(uniform time)的特定概念联系在了一起,并且在这里主要因这样一个特殊语境的原因而予以保留。19世纪的观察家们使用了诸如"统一"和"通用"("universal")时间系统这样的术语,还谈及对时间与历法体系的"统一"("unification")或"改革"("reform")。"统一"和"通用"这些词,都有着自身的历史包袱;"改革"也不是个中性的术语。它带着一种19世纪关于社会行为可塑性的观念和一股"纠正"人类的欲望的味道。尤其是维多利亚时代的改革者，还有他们在欧洲其他社会中的同时代人，当他们以犯罪、性态（sexuality）\*，以及其他的恶为对象时，他们颇为喜欢这类观念。然而，普遍主义、统一性和改革的语言，是由世界各地无数个体和历史行动者所言说的特殊表达，这些个体支撑着时间系统的全球变革，没有这些历史行动者，本书所讲述的故事是不可想象的。

---

\* sexuality在中文中暂无固定对应译名，还可译作性存在、性。——译者注

## 注释

1. 德国联邦档案,柏林分部(此后写作BArch)R3001/7863, Reichstag, 90th session, March 16, 1891, 2092; Ian R. Bartky, *One Time Fits All: The Quest for Global Uniformity* (Stanford, CA: Stanford University Press, 2007), 126–127.

2. Arden Bucholz, *Moltke and the German Wars, 1864–1871* (New York: Palgrave, 2001); Allan Mitchell, *The Great Train Race: Railways and the Franco-German Rivalry, 1815–1914* (New York: Berghahn Books, 2000).

3. BArch R3001/7863, Reichstag, 90th session, March 16, 1891, 2092.

4. BArch R901/37725, 一份考虑对时间采取统一定义的法律草案, *Justification*, 4.

5. *International Conference Held at Washington for the Purpose of Fixing a Prime Meridian and a Universal Day, October 1884, Protocols of the Proceedings* (Washington, DC: Gibson Bros., 1884).

6. Karl Marx and Friedrich Engels, *Manifesto of the Communist Party, Authorized English Translation Edited and Annotated by Frederick Engels* (New York: New York Labor News Co., 1908), 12; Charles Bright and Michael Geyer, "Regimes of World Order: Global Integration and the Production of Difference in Twentieth-Century World History," in *Interactions: Transregional Perspectives on World History*, ed. Jerry Bentley, Renate Bridenthal, and Anand Yang (Honolulu: University of Hawaii Press, 2005), 202–238, here 219; Patrick O'Brien, ed., *Railways and the Economic Development in Western Europe, 1830–1914* (New York: St. Martin's Press, 1983); Roland Wenzlhuemer, *Connecting the Nineteenth-Century World: The Telegraph and Globalization*

(Cambridge: Cambridge University Press, 2013); David Hochfelder, *The Telegraph in America, 1832–1920* (Baltimore: Johns Hopkins University Press, 2012); Daniel Headrick, *Invisible Weapon: Telecommunications and International Politics, 1851–1945* (New York: Oxford University Press, 1991), and for an imperial context, Daniel Headrick, *Tentacles of Progress: Technology Transfer in the Age of Imperialism* (New York: Oxford University Press, 1988).

7. 关于"全球化"对历史学家有用性的批判性观点，参见Frederick Cooper, "Globalization," in Cooper, *Colonialism in Question* (Berkeley: University of California Press, 2005), 91–112. 关于全球化的定义和分期，参见Lynn Hunt, *Writing History in the Global Era* (New York: W. W. Norton, 2014), 52; Anthony Hopkins, "Globalization—An Agenda for Historians," in *Globalization in World History*, ed. Hopkins (New York: Norton, 2002), 1–11; Adam McKeown, "Periodizing Globalization," *History Workshop Journal* 63, no. 1 (2007): 218–230; Jürgen Osterhammel, *Globalization: A Short History* (Princeton, NJ: Princeton University Press, 2005). 经济学的视角，参见Kevin O'Rourke and Jeffrey Williamson, *Globalization and History: The Evolution of a Nineteenth-Century Atlantic Economy* (Cambridge, MA: Harvard University Press, 1999); Michael Bordo, Alan Taylor, and Jeffrey Williamson, eds., *Globalization in Historical Perspective* (Chicago: University of Chicago Press, 2003); 还可参看Charles Bright and Michael Geyer, "World History in a Global Age," *American Historical Review* 100, no. 4 (1995): 1034–1060; Charles S. Maier, "Consigning the Twentieth Century to History: Alternative Narratives for the Modern Era," *American Historical Review* 105, no. 3 (2000): 807–831. 中东视角，参见James Gelvin and Nile Green, eds., *Global Muslims in the Age of Steam and Print* (Berkeley: University of California Press, 2014).

8. Robert Schram, *Adria-Zeit, Separatabdruck aus der "Neuen Freien Presse"* (Vienna: Self-published, 1889), 3.

9. 关于"心态",参见 André Burguière, *The Annales School: An Intellectual History*, trans. Jane Marie Todd (Ithaca, NY: Cornell University Press, 2009), ch. 3; David Harvey, *The Condition of Postmodernity: An Enquiry into the Origins of Social Change* (Oxford: Blackwell, 1989), 240; Adam McKeown, *Melancholy Order: Asian Migration and the Globalization of Borders* (New York: Columbia University Press, 2008); Sebastian Conrad, *Globalization and the Nation in Imperial Germany* (Cambridge: Cambridge University Press, 2010), 50.

10. 关于民族主义和国际主义之间的张力,参见 Emily Rosenberg, "Transnational Currents in a Shrinking World," in *A World Connecting, 1870–1945*, ed. Rosenberg (Cambridge, MA: Belknap Press of Harvard University Press, 2012), 815–995, 此为第 821 页; Glenda Sluga, *Internationalism in the Age of Nationalism* (Philadelphia: University of Pennsylvania Press, 2013).

11. Elisabeth Crawford, "The Universe of International Science, 1880–1939," in *Solomon's House Revisited: The Organi zation and Institutionalization of Science*, ed. Tore Frängsmyr (Canton, MA: Science History Publications, 1990), 251–269, here 255; Elisabeth Crawford, Terry Shinn, and Sverker Sörlin, "Introduction," in *Denationalizing Science: The Contexts of International Scientifc Practice*, ed. Crawford, Shinn, and Sörlin (Dordrecht: Kluwer, 1993), 1–42, here 14.

12. Durkheim's "Comparative Method," laid out in his 1895 work on methodology, is one example. Emile Durkheim, *The Rules of Sociological Method*, ed. Steven Lukes, trans. W. D. Halls (New York: Free Press, 1982), esp.

ch. 6.

13. Friedrich Nietzsche, *Human, All Too Human, A Book for Free Spirits*, trans. R. J. Hollingdale (Cambridge: Cambridge University Press, 1986), 24.

14. Edmond Demolins, *A quoi tient la supériorité des Anglo-Saxons* (Paris: FirminDidot, 1897).

15. Stephen Kern, *The Culture of Time and Space* (Cambridge, MA: Harvard University Press, 1983).

16. 参见the contributions in Christoph Conrad and Sebastian Conrad, eds., *Die Nation Schreiben. Geschichtswissenschaft im internationalen Vergleich* (Göttingen: Vandenhoeck & Ruprecht, 2002); Ulrike Freitag, "Notions of Time in Arab-Islamic Historiography," Storia della Storiografa 28 (1995): 55–68, here 64.

17. Benedict Anderson, *Imagined Communities: Reflections on the Origin and Spread of Nationalism* (London: Verso, 1991), 26. 关于通过跨国境互动得以形塑与再造的民族与民族主义，参见 McKeown, *Melancholy Order; Manu Goswami, Producing India: From Colonial Economy to National Space* (Chicago: University of Chicago Press, 2004); Jordanna Bailkin, *The Afterlife of Empire* (Berkeley: University of California Press, 2012), charts the influence of decolonization on the quintessentially national institution of the welfare state.

18. Johannes Fabian, *Time and the Other: How Anthropology Makes Its Object* (New York: Columbia University Press, 2014 [1983]), 31. 还可参看 Dipesh Chakrabarty, *Provincializing Europe: Postcolonial Thought and Historical Difference* (Princeton, NJ: Princeton University Press, 2008), 8.

19. Michel Foucault, *Discipline and Punish: The Birth of the Prison*, trans. Alan Sheridan (New York: Vintage Books, 1979).

20. Jürgen Osterhammel, *The Transformation of the World: A Global History of the Nineteenth Century* (Princeton, NJ: Princeton University Press, 2014), 72.

21. Marx and Engels, *Manifesto of the Communist Party*, 13.

22. Moishe Postone, *Time, Labor, and Social Domination: A Reinterpretation of Marx's Critical Theory* (Cambridge: Cambridge University Press, 1993), 202, 211. 还可参看Anthony Giddens, *The Consequences of Modernity* (Stanford, CA: Stanford University Press, 1990), 17.

23. E. P. Thompson, "Time, Work Discipline, and Industrial Capitalism," *Past and Present* 38 (December 1967): 56–97.

24. David Landes, *Revolution in Time: Clocks and the Making of the Modern World* (Cambridge, MA: Belknap Press of Harvard University Press, 1983); Carlo Cipolla, *Clocks and Culture, 1300–1700* (London: Collins, 1967); Jacques Le Goff, "Merchant's Time and Church's Time in the Middle Ages," in *Time, Work, and Culture in the Middle Ages*, ed. Jacques Le Goff, trans. Arthur Goldhammer (Chicago: University of Chicago Press, 1980), 29–42.

25. Derek Howse, *Greenwich Time and the Discovery of the Longitude* (Oxford: Oxford University Press, 1980), 50–53.

26. Ibid., 67–72, 198.

27. 参见ibid., 134, 可见子午线的使用清单。

28. 时间系统变革方面所涉及的科学与技术史著作，参见Ian R. Bartky, *Selling the True Time: Nineteenth-Century Time-Keeping in America* (Stanford, CA: Stanford University Press, 2000), and Bartky, *One Time Fits All*; Peter Galison, *Einstein's Clocks, Poincarés Maps: Empires of Time* (New York: W. W. Norton, 2003); Howse, *Greenwich Time*. 关于国家视角下的时间, 参见Galison

论法国; Jakob Messerli, *Gleimässig, pünktlich, schnell: Zeiteinteilung und Zeitgebrauch in der Schweiz im 19. Jahrhundert* (Zurich: Chronos,1995); on the United States, see Michael O'Malley, *Keeping Watch: A History of American Time* (New York: Viking, 1990); Carlene Stephens, *On Time: How America Has Learned to Live by the Clock* (Boston: Bulfnch Press, 2002).在科学与技术历家当中，一个值得注意的例外是Ken Alder, *The Measure of All Things: The Seven-Year Odyssey and Hidden Error that Transformed the World* (New York: Free Press, 2002), 这本书基于各种更为混杂的档案，讨论了革命法国时期公尺制的建立。

29. 日本是个例外，19世纪末之前，它成功地在"文明"国家共用的赌桌上占有了一席之地。

30. 关于夏令时, 参见Bartky, *One Time Fits All*, 161–183, 还有两本写给更广范围读者的书: Michael Downing, *Spring Forward: The Annual Madness of Daylight Saving* (Washington, DC: Shoemaker & Hoard, 2005); David Prerau, *Seize the Daylight: The Curious and Contentious Story of Daylight Saving Time* (New York: Thunder's Mouth Press, 2005).

31. Maʿruf al-Rusaf, "Al-Saʿa," *al-Muqtabas* 3, no. 28 (1908): 279; Jamal al-Din al-Qasimi, *Irshad al-Khalq ila al-ʿAmal bi-Khabar al-Barq* (Damascus: Maṭbaʿa al-Muqtabas, 1911); Muhammad Bakhit al-Mutiʿi, *Irshad ʾAhl al-Milla ila Ithbat al-Ahilla*, ed. Hasan Ahmad Isbir (Beirut: Dar Ibn Hazm, 2000/1911). 关于战略性地采纳西方知识的自强和改革运动的论争，参见 Osterhammel, *Transformation*, ch. XI.

32. Luca Carboni, "Cesare Tondini, gli anni della giovinezza: 1839–1871 (formazione, missione e primi scritti)," *Studi Barnabiti* 22 (2005): 95–195; Ebrahim Moosa, "Shaykh Aḥmad Shākir and the Adoption of a

ScientifcallyBased Lunar Calendar," *Islamic Law and Society* 5, no. 1 (1998): 57–89.

33. Elisabeth Achelis, *The World Calendar: Addresses and Occasional Papers Chronologically Arranged on the Progress of Calendar Reform since 1930* (New York: Putnam, 1937).

34. 关于将这些变动通过均质化的"均时差"("Equation of Time"),参见Howse, *Greenwich Time*, 38.

# 第一章　全球化世界中的国家时间

19世纪下半叶，世界的联系迅速变得更加紧密起来。人员、商品、资本和观念更加便捷、更加迅速地在各国家、地区以及大陆之间移动。正是在这数十年间，民族主义在欧洲涌现，官僚体系和行政管理在许多国家增长，各国政府则在法律及经济方面设立种种障碍，阻碍人员和商品的流动。这些趋势，同各种社会运动和潮流一起，成为全球化进程的中心。与此同时，随着特定概念和思想的传播和流动，"时间改革"，也逐步成为一种更加具有全球化色彩的当务之急。当这些四处传播的观念在服务于国家目标的特定情境之中变得根深蒂固时，这些概念和观点就成了建构国家和地区身份的元素。

国家时间和全球时间的相互作用是法律时间和官僚时间的问题。科学家和其他专家们起草并传播关于全球时间改革的观念和建议，预想了一个野心勃勃的囊括全世界的体系，用以代替各种具体的当地时间及国家时间。随后，各国自我标榜的改革者和记者们获取了这些信息，进而在报纸上发表文章并出版小册子，从德国、法国以及其他欧洲国家的视角出发讨论时间改革这一话题。通常，正是这些出版物使得各个民族国家的官员们获知有关时间记录的最新提议与进展。然而，这些立法者、官员以及铁路行政人员将统一时间理解为一种服务于国家利益和行政合理性的官僚技术手段。将法国和德国的关于时间统一的政治性加以比较，阐明了全球化进程、国家/民族建设，与民族主义之间的互相关联[1]。聚集在国际学会上的科学家们，为全球时间管理设计了方案，但他们的观念需要调解和转化，才能在国家政治之中有意义。政府官员和行政管理人员明白，这个世界正在变得更加紧密地相互关联。但对他们来说，在面临全球化时得出的结论是：要让商品、人口和观念的流通服务于民族国家的利益。全国性的平均时间是一个定位装置，将一个国家置身于其紧邻的区域以及可能是全球地缘政治的背景之中。

除了政治和政府机构的时间，法国和德国的故事还促生了有关时间改革的社会性和文化性要义——一种贯穿于19世纪时间重组之中的逻辑。在法国，国内钟表产业设法将对正确和精准的统一时间的高度关注，转化成一门在惜时和守时的意识形态下蓬勃发展的生意；在德国，关于时间的讨论则较少涉及其准确性，更为常见的是有关时间改革的社会影响有可能改变人们的行为。于是，将行政人员的利益合理化与时间改革的社会性及文化性动机相互重叠起来；在很多情况下，二者不可分离。

起初，德、法两国各自围绕时间主题所展开的政治活动，都不曾留意对方的所作所为。而这一点在第一次世界大战前后发生了变化。欧洲列强之中增长的敌意，特别是德法关系的恶化，在时间政治上也留下印记。国际主义者的集会和会议现在变成德法竞争的战场。然而，民族主义并非让时间改革脱离国际学会和全球计划的唯一因素。虽然民族主义是全球平均时间传播的中心，但区域政治也改变了时间的重组。通用时间就民族性或民族主义而言的意义及功能，不仅得到政府官员和官僚的认证，还往往满足了对于统一平均时间的地方性需求。这种在不同层面的推拉，不平均地、在多层次上合力促进了平均时间的传播。这种嵌套的、多向的运动，不仅成为时间统一进程的特点，同时在广义上也是国家建构的特征。

\*\*\*

首先，19世纪全球化的世界是一个移动的世界。移民以前所未有的规模，从欧洲迁移到新世界，随即，数量同样惊人的移民也从中国迁移到美国、澳大利亚以及东南亚。印度人遵循大英帝国的劳作轨迹，在加勒比地区的种植园和非洲的铁路项目中工作[2]。有些人最终返乡，会谈起异域经历，比如奇怪的习惯和文化，而更常见的则是歧视以及残酷的工作条件；另一些人从一开始就没有打算重见自己的家园，从而在他们所定居的国家之中成为异乡社会的形象代表。在经济上，第一次世界大战爆发前的几十年，见证了制造业及资本出口的显著的经济增长，并且，在特定地区，发生了商品价格与工资趋同的现象。[3]

帝国主义和殖民主义组成了另一种形式的互相联系和运动。在1876年到1913年之间，全球约有四分之一的地区处于某种形式的西方殖民势力之下。帝国的意象和知识在其本土融入了流行文化中，其中殖民主题在广告或廉价报刊上十分流行[4]。而在海外，殖民势力和非西方社会之间的接触，常常充满暴力与压迫，但这并不使其远离全球化的中心[5]。20世纪的全球化主要由北大西洋世界主宰，尤其是为英国所掌控。欧洲和北美主要是在政治和经济发展方面，并且至少在他们自己的想象之中，还在社会性和文化性趋势上影响了世界大部分地区。到了1913年，英国、美国、德国、法国、俄罗斯和意大利这些主要工业大国的产出超过了全球制造业的四分之三。而非西方世界的许多地区——被非正式的帝国扩张所殖民或压迫——沦为原材料和廉价劳动力的供应地。英国——最强大的殖民势力——在全球化进程的方方面面都占据着核心地位[6]。

移民、经济一体化和政治联系的加剧，让当时的人们建立了许多国际性组织和机构，签署了各项国际性协议，用以管理这个全球化的世界。

国际主义——结合了社会主义者、妇女、优生学家和统计学家等等——希望通过超越民族国家的运作来反映这个互相联系的世界[7]。通用的平均时间作为这样一种国际协议，被视为这个高度互相联系的世界的润滑剂，使人员、商品和观念的无缝流通成为可能。如同基于十进制的统一重量和测量，以及寄信和发电报的标准化速度一样，统一时间将会建立起通约性和可比性，并使得商品化和交易成为可能。

* * *

19世纪的相互关联性是依靠新型的铁路、电报和蒸汽船的网络所支撑起来的，这个网络在19世纪后期数十年间，使得全球各地间的联系前所未有地紧密。世界各地之间进行互动并不新奇，因为以前在交通运输方面的各种创新已经推动了远程贸易。在近代时期，远程商业和政治交流，导致了大西洋和印度洋世界的形成。奴隶贸易，行驶在菲律宾和墨西哥之间的马尼拉邮船，以及丝绸之路，则是早期相互关联性众多表现中的几例。

19世纪下半叶的情形在某些特定方面是与早期全球化有所不同的。首先是帝国的和殖民的竞争加剧。在那期间成型的、时人称为"争夺"（scramble）的这个表达方式，尤为简明扼要地描述了非洲大陆的分裂，这一进程使得相互关联性上升到前所未有的水平。如此，在19世纪下半叶，停留在"不相关联"的状态几乎是不可能的。不同社会环境中的特定因素，通过不同的方式，都被吸纳进了这个新近形成的互动网络之中，以至于使自治不可持续。最后，在时间改革背景中最为重要的是，19世纪的人们敏锐地意识到，他们所居住的世界已经全球化到何种程度。在欧洲和北美，阿根廷、中国、日本、英属印度，以及晚期奥斯曼帝国等不同地区的精英们环顾四周，仔细思考一个变得越来越小的世界，一个在非西方人的眼中越来越被欧洲化的科学、观念以及暴力所统治的世界。19世纪的全球化是自我反思式的。

正是自我反思式对全球环境的自觉关注，使得许多人都呼吁采用更统一的计时方法。"所有人，直接或间接地互相关联"成为国际主义者讨论的共同主题[8]。史丹佛·佛莱明（Sandford Fleming），一位率先倡导世界时区系统的加拿大籍苏格拉铁路工程师，谈及消除了距离的"蒸汽动力和电力的双重作用"，使得改革成为必要[9]。在19世纪后半叶，科学家和其他统一时间的倡导者采取了普遍主义的语言来塑造国际科学交流[10]。

此类叙事的一例，是德国文学文化协会的官员以这样一种言辞描述他们倡导时间改革的动机："我们这个时代最引以为傲的伟大成就是克服空间隔离——无论是借助望远镜来穿透那最遥远深邃的宇宙；还是在地球上，通过电线传播思想；或者是人口货物乘坐着蒸汽之翼从一地前往另一地。人类相互馈赠思想的礼物和物资的努力，交换全球各地不同地区和国家的财富的努力，使得克服万难来推进这些活动的需求，增长到了前所未有的程度。""这种努力，"作者们继续说道，"不能忍受阻碍"，并且如果必要的话，"它将与不参与其中的人斗争，使得后者承认反对它是有罪的"。殖民征服和非正式的帝国控制是对阻碍全球化进程的必然反应。作者们观察到，"旧世界的西方人及其新大陆的后代，正在以强制性条约或对方'坚拒共处'（persistent incompatibilities）的名义，要求进入马达加斯加郁郁葱葱的荒野和奇怪而令人钦佩的日本"。这种以进步为名义的对强制性"全球化"所做的辩护，预示了1899年西奥多·罗斯福总统（President Theodore Roosevelt）以与文明"相伴而来的残酷"之说辞为由，对美国在菲律宾进行的军事干预进行的辩护。普遍主义的申明很少如此自得且公然地与威胁紧密相连，但普遍主义从不是中立的，并且有关世界相互联结性的讨论超出了公正分析的范畴。全球化不仅是自我反思的，也是一种意识形态。

德国文学协会的作家们总结道，无论是强制性或是自愿的相互关联，都要求更加统一的时间："有越多的空间隔离得到克服，全球各地区、各国和各民族之间发生的智识以及物资信息的交换就越普遍且不断增长，对于一种普遍的、可换算的时间的需求就越紧迫、越重要，就是那种可以在合乎基本要求的前提下，经由精确矫正，就可以在任何地点进行一定计算并得以确定的时间。"[11]。无论是对统一的钟表时间，或是在这里所提到的对日历时间的呼吁，在立法者、科学家、自我标榜的日历和钟表时间的改革者，甚至钟表匠人们之间都非常普遍。以各种不同的方式对钟表、历法以及社会性时间进行计量、测算和评估，完全不是新现象。在这样一个相互联结的世界之中，越来越多的人致力于采用某种或另一种方式四处移动——作为帝国以及殖民扩张的组成部分，作为企业家，作为移民、传教士，或是朝圣者——这种现存的时间的异质性前所未有地突显出来。

在标准时间出现之前，在欧洲和美国，教堂钟塔、市政大楼和火车站是用来标记太阳时的。正午就是当太阳穿过给定地点的子午线之时。理论上每个城市、城镇和村庄根据其经纬度，观测到不同的时间。太阳时——美国人称为"真实时间"——常常不过是一个受过训练的估算（an educated approximation）。确定准确的当地时间和后来的平均时间，需要昂贵的精密工具，例如精确的时钟、天文仪和天文观测图[12]。然而，就算有可能在某种准确程度上确定太阳时，太阳本身也不是一个完美的计时器。地轴轻微倾斜，地球轨道并不是圆形。因此在北方冬季太阳距地球的距离比夏季近。所以，太阳日的长度取决于季节。而另一方面，机械时钟则匀速运行。随着钟表和手表的流行，在19世纪早期，每个村庄或城镇所展示的当地时间成为平均的太阳时，它对各地日晷测量的不同太阳时进行了修正。

几十年来，多个太阳时的共同存在，只影响到少数长途旅行的人。到了19世纪中叶前后，当铁路让旅行更加快捷方便实惠之时，一切发生了改变。在一些联结枢纽中，旅行者们不得不通过错综复杂的时间线来计算他们的行程。1897年，约有75个铁路时间在美国被使用，圣路易斯就有6个，堪萨斯城有5个，芝加哥有3个[13]。铁路工作人员——尤其在美国，其次在欧洲——了解这些情况并且交流密切，他们加入各天文台和调查部门的队伍中，促成统一时区的大业。时间标准化的国际主义行动在19世纪下半叶激增。专业协会、国家科研机构和独立研究者生产了大量从科学角度出发讨论计时技术和统一时间的小册子及文章。这个领域的专家们常常互相阅读对方的出版物，这些出版物常常在欧洲和北美出版的大量科学期刊和大众科普期刊和会议记录中被国际性地引用和参考。

科学协会的几次学会和会议承诺要使采取统一时间不是纸上空谈。1883年，在罗马举行的国际大地测量协会学会（International Geodetic Association's conference）上，天文学家、大地测量技师（geodesist）和调查员们讨论了采用一条本初子午线的前景，并依此建立一个统一的小时时区系统。19世纪后半叶，不同国家的地图和星历表基于的是各种各样的子午线。尽管许多调查部门和地图制作人员使用英国格林尼治观测站的子午线，但仍然存在许多其他选择：巴黎子午线，费罗（Ferro）子午线和加的斯（Cadiz）子午线仅代表使用中的小一小部分[14]；天主教背景的科学家和其他人士尤为积极地提倡耶路撒冷子午线；在19世纪80年代初频繁的科学学会时期，一个法国公民写信给德国皇帝，建议威廉二世应该支持将伯利恒设为本初子午线，其功勋"堪比查理曼"[15]。在罗马召开的会议，就是为了解决这个多条子午线的问题，并提出一个更统一的解决方案。最后，罗马大会建议政府采用"格林尼治子午线作为本初子午线……因为，从科学角度来看，它满足所有期望的要求，并且在目前是最广泛的、最有机会被普遍接受的子午线"[16]。确实，许多地图和图表都使用格林尼治子午线，但是坐落在伦敦东南部茂密山顶上的英国国家天文台，却没有因此吸引所有人。而加纳利群岛中最小的费罗岛吸引了其他人，他们坚持认为一个通用的子午线不应穿越领土，而且不应具有国家特质。

另一个重要的会议不是国际性的，而是美国的国内事务。1883年春，北美铁路改用标准铁路时间，包括穿过美洲大陆的4个以小时为跨度的时区。其中隐含的事实是：这些时区是从穿过英国格林尼治观测所的零度子午线算起的[17]。此后，科学家和铁路人员知道，如果要让他们的计划有影响力，就必须得到国家政府的支持。19世纪80年代初，由美国气象学会领头的一些人就是这么做的，他们游说美国政府机构筹备一场有关统一时间的国际会议。两年后，总统切斯特·阿瑟（President Chester A. Arthur）欢迎26个国家的代表到华盛顿特区（邀请函送至了当时与美国保持外交关系的所有国家），参加1884年的本初子午线学会。参加者中有少数是外交官，但大多数是国家级天文台的成员（广义而言，就是科学家）。经过一个月左右的谈判，会议投票决定采用格林尼治子午线作为24小时时区的本初子午线。在出席的国家之中，只有巴西和海地投票反对格林尼治子午线，法国则弃权。[18]

***

在这些年参加过大量这类会议的科学家看来，为协调时间所做的国际性推动当然是重要的。但是，在欧洲各国的各级官僚机构中，国际协议的影响几乎是不明显的。在科学界之外，时间的统一和时区的引进主要被理解为有关区域一体化和国家建设的问题。西欧和北欧的民族国家在19世纪后期采用单一时区，主要是为了改善火车交通和精简其国内的行政程序。

科学和技术方面关于更精准可靠的时间的论点，引起了官员们的共鸣，他们被准确和精密——正如一位历史学家所谓的"对数字的信任"——的幻想所吸引。统一时间吸引了技术官僚和管理者，这些人从19世纪中叶起就任职于诸如公共工程、邮局、电报、军队和教育等部门。他们认为，准确的时间对于社会发展的重要性，相当于准确的数据对于社会管理和犯罪预防的作用[19]。但是这些工具被用于管理和改善国内社会，而非建设全球联系。

19世纪时间改革的另一个重要特征也反映了时间的区域化和国家化，及其与地缘政治相融合的意义。"通用时间"一词在国际科学学会和小册子之外几乎没有被使用过。有时，参与国际主义讨论的德国人可能会使用所谓"世界时间"（Weltzeit）的说法，这可能会被理解为德语中与通用时间差不多的表达法。就连在英国的讨论中十分常见的格林尼治时间，尽管该系统在全球范围内长期广泛使用，但在英国以外的国家也几乎没有被提到过。在提到任何全国范围内的平均时间时，法国立法者更愿意谈论"法定时间"和"官方时间"。拉丁语系的其他语言，例如意大利语、葡萄牙语和西班牙语，都跟随法语的模式，主要采用"法定时间"和"官方时间"的说法。在德国，对格林尼治的特殊反应并不存在，除了一些例外，没有人提到"格林尼治时间"。在美国，讨论的对象是标准时间，而非格林尼治时间。最终，标准时间成为美国的主要说法。

最能表达通用时间的区域化和国家化的，或许是将时区视为地理绘制概念的倾向。奥地利计划首先在铁路上统一时间，然后应用在公民生活中，这个比格林尼治提前一小时的统一时间被称为"Adria-Zeit"，或亚得里亚时间（Adriatic Time）。这个新的时区将横跨奥地利－匈牙利、德国、塞尔维亚、瑞士和意大利等国家，从而其支持者认为，这个新时区可以被方便地标记为欧洲东南部的想象的地缘政治空间。其他建议，例如"巴尔干时间"（Balkan Time），虽然被驳回了，但仍然表明了类似的以具体地理位置代替抽象的普遍性的喜好，罗伯特·施拉（Robert Schram），这位写作了多篇关于亚得里亚时间论文的作者，还提出将比格林尼治提前两小时的时间称为"博斯普鲁斯时间"（"Bosporus Time"），因为它将扩展到俄罗斯、罗马尼亚、保加利亚、部分奥斯曼帝国和埃及。在法国，比格林尼治提前两小时的时间通常被称为"东方时间"（Oriental Time）。美国的时区，虽然较少被政治化，但也已经获得了这样的地理名称[20]。

德国人以最能说明问题的方式将时间引入政治空间。当德国官员讨论通过新的全国平均时间时，最常称其为"Mitteleuropäische Zeit"。无论是用19世纪还是当今的英文，这个表达法只能被不充分地翻译为"中部欧洲时间"。"Mitteleuropa"（欧洲中部），并不仅仅是其英文翻译所指称的地理名称。19世纪相互联系的世界不仅生成了对全球时间的重新认识，也产生了思考全球空间的新思路。由英国人哈尔福德·麦金德（Halford Mackinder）和美国人阿尔弗雷德·马汉（Alfred Mahan）率先开创的地缘政治在德国广受影响。在德国，弗里德里希·拉特尔（Friedrich Ratzel，1844—1904）和后来的阿尔布雷希特·豪斯霍夫（1903—1945）的著作塑造了关于政治和地理的孪生性质的观念，以及地理学的形成力（formative force）造就了历史和命运的观念。"中欧"或"Mitteleuropa"是当时作家杜撰的关键词，指代了德国和德语欧洲的"中间位置"（Mittellage）。Mitteleuropa，自北由波罗的海延伸到亚得里亚海，而南部到达多瑙河平原；东部从维斯瓦河流过现今的波兰，西至法国孚日山脉；从波罗的海一直延伸到巴尔干地区[21]。

即使在19世纪末，当时德国的领土比1945年后广大得多，其中一些地区仍旧在德意志帝国之外。中欧和中欧时间，于是就成为关于德国在欧洲的地位，以及其在政治、经济甚至种族上东进扩张的地缘政治概念[22]。这个新时间概念似乎还暗示了德国发生"较晚的"国家统一（仅从1871年开始）现在在一个象征着了政治和官僚的现代性的新时间下，统合了过去分裂的中部欧洲。自1915年以来，显而易见的是，中部欧洲不仅是一个描述性的，而且是高度规范性的概念。战争爆发后，德国出版商弗里德里希·瑙曼出版了一本名为《中部欧洲》（Mitteleuropa）的书，呼吁德国和奥匈帝国组建一个名副其实的中欧地缘政治组织，以对抗俄罗斯以及英法的"西方"联盟。20多年后，极右派法理学家和政治理论家卡尔·施密特将这些地缘政治观点进行了扩展。据施密特所言，纳粹德国通过吞并奥地利和捷克斯洛伐克，在欧洲中部建立起一个司法与政治的"大空间"（Grossraum），以保护德国少数民族不受外来干涉。在东欧，从这样的概念出发，只需推进一小步，就能演化出纳粹的"生存空间"（Lebensraum）。[23]

在概念化如中欧（Mitteleuropa）这样的地缘政治单位（unit）时，19世纪的思想家考量了相互关联性与区域形成之间的关系，这种关系同样是1900年前后时间改革的特点。全球范围内的交流和互动，即"Weltverkehr"或"全球交流"，塑造了地缘政治。如瑙曼所说，正是"全球范围内进行的交流和互动的时代，产生了世界各国（World States）"。他继续说道："像蒸汽和电力这样的新技术无法同在先前版本的全球交流的影响下形成的国家实体一起运作。"[24]在瑙曼关于19世纪全球村的看法中，相互关联性既被需要，同时也产生了一些主导大国和较大的地缘政治单位，其中之一就是中欧（Mitteleuropa）。德国行政人员、科学家和记者在提到德国的时区时习惯性地使用"mittel-europäisch"一词，对此似乎没有做过多考量或讨论。虽然这个概念在20世纪的头几年，随着瑙曼的这本书的出版，才得到了广泛的认可，但是最早将"中欧"作为涵盖两个国家的地理/地缘政治名称来使用，在19世纪80年代和90年代末期关于统一时间的讨论之中就已经出现了。很有可能的是，中欧时间的建构真正将这个词变成了一个家喻户晓的名称，然后在接下来的几十年中被政治地理学家所普及。

除了时间的国家性及地域性名称之外，平均时间的发明也被用来满足本地功能。简化官僚主义和改善政治及地缘政治单位内的人口的尝试，从来不是单纯的自上而下的过程。当在某一国家内部推行统一时间时，令人惊讶的是，各种各样的参与者都在同一时间对消除当地时间产生了兴趣。从19世纪70年代到90年代，并非只有国家或联邦政府专注于创造统一时钟时间的景观，还有市政机关。例如在巴黎，维也纳和柏林等城市，官员们开始思考将这些都会城市展示的众多公共时钟加以同步化的解决方案。对同步问题的一般解决方案包含一台所谓的主时钟，其通过电力依靠附近的天文台得以矫正，以及许多通常称作"从时钟"的钟表，与主时钟相连接。维也纳城市时钟系统的推动者将这些装置描述为一种模式，通过这个模式，"无论有多少时钟，它们都不再作为独立的时钟，而变成一个整体的一部分，就组成了有一位国家元首在其上的一个巨大的'钟表王国'（Uhrenstaat）"。[25]

将城市当地时间同步化，为国家统一时间提供了重要动力。巴黎是在19世纪70年代安装同步系统的最早的城市之一。这个系统选择了一个复杂的气动机构，该装置作用于主时钟，但通过地下管道传送到从时钟网络的不是电脉冲（electric pulse）而是蒸气压力（steam pressure）。对任何一个这样的系统来说，气动的时间同步都容易发生故障。巴黎的档案记录了由断联和其他问题引起的故障[26]。因此，面对这些挑战，地方政府有时比国家政府更坚定地为其城市推行统一的国家时间。当德国和奥匈帝国的不同铁路开始采用比格林尼治时间快一个小时的时间之时，周边地区的城镇也开始独自采用这种新时间。因此，少数奥地利，德国城市和一些法国的小城市在国家统一时间之前就拥有了全国的时间标准。

在其他情况下，一些欧洲国家在19世纪80年代90年代引入全国平均时间，最初选择首都的时间，从而无视了国际时间改革者们的条约。几十年或更久之后，一旦其邻国采用一个与小时时区同步的全国平均时间，首都的时间将会改变成与格林尼治子午线不同的平均时间，精确到小时而没有到分秒。因此，在19世纪最后的几十年中，少数北欧、中欧和西欧国家（以及日本）根据时区制度选择了平均时间，这不应该被视为一个预先决定的结果。经常被德国官方提到，以作为早期成功案例的瑞典在1879年不顾国际商议引入了比格林尼治提前一小时的时间；明治维新初期特别渴望改革的日本在1888年就开始采用UTC＋9（协调世界时东九区）。丹麦、意大利、挪威和瑞士在19世纪90年代中期也是如此[27]。这些结果几乎都不是注定发生的。全国范围平均时间的出现是一种逐渐累积的、渐进的、有时是高度偶然的过程，并且往往以缺乏方向性为特征。全国范围平均时间的采用，是站在一个离心动力（a centrifugal dynamic）的终点，其中市政和区域主动权最终被意在终止地方性及区域性单方面行动的国家政策叫停。在此，国家的建构表现为一个更加横向、多层，而非自上而下的过程。有说法认为，即使在据称为中央集权的法国，民族国家实际上"主要是从边缘到中心、自下而上建成的"。全国范围平均时间的采用似乎证实了这个说法[28]。

＊＊＊

进行这些时间改革的铁路行政人员、地方和国家政府官员的目标很少与国际科学家的野心相一致。但是，一方面，可以看出国际学会与知识流通之间的联系；另一方面，也可以看出各国在统一地方和国家时间时的联系。会议、活动小册子，以及其他公共宣传使时间统一得到政府当局的关注。罗伯特·施拉姆的报刊论文和小册子就是一个例子：在19世纪90年代初，施拉姆，这位活动于维也纳的奥地利大地测量师，在持续关注着大众科学传媒界有关改进计时手段的讨论。在他的家乡奥地利，铁路官员和官僚对这一议题的关注，仍集中于是否使用维也纳时间作为该国正式的法定时间，而并没有注意到世界范围的时区系统。施拉姆在日报上刊登了一系列文章，并向政府部门发送了无数小册子，还提出了一个计划，建议选择比格林尼治提前一小时的时间，这隐含着对美国在1883年引进的美式制度的延伸。当奥地利铁路官员宣布他们决定选择基于格林尼治而非维也纳时间作为时区时，在公告中所引用的支持材料正是施拉姆所做的工作和他的建议书[29]。

施拉姆和其他无数改革者们不知疲倦地撰写着日报文章以及更为短小简洁的小册子，以推动他们所倡导的事业。与期刊论文选集一起，作者们将这些小册子主动邮寄给政府官员和其他官方机构。例如施拉姆的通信，就出现在德国和法国政府的关于时间统一的档案中，以及格林尼治天文台的档案之中。出版小册子是一种相对便宜的传播方式，它成了不同领域的政府、科学家、宣传家和改革者，以及不同层次的统一时间的传播（无论在某个国家性或区域性政治文化背景之下，"统一"的含义如何）之间协调沟通的最重要手段之一。

施拉姆可能不是唯一表达这样想法的发言人；其他因素也可能促成奥地利铁路局的决定。然而，像罗伯特·施拉姆这样的科学家和观察者可以成为一个思想流动的方式的例子，这些思想随后被用于不同的目的，在不同的背景下具有不同的功能。国际学术圈，例如时间统一推动者的圈子，通过改善的、加速的和廉价的（印刷）通信和交通手段促进了思想和概念的交换，而像施拉姆这样的个人在科学、铁路和政府之间调解，在把一方的关注转化为另一方的利益方面发挥了至关重要的作用。在19世纪的全球化之中，思想、概念，以及实践的传播，极少是在一个水平轨迹之上从全球背景渗入到区域性环境之中的。当关于时间的思想流动时，关于时间的概念和观点的传播渠道通常在不同的轨迹上移动，这些轨迹并没有反映出一个从国际改革方案和国际学会，到区域，再到民族国家和地区的纵向阶梯形系统。相反，在一个相互关联的世界中，思想和实践倾向于占据中间位置，并且是从一个社会的知识分子通过例如小册子和报纸之类的印刷品，横向地而非垂直地移动到另一个社会的知识分子之中。在许多情况下，学者、记者和宣传家在国际学会协议与当地社会之间充当翻译。全球化的世界为施拉姆等人提供了将时间区域化和国家化的手段。

****

当施拉姆推动奥匈帝国铁路部门和政府官员采取中欧时间之时，他也无意中引发德国的时间统一。德国在19世纪下半叶才成为一个民族国家。在普鲁士人，特别是奥托·冯·俾斯麦的领导下，德国的众多公国、大公国、王国、封邑和其他属地和城市，（往往是被迫地）被合并入现在的德国，这一过程以1871年德国战胜法国，以及德国皇帝在凡尔赛宫的镜厅的宣言而告终。然而，在已统一的德国之中，联邦和区域结构作为身份和政治席位的来源仍然十分强大。在时间这个领域，区域主义和非正统的异质性依然盛行。

1889年冬天，德国官员对所有铁路采用标准时间的问题进行了重点调查。虽然这已不是新话题了，但由匈牙利铁路协会提出的请愿书，要求在其职权范围内的铁路上使用格林尼治东部十五度的时间（快一个小时），使得这个话题得到重视。为了让奥匈帝国的计划更有效率，匈牙利国家铁路公司总裁与德国官员接洽，希望说服邻国实施类似的时间改变。德国铁路当时使用的多种时间反映了这个国家强大的区域主义传统。大部分德国北部铁路，以及当时已归附的阿尔萨斯—洛林遵循柏林时间，或也可以称为普鲁士时间。在德国南半部，火车按照各自的区域时间运行，其中包括慕尼黑、斯图加特、卡尔斯鲁厄、路德维希港和法兰克福时间。在不同时间系统的铁路线交汇的情况下，旅行者不得不换算时间[30]。即使在1871年之后，铁路的组织运作仍然在德意志各公国而不是全国性的层面上；到了1920年，铁路才全面国家化。由于铁路的组织掌握在各个邦国手中，定价、时间安排和所有权的差异是不可避免的。虽然许多德意志邦国此时都致力于铁路国有化，但仍然有几条私人铁路在运行。获利于铁路的重要性和收益的往往是各个独立邦国，而非整体的民族国家——这是国家和国家建设之间相嵌套和不均衡本质的另一个标志[31]。

鉴于德国的时间多元化现状，德国对匈牙利的提案抱有兴趣，同时又心存疑虑。这将消除在某些连接中枢中切换不同铁路线所需的烦琐计算。但这也必然会产生新的问题。如果标准时间被延伸到日常生活之中，当地太阳时间和新的平均时间之间的不同，将会造成困惑和混乱。在19世纪末，太阳时间和平均时间之间15分钟的差异，被看作时间统一的主要障碍。因此，在讨论匈牙利的计划时，批评者指出，如果在日常生活中使用中欧时间，德国将有大约四分之一的人口不得不"忍受"太阳时间和平均时间之间超过20分钟以上的差别。经过多次讨论之后，德国铁路协会联合大会最终在1891年同意，仅在铁路内部，并是为了在协会的职权范围内的管理目的，实施欧洲中部时间[32]。

在这种情况下，普鲁士官员开始非正式地试问，将标准时间延伸至铁路系统以外是否有益，以及一般来说，作为日常生活的一个方面的"时间"，是否可以成为法律规范的主题[33]。在德国内外，通过一项旨在影响人们日常安排和社会时间/空间习惯的法律，都只是一个引起广泛讨论的主题，而非一个合乎逻辑的步骤。当时的许多人都坚信，时间，特别是个人的时间行为不能也不应该受到法律的管制。经过初步辩论，铁路系统职员们并没有积极地寻求将中欧时间拓展到日常生活之中，而是建议在不远的将来再采取这一行动。对于在那个不远的将来将如何开始推行，则没有达成一致的意见。一些人主张让市民决定是否遵循新的时间；另一些人提出在大城市通过相关立法，但让小城镇和村庄自己去调整其地方性的法规和实践。

在这些讨论之中，让中欧时间成为全德国的法定时间并不是默认的解决方案。观察者认为想象平行使用的多种时间不存在任何问题：一个行政和官方的时间，另一个与日常生活紧密联系的时间。平行时间的实践实际上已经十分普遍。在很多城镇里，法院大楼的钟表被调慢10分钟来调节可能存在的延迟。火车站将时钟调慢15分钟，地方政府办公室也经常这样做，这就造成了各种各样的非正式计时方式[34]。德国官员甚至轻率地考虑在设定车站时钟时做两手准备，一个用来表示火车时间或平均时间，一个用来表示当地时间[35]。

尽管在意见仍然存在分歧，官员们最终同意向德国国会提交统一"时区"（Zonenzeit）的建议书。大约一年之后，德意志帝国会议讨论了铁道部关于统一时间的观点，这正是赫尔穆特·冯·毛奇大放光彩之时。由于这位精明的战略家激动人心的演讲，德国的统一时间（Einheitszeit）变得与毛奇密切相关。当时的人们，或许不全是认真的，要求将新的时间正式命名为"Moltke-Einheits-Zeit"，或毛奇平均时间[36]。让铁路与德国民族国家联系在一起，完全不是这位上将的发明，而是德国经济学家弗里德里希·李斯特的首创，他在19世纪40年代公开鼓励作为"加强民族精神的要素"的铁路建设[37]。在1871年之后,德国官员确实希望将铁路置于联邦的控制之下,并将其部署在国家和民族建设之中,但是他们的愿望被各邦对自身权利的主张和封建主义在铁路组织中固执的存在所破坏[38]。但半个世纪之后,通过毛奇的演讲,铁路时间的施行作为国家认同的宣传者和象征成为不争的事实。

1891年春,毛奇在德国立法者前的演说,首次说服了普鲁士当局。截至1891年6月,普鲁士铁路官员们放弃了柏林时间,以中欧时间为代替,用于内部和行政管理。但对公众和邮政服务部门以及军队来说,当局仍旧热切地发布了罗列当地时间的手册和时间表。在奥匈帝国,铁路系统已经放弃了布拉格和布达佩斯时间,并在内部和外部采用了中欧时间,围绕主要铁路线路的几个区域和城市,其中包括萨尔斯堡,格拉茨和的里雅斯特,单方面且独立于帝国的立法地转向了新的时间[39]。

1892年,采用中欧时间的时间统一,在德国南部的铁路上继续推行。当1893年4月德国北部各邦宣布同样采取统一时间时,德国政府通过了一项立法,将比格林尼治时间提前一小时的时间定为所有场合下德国的官方时间。从理论上讲,德国现在遵循了一个统一时间[40]。为准备4月1日的到来,铁道部就必要的时间变更,对车站人员进行了指示。铁道部解释说,例如推迟车站和法院等公共建筑时钟以迎合迟缓群众的任何做法,都将被新的法律所禁止且必须停止[41]。

在考量德国统一时间方面,地区和帝国政府各部门官员参考了之前就已经采用不同方式将时间统一起来的其他国家。最为频繁地被举作先例的是瑞典,早在1879年,该国已经开始使用比格林尼治提前一小时的时间。邻国法国——早在1889年巴黎时间就被应用于整个铁路系统——也在德国的讨论中占有重要位置。法国的选择违背了几年前在美国首都的一大批观察官员、科学家和外交官所选择的系统,然而这并不重要,甚至没有人会注意到这一违背事项。德国政府官员没有注意到，1884年召开的华盛顿本初子午大会已经就相关议题做出规定，并且已经成为现在可以遵循的先例。这次会议甚至从来不曾被他们提到。时间是一个国家性的事务。1884年华盛顿的大会仍然对此毫无影响力。

这不仅是政府自身态度的结果。已经处于准备阶段的国家政府，对国际活动家的不信任是显而易见的。引入一个用于铁路和电报之外的全国性的统一时间，并在科学家和外交官的国际聚会的授意下这样做，德国行政官员对此非常警惕。在1884年的学会上，"全方位"的计时改革，与应用到日常生活方方面面的全国性平均时间，对德国官员来说，显得"几乎没有实用性"[42]。当时，有各种意见反对参加这场会议，因为它含糊不清，效用不明。但很快，犬儒主义盛行。德国派遣了两名代表出席1884年本初子午线大会，都是外交人员。德国外交部在向其代表介绍情况时，指示外交官明确避免支持在公民生活中强制采用特定时间的决定。任何这类决议都必须由各国当局在国际授权之前自行发起。会议期间，柏林的德国官员反复相互保证，一旦决议通过，也不会有约束力，因此也无所谓[43]。

在关于德国国家时间改革的讨论中，一个值得注意的事情将在30年之后显现出来。在19世纪90年代采用全国范围平均时间和时区之际，平均时间与太阳时之间的关系，并推及标准时间与日光之间的关系，是一个已经经过反复考量的因素。与此相关的，是对时间和时区这种嫁接在日夜交替、天光黑暗更迭的自然节奏之上的抽象概念的想象力的缺乏。当时的人们很难想象一个生活节奏不再被太阳决定的世界。这使得许多参与到时间统一行动的行政管理人员和观察家考虑采取措施来应对平均时间的切换，使平均时间能够像太阳时间一样自然。一些评论家相信，只要采取了任何使太阳时间和平均时间之间出现差异的行动，自然就需要这样一些应对措施。例如，官员们讨论是否有必要修改工作法，以反映全国平均时间的转变，并保持不同地区的工作时间和日光之间的关系，尽管这个转变只有15到20分钟的差别。

早在夏令时正式成为一个问题之前，太阳时的废除被认为是20世纪初的社会问题。在全国通过平均时间之前，在德国的许多学校和工厂都开展了非正式的夏令时计划。为了保证最有效地利用日光，夏季开始工作的时间较早[44]。在比利时，平均时间的反对者计算出，在时钟被调慢17分钟后——与布鲁塞尔时间（这个国家以前的全国性平均时间，以及新的标准时间）之间的差——因更不利的照明条件而多燃烧的石油的量，以此为例证明平均时间的弊端[45]。在引进比格林尼治提前一小时的时间之际，荷兰的政府官员们考虑制定法律改变学校、政府办公室以及铁路的上班时间，以保持之前与太阳时大致相同的生活习惯[46]。另一个困扰荷兰行政官员的问题是，应该加入哪个一个时区：德国的中欧时间，还是英国和法国的提前一小时的时间？选择采用德国时间强调了与东部邻国紧密的商业和经济联系；选择采用西边的时间表明，通过采取一个早于太阳时的时间，以获得日光在医学方面和社会方面的益处，并且有类似于日后夏令时措施的效果[47]。

德国立法者叹息道，在一些地区，工人们要在早上5点半而非6点离家去上班，这给劳工人口施加了不必要的困难。这个论据并非将早上5点半看成新的早上6点，而是假设将绝对的不变的"真实"时间与抽象的变动的钟表时间进行对比，"真实的"5点半将一直持续存在[48]。19世纪和20世纪早期的欧洲人非常重视日常生活中起床、吃早饭、去上班之间的间隔。没有什么比打乱这些早课和太阳升起的时间之间的时间间隔，从而扰乱日常生活，更使当时的人们烦恼的事了。

当德国南部各邦在1892年将中欧时间引入外部和内部地区铁路时，时间统一的障碍突然从想象变成了现实。事实上，铁路公司已经将时刻表进行了更改，使得即使在平均时间推出之后火车也将依然在太阳时下运行。人们指出，混乱产生于这只是改变了名义上到达和出发的时间——所以在一个新的平均时间比太阳时快半小时的地区，以前于上午9点出发的火车，现在改为9点半。但变为平均时间的工作时间并没有做这样的调整。结果，当工人们在早高峰时间去上班时会遇不到火车。作为一种总体混乱的表现，人们会听到"我的手表显示9点半，所以现在是9点"这样的话。这种混乱将持续几十年[49]。

***

像德国一样，法国关于统一全国性时间的政策，也深深植根于其国家历史传统之中。在法国，最根深蒂固的，并不是缺乏一个民族国家，而是一种固有的科学传统。这个国家长期以来以在时间改革方面取得的成就和专长为傲，这可以追溯到巴黎天文台的建成（1667年）和法国大革命时期。在法国大革命期间，新的日历于1793年颁布，为了完全符合新的度量标准系统带来的十进制，它将一年分为12个月，1个月有3周，1周有10天，1天有10小时，1小时有100分钟。虽然这项改革因不得人心而失败，并于1806年被废除，但法国在讨论时间改革时一再援引该国过去革命的科学荣誉，将其作为一个不应被轻视的传统[50]。因此，与德国和英国相反，法国更关注威胁要将国家巴黎子午线以外的子午线定为全球时区系统起始处的国际会议和学会。

收到美国华盛顿本初子午线学会的邀请之后，法国在国家经度局和巴黎天文台设立了委员会，负责研究采用基于格林尼治时间的平均时间的可能性[51]。为了反对格林尼治子午线，委员会最终认为最好为新系统提倡一个中立的、非领土性的本初子午线，并据此，对其在华盛顿的代表下达指示。然而，在1884年的华盛顿学会上，皮埃尔·让森——巴黎天文台的成员——和法国领事很快就明白，坚持中立一定会失败。"从第一次会议开始，"法国领事愤怒道，"有明确的迹象强迫我和让森承认英国和美国在会议上的绝对统治地位。"[52]加强这个印象的是有一些国家，例如危地马拉和巴拉圭，虽然名义上自主参会，但却是由美国侨民代表的，这是19世纪国际主义经常遇到的一种做法。

法国参与国际时间改革首先引发了一种对国家时间的兴趣。19世纪80年代和90年代，当时间改革在国际上引起关注之时，有好几种时间标准在法国共存。其中有三种时间标准是官方认定的。除了用于电报和铁路的巴黎时间之外，各种当地平均时间仍旧十分普遍。像德国一样，铁路公司策略性地推迟了显示在火车站建筑上钟表的时间，为旅客的便利延迟5分钟。装在车站楼外的钟表则显示当地时间。很多城市为了突显公共时钟，增加了第三个钟表，设为巴黎时间。这与奥地利的情形相似，一位波尔多地区的观察员发现，铁路干线上的所有城市都非正式地采用了巴黎时间，而其他小镇则坚持使用当地时间。这样，在半径1千米之内，从一个村庄到另一个村庄的时间可能相差15分钟[53]。

19世纪90年代，多种时间被认为对于尽职可靠的时间管理是有害的。像在美国一样，法国的钟表匠和天文台在新兴的将准确时间商品化的过程中获利。天文台提供了许多时间服务来获取报酬；手表和钟表匠人也乘机获利。一篇关于法国制表业的文章证实了时间所赋予的新价值。"英文谚语'时间就是金钱'从来没有如此真实过，"作者宣称，"我们飞快地生活，我们利用每一分钟，为了合理使用时间，我们必须能够衡量它。"[54]文章警告说，7点43分出发的火车不会等待7点44分才到达的乘客。并且虽然精确时间是最近才被需要的，但"如今我们没有任何疑虑，就改变了我们的习惯"。因此，结论是"时间对我们大家而言都是宝贵的……因此，无论以什么方式看待时间，无论是其正确的形式或是作为一种货币价值，它都是一个相当有价值的元素"[55]。诸如贝桑松、纳沙泰尔和日内瓦等天文台，向追求准确的高档时钟的所有者提供定期的检查服务。任何人，只要愿意与所持钟表分开两到六周，花钱将其留给专业人士观察，之后，这位骄傲的钟表主会获得一张证书，证明他的钟表的准确性和功能性。某些天文台甚至还会授予最为精密的仪器荣誉勋章。各天文台都举办年度比赛，其中钟表被分类，依据其准确度来进行评估授奖[56]。法国全国性的平均时间改革被认为与这种品性完善有直接联系，统一时间测量等于"真正的人道工作"[57]。

为了摆脱多种时间而创造一个统一的法国国家时间，以向过去的科学成就致敬，一条法案浮出水面。1888年，这条法案建议将巴黎子午线时间——这关系到巴黎天文台的天文学荣誉——定为法国全部铁路和一切公共生活的官方时间。但是，在任何投票通过之前，事态都停滞不前。与奥匈帝国几年以后发生的情况类似，不同的地方机构和城镇现在都各自行事。上马恩省地区的朗格尔市议会单方面采取巴黎时间[58]。在马赛的弗拉马利翁科学协会集体采取行动，赞成在法国各省采用巴黎时间，并开始游说其他地方和区域协会[59]。而马赛市议会也投票支持将巴黎时间显示在这个城市的钟表上。在科特迪瓦地区，雇主协会的负责人向当地的省议会提出要求，推动法国议会通过一条法律，将巴黎时间作为全法国的时间；采用两种不同时间（区域性的第戎时间和巴黎时间）现在被认为是造成重大混乱的原因[60]。另一个这样的要求来自里昂市议会。在巴黎，国家经度局开始担心，作为一个积极从事大地测量的法国国营科学机构，现在日益成为时间计算的部门，经度局担心其影响力会逐渐减弱，为了在一切事务上保持优势，它敦促公共教育部重新起草相关法律项目。一项立法草案于1890年3月提交给法国众议院，约在一年之后通过成为法律。1891年3月，巴黎时间，而非格林尼治时间，成为国家的法定时间[61]。国际主义促成了国家性时间在法国的诞生。

在整个19世纪90年代，呼吁法国采取一个与时区系统一致的平均时间的意见不时出现。法国与其他欧洲国家，包括荷兰、西班牙和葡萄牙，仍然使用并非基于格林尼治子午线的时区。1897年，一项立法草案提交到法国国会，声明"在法国采用的官方本初子午线，应是格林尼治子午线"[62]。由于对"英国时间"的敌视态度依然高涨，这条草案引起众怒。国会议员利用报刊责骂这项法案，因其厚颜无耻地企图"放弃"光荣的巴黎子午线，以及企图将法国商业蓝图（依靠巴黎子午线）推到崩溃的边缘，并"认可（外国）科学仪器的卓越和优越性"[63]。此外，在同一年，经度局还恢复了一个项目，以推广"法国"科学成就，该项目首次在1884年华盛顿特区学会之前的几个月被提出，但从来没有结果。当时已经成立了一个委员会，来研究十进制时间，以及计划废除60分钟1小时，1天24小时，而采用1小时100分钟的系统。当面临最终遵循"英国"标准的格林尼治时间的可能性时，法国科学家在19世纪末挖掘出这些旧想法，并再次讨论十进制的时间单位。当法国外交部接洽其他欧洲国家，提出召开有关十进制时间单位的国际会议时，得到的反响深埋在客套的外交信函之中，但几乎没有进一步沟通的余地：欧洲国家对任何这样的努力都没有兴趣。法国十进制化项目就此搁置[64]。

1897年，在法国商会全面讨论引入可耻的基于格林尼治子午线的时间的计划书之前，另一位议员快速地提出了一个相反的项目，即法国的法定时间应为"巴黎时间慢9分21秒"[65]。众所周知，"巴黎时间减去九分二十一秒"其实就意味着格林尼治标准时间——这只是模糊了尴尬的源于英国的时间系统[66]。一旦法国参议院开始参与并且同样必须就此投票时，事态再次停滞不前。一个委员会被指派评估这项法案，而且至少需要12年之久才能作出回应。

委员会终于在1910年11月公布了引进"格林尼治时间"——尽管没有说明来源于"可鄙"的英国——的建议的报告。1911年2月，当法案提交到参议院时，改革的反对者们试图最后一次，面对占主导地位的英国，捍卫巴黎的荣耀。为了制止这个必然的结果，格林尼治时间的反对者们炮制了一个复杂的计划：恢复多个时间的共存。这项计划执着于将巴黎子午线应用于公民的平均时间，而附加一条规定将"巴黎时间减9分21秒"用于国际邮政和电报服务，以及铁路和火车站内部钟表之上。外部钟表则保持巴黎时间。如此复杂的公式在其实际运用之中，甚至不能说服最虔诚的法国爱国者。1911年3月9日，法国参议院最终采用这项法律提案，2天后，"格林尼治时间"成为应用于全国的时间[67]。

※ ※ ※

在最初的阶段，德国和法国的全国性平均时间统一的进程并进而行，互相没有太多影响。法国着眼于与英国的竞争，而德国则注重国内的时间差异，以及偶尔地注重邻国奥匈帝国和中欧的铁路。德国和法国的时间政治，仅在第一次世界大战前十年才开始有交流。此时，欧洲几大强国之间政治纷争加剧，主要针对以下几个问题：哈布斯堡王朝和奥斯曼帝国恶化的民族主义问题，殖民地争夺问题，英德两国军备竞赛的问题，以及欧洲联盟体系强化的问题，其中法国、英国和俄罗斯现在坚定地站在同一阵营，而德国和奥匈帝国则是另一阵营。

国际主义——尽管其宣称试图组织起超越独立民族国家微小利害关系的利益——从一开始就是争取国家利益的竞技场。到了19世纪末20世纪初，科学与国家之间的紧密关联只是更为加强了这种倾向。德国的帝国技术物理研究所（Technisch-Physikalische Reichsanstalt），当时世界上最重要的物理研究机构之一，就是这样一个场所，在其中，科学、工业和国家以建设现代国家为目的混合在一起[68]。在法国，军队的地域划分代表了科学与国家的结合。而且，法国军队还管理着巴黎综合理工学院——全国最优秀的科学学校，这所学校完善了土地测量科学，使其成为探索和征服领土不可或缺的工具[69]。天文学总是与这些努力紧密地联系在一起，尤其是当1795年经度局成立之时。经度局建立在巴黎天文台，并监督全法国各地的天文台，同时出版备受尊崇的星历[70]。19世纪的科学充满了民族主义的色调，而学会和大会则为科学成果提供展示、相互比较、相互竞争的平台。标准化也意味着将某个国家的测量系统或单位作为其他所有人的新标准。

国际主义经常导致国际部门的成立，这些部门作为国际组织的摇篮，却只设立在某一个国家境内。在那些早期的组织之中，国际电报联盟位于伯尔尼（成立于1865年）。另一些突出的例子是国际邮政联盟（位于伯尔尼，成立于1874年），和国际统计学会（位于海牙，成立于1885年）。在20世纪前十年那个剑拔弩张的环境之下，法德的时间政治终于与针对建立类似国际部门的意见发生了冲突。在本初子午线一战"输给"英国之后，法国寄希望于在国际无线电报领域获得领先地位，这项技术在19世纪末20世纪初正处于开发和测试阶段。自1900年以来，无线电通信实验已经在经度局的庇护下在埃菲尔铁塔实行。在20世纪10年代末，经度局表示其目标是要建设以埃菲尔铁塔为主要天线的无线时间信号服务。这项服务从1910年5月开始实施，此后每隔1小时发出1次报时信号，此时的信号主要是发给船舶和导航员的。在这项服务获得成功的鼓舞下，经度局很快渴望承担更多的工作[71]。

带头的是经度局精明且富有经验的局长纪尧姆·比古尔丹。以前，在国家天文台之间达成计时合作十分困难。在1912年，比古尔丹向公共教育部起草了一份报告，向其报告了目前在欧洲的时间信号发射情况。除了提供一个欧洲时间信号发射的清单之外，比古尔丹真正想传达的信息并不难理解——法国，更具体地说是拥有埃菲尔铁塔的巴黎，与德国的设施对比，更适合成为欧洲无线电通信计时的中心。更重要的是，比古尔丹强烈要求，"尽早抓住这个机会对法国来说最为有利，并且提议在巴黎召开一个国际学会来研究时间信号的统一。"任何时间的浪费都意味着给其他国家提供机会，去启动他们自己的计时中心的计划。[72]

有传言说，德国正在提议建立自己的发射台，尤其是在柏林附近，波茨坦的大地测量研究所计划即将在1912年夏季，在伦敦举行的电报学会上劫持全球时间信号服务。德国科学家一直在位于诺尔代希的德国北部电报站进行成功的时间信号分发实验。遵循法国的提议，1912年10月和1913年10月在巴黎召开了两次国际"时间会议"。英国皇家天文台的天文学家和政府官员当然对法国重获国际计时地位的企图不闻不问，这被认为是故意的怠慢。英国认为这次会议的重要性是微乎其微的，所以最初并没有派出代表出席。在法国匆忙说服了其他各国有关这次会议的中心地位之后，英国代表们才在第一次会议开始几天之后到场。在这场主要由非外交人员出席的1912年10月的会议上，通过了将计时局（timekeeping bureau）设立在巴黎的决议[73]。

在1912年和1913年于巴黎举行的两次会议上，法德与德国的对抗引人注目。与法国的焦虑相反，德国并没有建立一个德国计时局的计划，而是对第一次会议通过的几项规定提出质疑。参与讨论计时方案的德国政府部门代表企图限制公约所涵盖的时间范围。如一位代表说道，法国机构目前对时间信号的优势可能不会持续，在这种情况下，将计时局搬迁到一个对此服务更完善的机构是有利的。而这样的机构应是位于柏林附近的国际大地测量研究所,这是德国官员之间的一个几乎不加掩饰的信念[74]。在学会上的德国代表,坚持不懈地避免让公约指名巴黎为国际计时局的所在地,虽然根据之前的讨论,巴黎是新机构开设的地方。法国明确拒绝了德国对修改公约文本的这些要求,并就位置问题进行了讨论[75]。

德法敌对的下一个目标是埃菲尔铁塔。由于选择巴黎作为计时局所在地的理由是其特别适合作为发射台的实用性,法国政府必须保证为了信号发射的目的,埃菲尔铁塔可以一直被使用。由于塔是私人拥有的,所以不能给予这样的保证。在学会上,德国代表要求法国政府在公约中作出保证,将确保任何时候都提供卓越的发射站,即便在埃菲尔铁塔的服务由于任何原因不得不停止时[76]。在这些讨论中,国际主义比以往任何时候都更加强调民族主义情绪。因此,美国同意签署公约的条件是将继续发出自己的时间信号。美国海军在1905年开始发出时间信号,并准备在巴拿马、夏威夷和萨摩亚设立新的发射站。国家和帝国的利害关系稳固地将国际合作置于其后[77]。

1912年和1913年的学会一并起草了一项公约,设立关于时间的国际协会(International Association for Time)。组织协会的机关是国际时间局(International Bureau for Time),尽管德法争论不休,但其总部还是设立在巴黎。用法国经度局的话来说,这次会议的成果被誉为"我国重要的科学成就"。但不知不觉中,法国已经没有时间了。在国际时间局的计划完成之前,当时的人们都知道,欧洲正在走向一场颠覆世界的毁灭性冲突。1919年,位于巴黎天文台的国际计时局(Internatioanl Timekeeping Bureau)以一个非常缩水的形式成为现实,并且成为1919年建立于布鲁塞尔的国际天文联盟(International Astronomic Union)的一部分[78]。

在1913年秋季巴黎时间会议结束之后,战争和之后的占领让德国和法国的国家时间再次成为争论的主题。当法国部队于1918年11月末,经过4

年热血奋战后占领德国西部的莱茵兰地区时，也带来了法国时间。法国当局在被占领的土地上以慢一小时的法国平均时间取代了德国的中欧时间。而德国方面，1919年6月在凡尔赛签署了"和平条约"后，在被占领的西部地区设定时间的权利已经回到了德国。德国要求一旦条约生效，应该恢复德国的时间[79]。在条约于1920年早期成为法律后，掌管莱茵兰地区的莱茵兰联盟高级委员会便制定了一个混合的解决方案：法国时间将继续用于铁路系统，而德国时间将用于平民生活。法国很快便转为夏令时，时钟快了一小时。因此，暂时性地，在被占领的西德领土上，法国时间和德国时间是相同的。商会、手工艺人协会、俱乐部和协会，以及农业、工业、商业和手工业的从业者都在抗议侵犯德国时间主权的行为[80]。一旦夏令时快要结束，德国当局就命令驻巴黎的外交代表强烈要求对法国时间予以修订。尽管这样的努力是徒劳的，但作为抗议和主张，德国的时间仍然被用于公民生活中。然而对铁路时刻表和交通工具来说，在占领区沿用两种时间是十分困难的。在这种情况下，"政治原因"战胜了交通运输需要，交通不得不"退至国家的观点后面"，德国外交部如此分析。[81]

法国和德国的时间政治表明，对全国平均时间的采纳，是从以区域和国家的角度构想出来的，并最终成为民族主义竞争的场所。然而，除去平均时间上的意识形态竞争，将全国时间统一起来的政策并不是直截了当的。当立法者和行政人员讨论废除多种当地时间，并以一个国家的平均时间作为替代时，他们的想法围绕着区域铁路系统问题，以及如何能为全国通信与官僚机构提供便利方面。正如在法国和德国的情况所示，地方当局，例如市政当局，通常会单方面地推进时间改革，而不是等待中央的决定。就此，它们迫使本国当局对已经实施的单独行动进行批准。因此，全国统一时间的建立看起来像是地方、区域和国家当局所采取的措施在做跷跷板式运动，这些措施往往在时间上有密切的顺序或同步进行。逐渐地，这些步骤以统一时间的建立而告终。因此，全国平均时间的实施有助于国家建设，且是国家建设的组成部分。由全球化的世界驱动，并通过改革者与数不胜数的廉价手册与小册子作为传播媒介的、有关时间与计时的观念导致了国家的强化和区域划分。这其中的一个重要原因是，在19世纪的世界中所流传的大部分知识都被理解为关于国家和民族的利益的知识。在德国和法国，平均时间的实施还意味着时间和时区不仅仅是又一个诸如妇女运动、公制体系或国际法这样的，在19世纪下半叶变得"具有全球性的"国际主义运动。德国的中欧时间和法国对英国时间的抵抗表明，在全球的时空之中，时间充当着国家的时间和领土的基础。

## 注释

1. 关于国家形成与民族整合，参见Geoff Eley, "State Formation, Nationalism, and Political Culture: Some Thoughts on the German Case," in *Culture, Ideology, and Politics (Festschrift for Eric Hobsbawm)*, ed. Raphael Samuel and Gareth Stedman Jones (London: Routledge and Kegan Paul, 1983), 277–301.

2. 参见Dirk Hoerder, *Cultures in Contact: World Migrations in the Second Millennium* (Durham, NC: Duke University Press, 2002), esp. 331–404; McKeown, "Periodizing Globalization," esp. 31; McKeown, "Global Migration 1846-1940," *Journal of World History* 15, no. 2 (2004): 155–189.

3. Cornelius Torp, *Die Herausforderung der Globalisierung: Wirtschaft und Politik in Deutschland 1860-1914* (Göttingen: Vandenhoeck & Ruprecht, 2005), 27–42.

4. John MacKenzie, *Propaganda and Empire: The Manipulation of British Public Opinion*, 1880-1960 (Manchester: Manchester University Press, 1984); David Ciarlo, *Advertising Empire: Race and Visual Culture in Imperial Germany* (Cambridge, MA: Harvard University Press, 2011).

5. Jane Burbank and Frederick Cooper, *Empires in World History: Power and the Politics of Difference* (Princeton, NJ: Princeton University Press, 2010), 288; Eric Hobsbawm, *The Age of Empire 1875–1914* (London: Vintage Books, 1989), 59.

6. Mary Nolan, *The Transatlantic Century: Europe and America, 1890–2010* (Cambridge: Cambridge University Press, 2012), 11, 17; D. K. Fieldhouse, *Economics and Empire, 1830–1914* (London: Weidenfeld and Nicolson, 1973).

7. Akira Iriye, *Global Community: The Role of International Organizations in the Making of the Contemporary World* (Berkeley: University of California Press, 2002); Daniel Gorman, *The Emergence of International Society in the 1920s* (Cambridge: Cambridge University Press, 2012); Rosenberg, "Transnational Currents in a Shrinking World."

8. H. La Fontaine and P. Otlet, "La vie internationale et l'effort pour son orga niza tion," La Vie Internationale 1 (1912): 9–34, here 12.

9. Archives Nationales Françaises (hereafter AN) F/17/3714, Adaption d'une heure unique, Note de Sandford Fleming, "Memorandum on the Movement for Reckoning Time on a Scientific Basis, by which the greatest possible degree of Simplicity, Accuracy, and Uniformity will be obtained in all Countries throughout the World," Ottawa, November 20, 1889, 1.

10. Crawford, "Universe of International Science," 255.

11. BArch R901/63559, pamphlet by the Freie deutsche Hochstift für Wissenschaften, Künste und allgemeine Bildung in Goethes Vaterhause, Frankfurt/Main, January 1, 1864.

12. Alexis McCrossen, Marking Modern Times: A History of Clocks, Watches, and Other Timekeepers in American Life (Chicago: University of Chicago Press, 2013), 10.

13. G. Hammer, *Nullmeridian und Weltzeit* (Hamburg: Verlagsanstalt und Druckerei A. G., 1888), 44.

14. Bartky, *One Time Fits All*, 74.

15. BArch R 901/63559, F. Romanet du Caillaud, De l'Adoption du Méridien de Bethléem comme premier Méridien universel, Lettre à Monsieur le Président de la société de géographie de Paris, Limoges, September 6, 1884.

16. AN F/17/3714, Adaption d'une heure unique, Italie; Resolutions by the International Geodesic Association Concerning the Unification of Longitudes and Time, Bureau central de l' Association Géodésique Internationale, n.d.

17. Bartky, *One Time Fits All*, 72.

18. AN F/17/3714, Conférence internationale de Washington pour l'établissement d'un méridien initial, letter, Ministry of Foreign Affairs to Ministry of Public Instruction, January 26, 1884; Circular, Department of State, Washington, DC, December 1, 1883; BArch R901/63559, Legation of the United States to German Foreign Ministry, Berlin, November 9, 1882; Bartky, *One Time Fits All*, 72.

19. Theodore M. Porter, *Trust in Numbers: The Pursuit of Objectivity in Science and Public Life* (Princeton, NJ: Princeton University Press, 1995); Ian Hacking, *The Taming of Chance* (New York: Cambridge University Press, 1990); and M. Norton Wiseed. *The Values of Precision* (Princeton, NJ: Princeton University Press, 1995), esp. Simon Schaffer, "Accurate Measurement Is an English Science," 135–172, and M. Norton Wise, "Precision: Agent of Unity and Product of Agreement, Part II— The Age of Steam and Telegraphy," 222–236; and Simon Schaffer, "Late Victorian Metrology and Its Instrumentation: A Manufactory of Ohms," in *Invisible Connections: Instruments, Institutions, and Science*, ed. Robert Bud and Susan Cozzens (Bellingham, WA: SPIE, 1992), 23–56, here 25.

20. Schram, *Adria-Zeit*, 4, 12; W. d Nordling, "Les derniers progrès de l'unifcation de l'heure," *Revue scientifque* 30, no. 1 (1893): 774–777, here 775; 剑桥大学图书馆, 皇家格林尼治天文台档案 (此后写作RGO) 7/146, clipping "La Belgique et l'heure de Greenwich," *Le Mouvement géographique*, May 1,

1892, 1.

21. Friedrich Naumann, *Mitteleuropa* (Berlin: Georg Reimer, 1915), 3.

22. Jürgen Elvert, *Mitteleuropa! Deutsche Pläne zur europäischen Neuordnung (1918–1945)* (Stuttgart: Franz Steiner Verlag, 1999), 38.

23 施密特证明了纳粹在20世纪30年代后5年里吞并中欧的合理性。参见Carl Schmitt, Völkerrechtliche Grossraumordnung mit Interventionsverbot für raumfremde Mächte. Ein Beitrag zum Reichsbegriff im Völkerrecht (Berlin: Duncker & Humblot, 1991); 施密特只是顺便提及（p. 12），但还是把他算作他提议的那种概念的先驱。还可参看Felix Blindow, *Carl Schmitts Reichsordnung. Strategien für einen europäischen Grossraum* (Berlin: Akademie Verlag, 1999).

24. Naumann, *Mitteleuropa*, 166.

25. Max Reithoffer, "Ein elektrisches Zentraluhrensystem fur Wien, Vortrag, gehalten den 22. Februar 1911," *Schriften des Vereines zur Verbreitung Naturwissenschaftlicher Kenntnisse in Wien 51* (1910/1911): 439–456, here 440.

26. 参见巴黎档案（此后写作AP）, VONC 20, draft letter, Direction of Public Works, May 1880; letter, Mayoral Off ce of the 17th District, Paris, June 2, 1883; Galison, *Einstein's Clocks*, 93–97.

27. AN F/17/3714, Adoption of a single time, Denmark; Decree about the renewed determination of time, January 5, 1894; Adoption of a single time, Norway; letter, Ministry of Foreign Affairs, Ministry of Public Instruction, January 9, 1895; Adoption of a single time, Spain, letter, Ministry of Foreign Affairs to Ministry of Public Instruction, August 16, 1900; BArch R901/37725, Swiss Legation in Berlin, received June 5, 1894; BArch R3001/7863, Berlin, September 13, 1893.

28. Oliver Zimmer, *Remaking the Rhythms of Life: German Communities in the Age of the Nation-State* (Oxford: Oxford University Press, 2013), 5; Siegfried Weichlein, *Nation und Region: Integrationsprozesse im Bismarckreich* (Düsseldorf: Droste Verlag, 2004); 还可参看Abigail Green, Fatherlands: State-Building and Nationhood in Nineteenth-Century Germany (Oxford: Oxford University Press, 2001). 关于不同的案例研究中基层政权与民族国家之间的互动，参见Zimmer, *Remaking*; Laurent Brassart, Jean-Pierre Jessenne, and Nadine Vivier, eds., *Clochemerle our république villageoise? La conduit municipal des affaires villageoises en Eu rope du XVIIIè au XXè siècle* (Villeneuve d'Ascq: Presses Universitaires du Septentrion, 2012).

29. Schram, *Adria-Zeit*, 4.

30. BArch R901/15611, Copy, letter by Ministry of Public Works, Berlin, November 9, 1891, 1–2.

31. Weichlein, *Nation und Region*, 104.

32. BArch R901/15609, memorandum, Berlin, December 1889, 9.

33. BArch R3001/7863, Opinion by the Vice President of the Ministry of State, von Boetticher, regarding the uniform measure of time, Berlin, February 15, 1892; see also letter, Secretary of State for the Interior to Ministry of Justice, Berlin, February 15, 1892; copy of memorandum, Berlin, December 1889.

34. BArch R 901/15609, memorandum, Berlin, December 1889, 11.

35. BArch R 901/37725, Opinion, Prus sian Ministry of Spiritual, Educational, and Medical Matters concerning the legal-imperial adoption of a uniform time for the entire civil life in Germany, Berlin, December 21, 1891.还可参看Wilhelm Förster, *Über Zeitmessung und Zeitregelung* (Leipzig: Johann Ambrosius Barth, 1909), 92.

36. BArch R 901/37725, Reichstag, 28th session, Monday, January 23, 1893, 634.

37. 转引自Weichlein, *Nation und Region*, 39.

38. Ibid., 101–102.

39. Nordling, "Les derniers progrès," 775.

40. Bartky, *One Time Fits All*, 126.

41. BArch R3001/7863, Imperial Off ce of Railways to railway administrations, March 19, 1893.

42. BArch R901/63559, letter, Ministry of Spiritual, Educational, and Medical Affairs, Berlin, April 2, 1883.

43. BArch R901/63559, Instruction to Supervisor of Constructions Hinckeldeyn regarding the consultations of the international conference to be opened in Washington for the introduction of a uniform Meridian and a uniform time, n.d. (Karl Hinckeldeyn was an architect who, in 1884, served as technical attaché to the German embassy in Washington, DC.) See also ibid., Note Regarding the Meridian Conference in Washington, Berlin, October 14, 1884.

44. BArch R901/37725, Reichstag, 28th session, Monday, January 23, 1893, 634.还参见由位于符滕堡（Wurtemberg）的教会与学校事务部（Ministry of Church and Schooling Affairs）下发的命令：Verfügung des Ministeriums des Kirchen- und Schulwesens, betreffend die Ordnung der Unterrichtszeit in den Volksschulen und den kleineren Gelehrten- und Realschulen infolge der Einführung der sogenannten mitteleuropäischen Einheitszeit, Stuttgart, February 23, 1892.

45. RGO 7/146, newspaper offprint, Robert Schram, "Die Zeitreform in Belgien," Deutsche Zeitung, May 31, 1892.

46. BArch R3001/7863, letter, German Embassy in The Hague to German Ministry of Foreign Affairs, June 4, 1896.

47. BArch R3001/7863, letter, German Embassy in The Hague to Ministry of Foreign Affairs, June 11, 1897.

48. BArch R901/37725, Reichstag, 28th session, Monday, January 23, 1893, 634.

49. BArch R901/15612, clipping "Local Time and Mean Time Once Again," Kölnische Zeitung, May 19, 1892.

50. 关于法国对公尺制的追求，参见Kenneth Alder, "A Revolution toMeasure: The Political Economy of the Metric System in France," in Wise, *The Values of Precision*, 38–71, and Paul Smith, "La division décimale du jour: l'heure qu'il n'est pas," in Génèse et diffusion du système métrique: actes du colloque la naissance du système métrique, URA-CNRS 1013 et 1252, Musée national des techniques, CNAM, 20–21 octobre 1989, ed. Bernard Garnier and Jean-Claude Hocquet (Caen: Editions diffusion du Lys, 1990), 123–135.

51. 参见Galison, *Einstein's Clocks*, 特别是其中涉及地震局和三角测量活动的部分; Matthew Shaw, *Time and the French Revolution: The Republican Calendar, 1789-Year XIV* (Woodbridge, UK: Royal Historical Society, 2011). 还可参看Noah Shusterman, *Religion and the Politics of Time: Holidays in France from Louis XIV through Napoleon* (Washington, DC: Catholic University of America Press, 2010).

52. AN F/17/3714, Conférence internationale de Washington pour l'établissement d'un méridien initial, Report, A. Lefaire, New York, October 28, 1884.

53. F. A. Forel, "L'heure nationale Française," Revue scientifque 41, no. 1

(1888): 806–809, here 807.

54. M. L. Lossier, "La fabrication des montres et l'enseignement de l'horlogerie à Besançon," *Revue Scientifque* 28, no. 1 (1891): 196–203, here 196. R. L. Reverchon, "Les observatories chronométriques," *Revue Scientifque* 33, no. 2 (1896): 655–658.

55. E. Cugnin, "L'heure et la longitude décimale et universelle," *Revue Scientifque* 40, no. 2 (1903): 193–203, here 193.

56. Reverchon, "Les observatories chronométriques," 655–658.

57. Cugnin, "L'heure et la longitude,"193.

58. AN F/17/3713, Unifcation de l'heure en France et en Algérie, Commission de Géodesie, Extrait du registre des Délibérations du Conseil Municipal de Langres, November 6, 1888.

59. AN F/17/3713, Unifcation de l'heure en France et en Algérie, Commission de Géodesie, Société de géographie commerciale de Bordeaux to Ministry of Public Instruction, January 29, 1890. See Robert Fox, "The Savant Confronts His Peers: Scientific Societies in France, 1815–1914," in *The Organization of Science and Technology in France, 1804–1914*, ed. Robert Fox and Donald Weisz (Cambridge: Cambridge University Press, 1980), 241–282.

60. AN F/17/3713, Unifcation de l'heure en France et en Algérie, Commission de Géodesie, Conseil Général, Côte d'Or, First Ordinary Session of 1890, session of April 18, 1890.

61 AN F/17/3713, Unifcation de l'heure en France et en Algérie, Commission de Géodesie, Ville de Lyon, Extract from the Registry of Deliberations of the Municipal Council, December 17, 1889; Bureau des Longitudes Ministry of Public Instruction, January 6, 1890; Guillaume

Bigourdan, *Le jour et ses divisions. Les fuseaux horaires et les conferences internationals de l'heure en 1912 et 1913* (Paris: Gauthier-Villars, 1914), B. 43.

62. AN F/17/3713, Bureau des Longitudes, No. 2072, Chambre des Députés, Proposition de loi, Session of October 27, 1896; 还可参看Charles Lallemand, *L'unifcation internationale des heures et le système des fuseaux horaires* (Paris: Bureau de la Revue Scientifque, 1897), 9; Bigourdan, Le jour et ses divisions, 59.

63. "La suppression du méridien de Paris," *Le Petit Parisien*, September 28, 1898.

64. AN F/17/2921, Commission de décimalisation, Ministère de l'instruction publique, des beaux-arts et des cultes, Note pour Monsieur le Ministre, Paris, November 29, 1905. On debates among mathematicians and other scientists on decimal time, 参见Galison, *Einstein's Clocks*, 162–174.

65. AN F/17/3713, Bureau des Longitudes, No. 2326, Chambre des Députés, Proposition de loi, Session of March 8, 1897; Bigourdan, *Le jour et ses divisions*, 61.

66. AN F/17/3713, Bureau des Longitudes, Travaux Géodétiques, No. 3039, Chambre des Députés, Proposition de loi, Session of February 16, 1898.

67. Bigourdan, Le jour et ses divisions, 67; "A propos de la nouvelle heure légale," Le Petit Journal, March 10, 1911, 1; "L'unifcation de l'heure," Le Petit Journal, February 19, 1911, 1.

68. David Cahan, *An Institute for an Empire: The Physikalisch- Technische Reichsanstalt, 1871–1918* (Cambridge: Cambridge University Press, 1989).

69. 关于科学、国家，以及殖民扩张，参见Lewis Pyenson, *Civilizing Mission: Exact Sciences and French Overseas Expansion, 1830–1940*

(Baltimore: Johns Hopkins University Press, 1993), 15. 关于英国的情况，参见D. Graham Burnett, *Masters of All They Surveyed: Exploration, Geography, and a British El Dorado* (Chicago: University of Chicago Press, 2000).

70. 关于19世纪的科学观察，参见David Aubin, Charlotte Bigg, and H. Otto Sibum, eds., *Heavens on Earth: Observatories and Astronomy in Nineteenth-Century Science and Culture* (Durham, NC: Duke University Press, 2010).

71. AN F/17/13577, Conférence internationale de l'heure, Guillaume Bigourdan, head of Bureau of Longitudes, Rapport sur les travaux de la conférence internationale pour l'unif cation de l'heure par radiotélégraphie, November 1912; Bigourdan, letter to Ministry of Public Instruction, February 1, 1912; Paul Jegou, "Determination de l'heure et mesure des différences de longitude au moyen des signaux horaires et pendulaires Hertziens," *Revue scientifque* 49, no. 2 (1911): 37–43, esp. 37. 还可参看G. Ferrié, "La télégraphie sans fl et le problème de l'heure," *Revue scientifque* 51, no. 2 (1913): 70–75, here 71.

72. Ibid. 还可参看AN F/17/13577, Projet de conférence rélative au ser vice international d'indications de l'heure, Note, Mai 6, 1912; Note, Paris, May 6, 1912. 关于法国和德国在国际时间服务上的机构与计划的比较，还可参看ibid., Avant- Projet d'organisation d'un ser vice international de l'heure.

73. AN F/17/13577, Paris, Conference destinée à la signature de la convention internationale (lundi 20 octobre 1913), Secretary of the Academy of the Sciences to Ministry of Public Instruction, November 17, 1913.

74. BArch R1001/6190 Ministry of Foreign Affairs to French Ambassador, Berlin, July 31, 1913. 还可参看ibid., meeting of ministerial representatives on

the question of the time convention, protocol, October 7, 1913; AN F/17/13577, Conférence destinée à la signature de la convention internationale (lundi 20 octobre 1913), Procès verbaux de la conférence internationale de l'heure (1913), Séance du 20 Octobre 1913, 4.

75. BArch R1001/6190, October 7, 1913.

76. AN F/17/13577, Conférence destinée à la signature de la convention internationale (lundi 20 octobre 1913), Procès verbaux de la conférence internationale de l'heure (1913), Séance du 20 Octobre 1913, 5.

77. AN F/17/13577, Conférence destinée à la signature de la convention internationale (lundi 20 octobre 1913), Note, Secretary of State, Washington, DC, July 23, 1913.

78. AN F/17/13577, Conférence internationale de l'heure, letter, Bureau des Longitudes to Ministry of Public Instruction, November 13, 1912. AN F/17/13577, Conférence destinée à la signature de la convention internationale (lundi 20 octobre 1913), Convention pour la création d'une association internationale de l'heure, October 25, 1913, and Statutes de l'association internationale de l'heure; letter, Bureau des Longitudes to Ministry of Public Instruction, November 13, 1912; Bigourdan, *Le jour et ses divisions*, 9.

79. BArch R4701/207, letter, Minister of Public Works to Foreign Offce, Berlin, October 28, 1919.

80. "Städtische Nachrichten: Westeuropäische Zeit für den Eisenbahnverkehr," *Kölnische Zeitung*, October 3, 1920, 1–2.

81. BArch R4701/207, letter, Foreign Office to Ministry of Transportation, Berlin, September 1, 1920.

# 第二章　节约社会时间

在一些欧洲国家讨论并最终尝试采用全国性平均时间之后20年，时间所扮演的另一个非法律的社会性角色开始让自以为是的专家、改革家和政府官员们担心起来。钟表时间现在具有的社会性的而不是官僚的、合理性的意义。关于有秩序的国家和区域空间、法律和火车的合理时间，现在让位于对社会时间的有效部署和划分（工作时间，休闲时间和娱乐时间）的问题。在夏季的每一天，改革者都十分沮丧，当太阳已经上升时，大部分人仍在沉睡之中，宝贵的白天就失去了。可以并且应该被利用于有效活动的时间因此被浪费掉了。不经意间，关于社会时间的广泛讨论，成为一种时间意识的展示，以及关于时间本质和意义的解释。在这个过程中，关于夏季时或夏令时的讨论，揭示了政府在采用平均时间之后，在精确机械时钟时间的公开展示和传播环节是何等的薄弱。

历史学家长期以来一直认为，机械时钟的传播，对抹消自然特性的抽象时间的理解，作坊和工厂劳动的精密和日程，都与一种时间意识和内在化的时间规训的出现存在联系。他们在哪个先出现的问题上意见不一——是创造力和对时间的兴趣首先导致机械钟表的发展，然后造成时间的取向和规训，还是对规范的工作小时的需求产生了对时钟的需要，而得到改进的技术只是次要原因[1]。与物质时钟时间、时间意识和资本主义相关的最有影响力的论文，仍旧是E.P.汤普森的《时间，工作规范和产业资本主义》（"Time, Work Discipline, and Industrial Capitalism"）。汤普森认为，在18世纪末和19世纪初，工厂工作规模的增加导致人们放弃了所谓"任务取向"（task orientation），即"根据执行特定任务的需要而对时间进行组织"，而普遍都无视执行这些任务所花费的时间。在任务时间下，工作是不规律的；一些劳动，例如在收获时收割玉米或在牛产奶时挤奶，随后是不太密集的工作，或者甚至就是农闲，直到由自然节律决定的下一场活动开始[2]。

如同汤普森认为的，当越来越多的人离开农业工作，并且在作坊和工厂中，在配备了钟表的工头监督下工作之时，任务时间让位于一个内在化的时间取向（time orientation），那是一种将统一工作小时作货币化理解的时间观念。清教徒的伦理也在宣讲节约时间。时间不再是简单地被度过，而是成了可以花费的货币。依据这样的解释，机械计时器的猛增和资本主义的同步工作节奏造成的外部时间，与将普通人引导到一种"时间取向"的，充分意识到时间价值的生活所需要的内在的、智力上的和精神的能力之间，存在一种隐含的关系。汤普森并没有明确提及"抽象"时间，如同穆伊什·普斯通解释的那样，汤普森认为的"任务时间"与"时间感"的并列，与普斯通自己所谓"具体"与"抽象"时间的提法是部分一致的。但普斯通和其他追随汤普森步伐的学者认为，在19世纪中后期，采取平均时间代替太阳时间，是从任务时间转变到现在所谓抽象时间的进一步延伸和完善[3]。如果汤普森和其追随者是正确的，那么在20世纪初期，白天与黑夜、太阳与季节、正在消失的夏天的露水，这些节奏在人们的"时间感"中已不再具有意义[4]。但如同夏令制的历史所展示的，工作节奏、时间意识或想象抽象时间的能力与外部的机械钟表时间的联系，同一些早期著作所表达的观点有着细微差别，并且沿着完全不同的时序发展。

应该说，在全球范围内，20世纪之交有许多时间共存，其中大部分是沿着非正式的，常常是沿着横向的轨道移动，而非从全球到区域这样纵向地渐渐渗透。就算在一个国家内，抽象的平均时间的传播仍旧是分散的，并且自上而下实施的有关时间的法律执行起来十分困难，而且对社会行为和心态的影响很慢。反而是（在这里也是这种情况）多种时间制度同时存在占主导地位。无论是在德国、法国、美国还是英国，仍旧是太阳时和其他自然韵律的时间塑造了对时间的社会想象，就算是在口袋钟表更加廉价、公共时钟更加完善、工作小时被清晰描画出来的时代也是如此。而一个正在扩大的工人阶级和正在增加的白领工人力量，即使受到了工厂和商店小时所需要的时间规训的灌输，也没有使得自然韵律完全消失。工业资本主义似乎受益于节约时间和时间规训的观念。然而，它并不需要抽象时间，甚至不需要广泛可用的准确时间来征服全球，并获得前所未有的利润。

***

1907年，英国建筑家和发明家威廉·威雷特（William Willett）出版了一本名为《日光的浪费》（*The Waste of Daylight*）的小册子。生于1856年的威雷特曾经加入他父亲所从事的建筑业，但在1900年前后，他开始将精力完全投入到推动夏令时的事业中。在他的论文中，威雷特提出的一些议题，在之后的几十年中都持续成为主要的议论中心。威雷特推测道，"每个人都喜爱日光长的傍晚（the long light evenings）。每个人都在秋季到来时，感叹它们的缩短"。然而，他继续说道，"标准时间是如此固定，以至于在将近半年里，当我们还在梦中时，太阳每天都会照耀大地几个小时，而当我们在一天结束下班回家时，太阳又迅速地跌落到地平线下。在最好的情况下，也只有短暂的日照能在我们的支配下，让我们度过短暂的闲暇时光"。威雷特企图用一个小计谋来解决这个难题："现在，如果被浪费掉的白天的几小时能从一开始就被拿掉，然后加在这一天的最后，这样将能得到多大的益处啊！"对威雷特来说，夏令时的主要目标是提升公众健康：他的目标是增加"运动和娱乐的现存机会"。因此，宝贵的白天将不会被浪费在睡眠中，而是用于有益的活动[5]。

当威雷特撰写了那本流行于英国国内外的小册子时，他已经学习时间和夏令时有好些年了。他明白，统一的平均时间是抽象的，而夏令时仅是一个更抽象的行动，旨在比自然更精明地分配二十四小时内的日光。在夏令时中，早晨7点将变成早晨8点，这迫使人们配合日出时间改变起床时间。因此工作将结束得早一些，这给工作日结束和黑暗降临之间留下更多的时间。当威雷特指出统一的平均时间保持"如此固定"之时，他想象了一个社会，在这其中，稳定的公共时间具有充分的可利用性，而他的同时代人也已经内化了、理解了公共和个人计时器的抽象机械时间和日常工作时间表。

在20世纪初，威雷特与一群社会和公共卫生专家、医学专家、社会学家，以及越来越多对时间问题有兴趣的公众一起，热切地讨论了在与其他社会问题相结合时，时间的社会用途和意义。对人类疲劳和精力浪费的担心导致了泰勒主义（Taylorism）和提高工厂效率的尝试。工作和休息的问题，以及实现两者之间的健康平衡的问题，已经成为成熟的资本主义社会的主要关注点。自英国工业革命开始，农业人口占总人口的比例剧减，估计从1801年的35%锐减到1901年的仅8%[6]。同时，手工业、服务业和公共部门在经济中的占比上升了。在英国，从农业到制造业、工业和服务行业的产值转移，伴随着工人阶级和中产阶级的增长和多样化，以及白领工人力量于19世纪80年代的出现[7]。这些转变为人们对时间的理解烙下了深刻的痕迹。由于英国的工业化已经持续了一个多世纪，关于夏令时和关于时间的社会意义的辩论在英国尤其明显。而关于夏令时的争论也因此比一般人所认为的时间更广泛地揭示了欧洲人对社会时间节奏的想象和设想。

当时区首次被引入时，日光的利用就已开始被讨论了。在德国以及其他地区，太阳时和平均时间之间存在超过15分钟的时差是相当可观的。时差达到30分钟——这是很多国家最东部和最西部都采用平均时间的一个普遍结果——被认为是极难解决的。为了尽可能地接近白天和黑夜的节奏，许多19世纪的机构非正式地遵循了一种反映了日光节约理念的实践。在夏季，学校开放的时间和工作时间都比冬季提早了。在20世纪第一个十年中，这项实践突然出现越来越多的追随者，而在北美和其他地区出现了夏令时协会和俱乐部。在美国，国家夏令时协会在1910年获得成功，此时辛辛那提是美国城市中第一个在夏季将时间调快1小时的城市。在澳大利亚的维多利亚州，1909年夏令时法案在国会得到了讨论；类似的讨论也出现在新西兰。甚至在此之前，19世纪90年代，在澳大利亚的一部分地区，以及在英国的开普殖民地，非正式的夏令时安排已经被使用了，将夏季将时间提前20分钟（澳大利亚）或16分钟（开普殖民地），以便在白天更好地分配白天的时间[8]。

威廉·威雷特的小册子开始被认真地讨论。在它出版一年后，1908年，威雷特的夏令时计划被纳入了议会议员罗伯特·皮尔斯（Robert Pearce）提交到英国下议院的议案之中。经过多番讨论之后，夏令时被暂缓而没有进行下一步举动[9]。到了1909年，另一位议员提出了一项新的法案，该议案被提交到一个研究委员会讨论。经过进一步的调查，委员会发现严重的异议和矛盾的证据，因此认为夏令时计划应被废除。由于意见的分歧，夏令时议案在1911年、1912—1913年和1914年都被提出过，但都没有通过议会的第一轮审读。英国政府的成员，如内政部长，也担心夏令时法案得不到议会足够的支持。"只要条例草案没有被普遍理解，其真正的利益就不会受到广大市民的好评",政府也无能为力[10]。

第一次世界大战的特殊情况要求使夏令时成为现实。1916年春天,亨利·诺曼议员加入英国议会,并重新考虑采用夏令时作为缩短人工照明时间,以作为在战争时期节约煤、油和其他燃料的手段。仅在一个月前,德国成为第一个采用夏令时作为战时措施来节约能源的国家。对于德国敌人获得优势的恐惧与"战争时间"需要严厉措施的普遍感受相结合,最终使得英国政府官员的意见倾向于使用夏令时。夏令时法案于1916年5月通过[11]。为了准备在未来可能继续执行夏令时,一个研究委员会负责通过提取第一年实践经验来研究夏令时的效果。委员会调查了广泛的人员,并向当局、利益团体、专业组织和个人发送了问卷,得到了约1300份答复。基于此,委员会建议在1917年及以后重新引入夏令时。

1916年的法案在一个允许继续执行战争紧急状态法的政策支持下,被延长了数次。但到了1922年,这些特别措施已经过期了。这时,一项提出延长措施的法案被提交到了下议院,而自1914年以来议会辩论第一次讨论了夏令时。这项法案将使夏令时成为一个永久的法定存在,而无需每年重新讨论一次,并且还固定了夏令时的生效时间。然而,现在战争已经结束,夏令时不再像在战争年代那样得到支持。最终成为法律的新法案并没有使夏令时永久存在,这意味着每年都要进行新的讨论。从1922年起,每年春天,支持和反对夏令时的讨论都再次出现,直到1925年夏令时的应用日期进行略微修改前,英国的夏令时已经固定了一段时间。这些反复的争论证实了大众和政府官员对夏令时的深刻分歧[12]。

在爱尔兰,夏令时成为英国当局的一个可喜的机会,他们不仅能把时钟提前一小时,之后再拨回来,还能引进格林尼治时间。1898年,由苏格兰皇家地理学会编纂的一份被送到各个政府机构的备忘录,首先表达了将这个难以控制的岛屿收入英国时间体系的愿望。当时,英国邮政总局的行政人员宣布这件事在其职权之外,他们尊重其他机构提出潜在的分歧问题。邮政总局会被它无法应付的"通信问题所压垮"[13]。直到1911年法国终于通过了格林尼治时间,爱尔兰时间的问题也没有被进一步讨论。但突然间有传言说,另一个不服从"英国"普遍时间管制的敌人——爱尔兰,将步法国的后尘。但一些爱尔兰评论家立即谴责格林尼治时间为"撒克逊暴政的例子"[14]。就像当几十年前法国拒绝"英国"时间之时,平均时间背后的政治因素作为地缘政治关系的指标难以掩藏。

在1911年末,人们知道了葡萄牙也会很快采用格林尼治时间,这再次激发了英国人将"英国"时间扩展到阻碍重重的爱尔兰的兴趣。现在,"西欧几乎每个国家"都采用格林尼治时间,爱尔兰使用都柏林时间是一个异常现象。上议院的一名成员发现,"统一是当下的考虑之一"[15]。在1912年的夏天,所谓的"统一时间法案"提出将格林尼治时间的适用范围扩大到爱尔兰[16]。正如议案的倡议人所承认的,此时,当正在严肃讨论成立一个爱尔兰自己的议会之时,并且当爱尔兰呼吁更多自主权的声音越来越响亮的时候,要使爱尔兰遵循英国时间,确实属于空想[17]。

关于爱尔兰的"统一时间法案"被引入了上议院并得到了通过,但下议院决定对此不予以考虑。随着战争的一触即发,在爱尔兰引入格林尼治时间的计划仅在1916年再次出现过,并与通过夏令时法案相关联。在一项法案中同时引入夏令时和格林尼治时间,将减少不便,并最终达到"英国和爱尔兰时间的统一"[18]。1916年秋,爱尔兰火车站、邮局和警察局都贴上无数海报,宣布爱尔兰开始实施标准时间。用粗体大写字母,这份公告写道:"时间(爱尔兰)法令,1916。从1916年10月1日,星期日起,爱尔兰将使用欧洲西部时间。所有钟表和时钟必须在9月30日到10月1日的晚上,调慢35分钟。"这种措辞具有这个时代的特征,当时秒针仍不具备必要的实际意义,因为都柏林时间实际上慢了三十四分三十九秒。如同在法国一样,新时间的"英国"出身,被狡猾地掩藏在"欧洲西部时间"这个看似无害的名目之后。如果"欧洲中部"时区表达了德国和部分奥匈帝国在这片大陆上的地缘政治的现实和期望,那么"欧洲西部"时间则意在减少时间政治所固有的民族主义色彩。可惜收效甚微。一年之后,1917年,据说有几位爱尔兰牧师拒绝将村庄时钟调快一小时。民族认同无时无刻不伴随着平均时间[19]。

德国在第一次世界大战之间和之后体验夏令时的方式英国相同。德国在1916年成为欧洲第一个采用夏令时的国家,然而战后长期不稳定的政治局势阻碍了一个法律解决方案的形成。在战时,政府可以颁布夏令时,但随着这种非同寻常的战时权力的终结,舆论对此的争论被点燃了。1919年,德国议会首次讨论了夏令时。在这些辩论之中,一些夏令时的反对者以德国国内充满火药味的政治局势作为他们的反对意见。德国刚在1918年秋季之前的一个月发生过一场革命,而且在新的魏玛共和国(Weimar Republic),政府持续受到来自左右两派势力的攻击。如果,如证据所示,德国全国的矿工强烈反对夏令时,如果铁路工人威胁罢工,那么夏令时则成为一触即发的政治局势的催化剂[20]。夏令时的法律草案在1919年被议会驳回。1924年,内政部对夏令时的重新审视,因同年在准备国家大选时激起的煽动而被终止,像夏令时这类受轻视的话题不应再被搅进选举政治动荡的混乱之中[21]。

法国与英国和德国相同。在这里,1916年4月夏令时法案在众议院被讨论,随后便被转交给了一个委员会[22]。结果,为了与已经采用夏令时的联盟国一起战斗,委员会同意了这项法案。国防暂时胜过其他一切事项[23]。战争结束后,法国众议院投票表决以微弱优势赞成永久的夏令时,但持续的抗议和批评之后就于1922年废除了该法律。法国的这项法律甚至允许农村的地方长官设定学校、集市、市场的开放与关闭时间,并制订火车时刻表，以确保符合农村生活的需要。因此，一些地方可能选择退出夏令时，这就造成了一个漏洞，它将使得整个法国的夏令时被不均衡和不完整地落实应用[24]。如同英国和德国，讨论夏令时此时成了一年一度的仪式。

如同标准时间一样，夏令时促成了国际合作的努力。这种合作同时受到了西欧民族国家及其利益，以及国际组织的推动。英国内政部在一份报告中抱怨：夏令时起止日期的"缺乏同一性"，是造成国际货物和乘客运输的不便之因。早在1921和1922年，比利时、英国和法国力图在统一夏令时起止日期上达成协议，然而参与国各自不同的利益使其无法达成一致。英国特别是苏格兰农业协会反对将夏令时延长至10月份，而在法国，立法者、旅游业和交通运输官员则反对在9月的假期期间结束夏令时[25]。在国际上，夏令时的合作计划源自国际联盟（the League of Nations）。1922年，国际联盟秘书致信欧洲各政府，鼓励推行国际标准化的夏令时起止日期。在同一时期，国际铁路联盟通过了一项决议，呼吁各国政府在夏令时的起止时期上达成协议。铁路时间表的准备，特别是跨欧洲大陆的交通时间表，是要经过重要预先计划的，但各国政府总是临时公布其夏令时政策。直到1998年，当欧盟最终为其成员国决定并永久地固定了夏令时的起止日期时，欧洲的夏令时统一才得以实现[26]。

英国、德国和法国所经历的艰巨的谈判进程，在这些国家中反复出现的批判和法案的撤销，以及无法就夏令时间达成一致，这些都表明夏令时在政治层面上是非常具有争议的。一旦官员们意识到夏令时的社会潜力，对其的敌对态势就会增长。对夏令时的反对比对标准的平均时间的反对还要强烈。一部分原因是大众对时间的兴趣在这几十年增长了。现在大众着迷于准确、统一的时间，因此，关于夏令时的讨论引起了更多的关注，同时也引起了不满。其他原因与夏令时对人们社会生活的具体影响，以及人们对时间本质的理解上有关。从20世纪初到两次世界大战期间，对时间的性质和社会功能的解释依然变化不定。

\*\*\*

夏令时已经酝酿了几十年。立法的尝试穿插着激烈的辩论。一种永久性的规章制度仍然遥不可及，因为夏令时依然被不断地质疑。即使在显而易见的程序性问题——立法是否确实是规范人们运用时间的习惯的适当举措——之上也没能获得一致同意。这些质疑是有力的提醒：时间不像其他事物那样可以成为法律的主体。对时间的体验所具有的象征性、高度私人化和个人性，使其不同于立法相关的其他领域，也不同于作为19世纪全球化进程的一部分的国际化和标准化所涉及的相关领域。夏令时法令不时会被批判为一个政府过度干预个体的私人和社会生活的例子。这些批评认为，与其让法律规范人类行为，不如由私营企业安排提前上班以实现同样的目标。《观察者》（*The Spectator*）的读者写信给这家英国报纸抱怨道，威廉·威雷特的夏令时计划"让我们按照国会法案起床睡觉。对个人来说，我喜欢选择自己的时间做这些事"。那些反对鼓励早起的立法法案的声音，还指责那些需要法律的人是"那些大腹便便无法从床上爬起来的百万富翁"，或者"一个有此爱好的有钱有影响力的小集团"。这暗示着，辛勤工作的普通人不需要这样的谎言[27]。

那些主张夏令时的人用各种社会改革的话语表达了他们的观点。从这个角度来看，关于时间的法律，也是另一个"纠正"人类行为，并引导和设计社会走向期望的方向和构架的工具。作为这样一个例子，夏令时被宣称有助于戒酒事业。酒吧主要在入夜后生意兴隆，因此延长的白天将留给下层阶级更少的时间沉迷在工作后的狂饮习惯之中。最受社会卫生家和公共卫生倡导者欢迎的另一个话题是神经健康和神经疾病。夏令时的支持者认为，"年轻人的神经紧张"正在增加，"唯一真正的解毒剂"是新鲜空气，而在夏令时制度下，他们在放学后可以享受到更多的新鲜空气[28]。

从19世纪下半叶开始，工会活动、半天假期运动和政府立法的结合逐渐减少了工作时间，并在一周的工作中规定了休息时间。一周工作六天，甚至星期六半日假期在许多行业中变得更加普遍。此外，工资的实际增加，使得消费和休闲成为可能，这使得更多的工人和中产阶级有了额外的收入用于娱乐[29]。自19世纪晚期以来，俱乐部、协会、音乐厅和适度的铁路旅行等大众商业化休闲甚至对工人们来说都成为现实。同时，英国的中产阶级在海边度假村度过他们的闲暇时光，在公园或公共花园散步，在百货公司购物，参加越来越多的体育运动，比如打高尔夫球、网球和板球[30]。工作与休闲的明显分离，促使不同层次的社会改革者尝试激励工人们沉迷于"理性休闲"活动，并引导他们远离小酒吧和其他无聊且充满诱惑的场所。在1867年和1884年的两条法案将公民特权扩大到日益增长的工人阶级男性之时，男性工人阶级的娱乐习惯成为改革主义者的目标，这并非巧合[31]。

鼓励工人休闲，其背后的原因多种多样，从保守的社会改革家关于进步、禁酒，以及家庭价值，到提供给工人阶级选民有用知识的政治目的，再到关于工作场所健康和生产力的慈善和关心。尽管如此，类似关心工人福利和娱乐的观念的五花八门的动机仍然吸引了政治家和社会生活分析人士的注意，那些声称代表工人利益说话的人坚持认为，应为工人阶级提供夏令时的娱乐和医疗福利。"我们知道，由于缺乏新鲜空气和阳光，在城镇中我们的健康受到了损害，"英国议会的一名成员这样警告说，"因此，居住在城镇里的数百万人，那些在造船厂、高炉车间和铁厂工作的满手老茧的孩子们，实际上是一致赞同夏令时的。"[32]然而，休闲和消费更显而易见地是中产阶级的特权。在新获得的空闲时间里，最常被提及的活动是打板球、网球和高尔夫球这类典型的中产阶级娱乐活动。因此，批评家经常提醒说，夏令时真正的受益者不是工人，而是城市中产阶级[33]。

关于公共健康和社会卫生的观点，以及与其相关的社会时间都充满了种族观念。女性业余体育协会的一位代表强调，夏令时可以增加体育休闲的机会。"我们时代需要为年轻女性提供健康的户外运动，她们将成为下一代人的母亲，"一位坎布里奇小姐对正在研究夏令时的委员会如此说道，"夏令时提供给这些女孩——我们依靠她们获得一个强大健康的未来种族——远离工厂的额外一小时时间。"[34]一位退休的教授赞成夏令时，并宣称户外运动对健康的益处，对"未来的种族"至关重要。威廉·威雷特自己已经提到在考虑一场可能发生的战争时夏令时带来的对健康的益处，他写道："要对抗我们的敌人和疾病，光明和新鲜空气是我们防御的守卫，而当冲突结束时，它们能为我们提供最有效的武器来对付入侵者。"[35]

夏令时的反对者也在考虑公共健康和社会卫生问题。受命研究英国1916年实行夏令时的效果的委员会，非常努力地陈述了一项严重的指控，即夏令时将对儿童的健康不利。批评者认为，夏令时可能会缩短那些最需要睡眠的人的睡眠时间。那些疏忽大意的家长，尤其是在工人阶级之中的家长，一定会让孩子们在该睡觉的时间还在街上逗留。根据该研究委员会在1916年后提交的调查报告，在英国实行夏令时的第一年之后，许多地区确实出现了学生疲劳和注意力不集中的报告。委员会急忙解释说，负面影响是很小的，并且在发现疲劳的那些例子中，儿童缺少睡眠主要因为贫困家庭缺乏纪律，到了儿童适宜睡觉的时间，这些家庭的父母表现得很"宽松"。同样，许多权威人士对父母在就寝时间上的粗心大意做出了批判性的评论。为了加强对这种不重视行为的监控，并监控家庭的社会时间，老师们被要求报告学生的缺乏注意力和异常困倦，以便在家长会上进行讨论。

在一个人口数量下降的时代，需要维持稳定的出生率和死亡率以及一个健康的种族，儿童作为国家和种族的未来，被认为太过珍贵，不能留给仁慈宽厚的下层阶级家庭。虽然存在着这种对健康和种族的关心，但是妇女和"国家的母亲"（national motherhood）却在夏令时和时间改革的争论中缺席了。随着越来越多的女性在19世纪后半期进入职场，性别化的私人时间和家庭时间的观念已经发生了转变。在战争年代，性别角色经历了更显著的转变，女性取代了那些在战争中被征召入伍的男性，最终让女性在此后的几年时间里在许多国家享有了投票权。然而女性时间从未进入关于时间改革的讨论之中，这主要是因为那些主张"理性"和准确时间的自我标榜的改革者都是男性，而他们宣扬的价值观被广泛认为是男性的特权[36]。

***

那些夏令时的反对者在各种论据中表达了他们的批判。一位公民在1916年写信给内政部，抱怨在采取这样深远的政策之前未能征询民意。他写道："改变真正的当地时间应该是可以被社会否决的，因为这是服务型政府的职责。但我们没有一票否决它的机会。我反对在这样短的时间内，通过国会推动这项措施，人们当然应该对于强制性的早起发表意见！"[37] 其他人并不担心夏令时决定的民主性，而是把批评集中于国际金融资本的运作。在夏令时之前，伦敦证券交易所开放的最后一小时（3:00—4:00）是纽约证券交易所营业的第一个小时。而下午3点左右，纽约的价格通过电报送往伦敦。夏令时将切断大量业务办理的重叠期。在伦敦证券交易所正式关闭之后，交易经常会在露天街头持续一段时间[38]。

然而，对夏令时最强烈和持久的抵制并不是来自焦虑的营养专家、公共卫生专家或股票经纪人，而是来自农民和有组织的农业利益集团。在一个正经历快速工业化的国家之中，关于夏令时的辩论，潜在的也是关于这个国家农业未来的辩论。在其他西欧国家，农民的比例在30%至45%之间，而在英国，这个百分点已经下降到个位数[39]。据说，像是苏格兰矿工这样的工业工人能从夏令时获利，因为夏令时延长了他们地下作业之外的时间。然而农民们依旧要与大自然的节奏同步，而大自然与先进的时钟并不合拍。有组织的农业利益集团，例如苏格兰农民联盟，英格兰和威尔士的全国农民联盟，从1907年开始就在抗议夏令时，一直到1925年夏令时成为永久制度。政府，尤其是内政部十分清楚农民的这种心情，并屡次通过引证在农村缺乏支持和农民"强烈反对"的原因，拒绝推进法案或只是口头宣布支持[40]。

夏令时迫使人们在天还没亮时就得早起，并且牺牲与家人一起度过早餐的时间。某些不可改变的节奏被认为主导着农民们的起床时间。在初夏的4月和夏末的9月，农民们很少在早上10点之前、在厚重的露水慢慢变干之前开始工作。为了弥补在干草和谷物收获时期开始工作时间的延后，农民们通常工作到晚上。在夏令时的情况下，这些工人在下班后就无法享受休闲时光了[41]。在国会的一次关于夏令时的辩论上，东格林斯特德的亨利·考特利爵士（Sir Henry Cautley）站在了那些夏令时的弱势群体一边。他指责说：那些早起的人满足了城市居民的需要。这些早起者包括必须赶早班车的国家公仆；为丈夫准备早餐的妻子；铁路工人、炼钢工人、制锡工人和北方大型工厂的工人们[42]。考特利警告说："牧民必须在5点到5点半之间到畜栏挤奶，而马夫则要驾车3到4英里去赶第一趟火车，把牛奶送到全国各地。农民和他们的帮手必须在商店开门前工作3个半小时[43]。"对这些人来说，夏令时使得他们在一年中必须在天还没亮就起床的日子至少多了一个月。农民们直到20世纪20年代中期才开始接受夏令时，当"面对城市社会的压倒性意见之时"，很明显，"反对作为一项制度的夏令时是无用的"。自此，农民将精力集中在修改夏令时应用时间的跨度上[44]。

除了农民的节奏之外，农村生活的另一个要素也被认为与夏令时相悖：被推定的奶牛行为模式。奶牛和它在早晨特定的时间产奶的习性，成了关于夏令时讨论中最常被议及的政治话题之一。在议会和其他讨论中谈论奶牛是夏令时的"主要敌人"，谈论"它的习性"是如何阻碍时间变革的，以及夏令时将会如何"扰乱奶牛的习惯"，这并不罕见[45]。另一些人拒绝相信奶牛会改变习性。1909年一份关于夏令时的报告大胆提出，"牛是比人类更有规律的生物。奶牛知道是否到挤奶的时间"，因此，奶牛将不会在新的时间产奶。把注意力放在牛身上，放在农村社会的落后上，这常常是一种嘲弄。一位报纸读者认为，奶牛不会真地"限制了夏令时"[46]。

另一种对夏令时的担忧是，它有可能破坏抵制延长工作时间的保护机制。20世纪初，在英国、法国和德国等国，工作日的长度已成为工会组织与雇主之间、政府监管和检查之间激烈斗争的主题。许多法案限制了妇女和儿童的工作时间。早点打烊运动（Early-shop-closing movements）作为一种缩短零售业和休闲业工人工作时间的途径，为减少营业时间而努力；在12个小时内，他们的工作时长甚至超过了生产工人的时间[47]。一种流行的抵制工人长时间工作的手段，是打烊令，要求商店在晚上7点或8点关门。那些关于夏令时好处的质疑经常提到，改变作息时钟以获取更多日光会导致延长开放时间的可能性。在1916年，全国店员、仓库管理员联合会（National Amalgamated Union of Shop Assistants, Warehousemen, and Clerks）向英国内政部致信提出要求。联合会提问道，是否有可能在那些还没有执行"打烊令"的城镇和地区推行"打烊令",因为它在其他地区已经很普遍了。联合会解释说,店主会因为夏令时而倾向于延长店铺的营业时间,因此店员在工作后的娱乐休闲时间将减少[48]。

这种担忧可能并非全无根据。1916年,在切尔滕纳姆(Cheltenham),全国金匠协会(National Association of Goldsmiths)的一个分支机构向内政部提交了一份请求,要求允许使用夏令时来"规避"1904年的商店营业时间法案。1904年的法案将打烊时间设定为晚上8点。珠宝商问道,现在夏令时已经被采用,那是否能让商店营业到晚上9点,否则商店实际上仅仅营业了8小时。切尔滕纳姆的珠宝商则礼貌地通知说,现存的"打烊令"必须依据夏令时来解读,因此营业时间将延迟到9点。1916年英国夏令时首次采用后不久,有关"滥用"夏令时的报道就浮出水面。伦敦西区的一家布料公司("better class drapery firms")被揭发在到了规定的打烊时间30分钟到1小时仍在营业。一篇文章中报道,伦敦北部一家小布料商店,通知其员工营业时间现在将延长到9点,因为那时天还亮着,从而就"跨越了时间"("marching out of time")。英国内政部决定指示其商店检查人员密切关注事态的发展[49]。在20世纪最后几十年中,制造业的衰落和服务业的兴起再次改变了工作时间和休闲的意义。在某些方面,自20世纪70年代以来,时间已经不再规范。电子通信和金融交易以24/7(一周7天,每天24小时)的方式表达的持久性使得在一些行业中时区概念过了时。工作时间也变得更加灵活,包括在家工作,因此,工作和休息、工作和娱乐之间的界限也变得模糊了。面对这些事态的发展,一些人质疑,从19世纪起,工作日的长度是否真的减少了[50]。

## 第二章 节约社会时间

***

关于工作时间、工业工作、农业劳动和休闲的争论反映了社会对时间的态度，到了19世纪末，这个社会已经持有关于工作、娱乐和公共卫生的相当先进且广为接受的观点。除了集体的社会时间，许多评论者谈到了个人行为对时间变革的反应。这些言论的特别之处在于直到20世纪20年代，大部分人依然对时间变革持有怀疑论和保守主义态度。今天，大多数人生活在典型的小时制的时区下，或许已经无法理解标准时间和太阳时间的差异。在许多欧洲国家和美国，在最东端或最西端，最长可达半个小时的差异是很常见的，但很少有人知道，甚至很少有人关心。在19世纪晚期和20世纪初期，最让人担心的是，公众是否会真的遵从任何扩大了平均时间和"真实时间"之间裂痕的法律时间变革。农村生活和工作尤其被认为会直接忽略官方时钟的变化。持怀疑态度的人士认为，"无论时钟如何变化，农业和田园活动仍然受到太阳的监管"，"英国生活方式的任何根本变化都是无法预料的"。持怀疑论者认为，"不管用什么时钟，农业和牧业的运作仍将受到太阳的监管"，而对"英国人生活方式的任何激进根本改变都是不可能实现的"。[51]

乔治·达尔文（George Darwin），查尔斯·达尔文（Charles Darwin）的儿子，剑桥大学的一位退休教授对时间的改变发表了评论："下议院的一个委员会现在得出这样的结论：在夏天的那几个月里，将11点称为12点，这能取悦所有人并让这个变化得以被采纳。"人们不愿意接受这一变化，继续使用格林尼治时间，因此时钟需要两个时针，而"认为下议院可以通过一种口头的手段改变整个社群的习惯，这是荒谬的"。乔治·达尔文继续说道，"我们在书写时间时不得不像俄国日历那样写成旧式和新式的"[52]。一位忧心忡忡的公众则描绘了另一种令人担忧的场景：

"试想每年两次——如果这还不算经常——要改变家里每个时钟的麻烦,以及如果我们忘记了会带来的麻烦后果。会有多少职员和店员因为这个改变早上上班迟到?会有多少约定,因为忘记时间改变而毁约?会有多少人会因为忘记调手表而错过火车?"[53]

甚至到了1916年,太阳时所具有的象征性的,甚至是宗教性的特性和权威性,还被用来证明法律规定的时间变革即将失败。正如一位议员所说,"许多人认为时间……和计算时间的方法,是一种非常神圣的东西,一种不可逆转地固定在事物的秩序上的东西。基于时间依据天体运行,所以对他们来说时间就拥有一种半神圣的属性。"他继续说道,"我确信,有许多重要人物,据他们所说,认为任何干预钟表指针的提议都是一种不敬。"[54]一些观察者公然要求,佩戴手表的人如果不将手表调到夏令时应受到惩罚,否则法定的时间变更将不被遵守。1909年关于夏令时的报告显示,"需要施加多少压力来执行这些改革似乎没有充分的考虑"。报告推测道:"除非法定惩罚的措施,否则这项改革将无法执行。"《泰晤士报》的一位读者玩笑道:"我们可以设想,在未来我们需要召唤一个伽利略来应对天文学因为蓄意让时钟显示非法时间而被禁止的情况。"[55]。欧洲各个国家政府很快发现,在第一轮循环(iteration)时,夏令时实际上在农业和工业圈中是被忽略的。一战之后,法国当局对夏令时的应用和影响进行了调查,并得出结论:一些工业工人和农业劳动者以罢工为要挟,强迫雇主们改回到太阳时[56]。因此,在当时许多人的思想之中,个人和社会的时间习惯是有黏性的,想要在一夜之间通过法律改变习惯,往好的方面说是可笑的,往坏的方面来说则是放肆的。

在通过法律来规定人们的时间行为改变的可行性受到了质疑的同时,对于将时间从光明、黑暗和生理节律中解放出来的想象也受到了相应的挑战。大多数人仍然很难想象出一个抽象的时间。在对夏令时的利弊进行讨论时，许多声音依旧将自己描绘成生活在由太阳决定的绝对时间的世界之中，反之太阳也支配着人类和其他物种的生物节奏。那个世界和被囚禁在其中的生命的节奏是无法改变的。当平均时间被采用，或在夏令时之下时间被调快或调慢之时，习惯和节奏依旧保持在绝对时间之上。英国内政部在1914年的一项评估中发现："人们不可能为了符合夏令时而改变他们的晚餐时间。"[57]

睡眠和清醒的周期被认为是固定在时间之中的。那些夏令时的质疑者在所描绘的场景中经常提到，人们，尤其有孩子的家庭，在夏令时的时候要早起一小时，但又没有办法早些睡觉，因为生命的生物学因素与睡眠和营养的节奏会阻止人们在晚上早睡。因为大自然的力量的作用，人们会像以前一样在"绝对"时间下吃饭和睡觉。这种不可改变的节奏甚至会扰乱铁路旅行。由于"公众的旅行习惯"将保持不变，"如果公众想要在同现在一样的时间下旅行的话，那么火车将不得不在同样的实际时间运行，无论这个时间被称为什么"[58]。因此，有必要将在平均时间下早晨7点的发车时间改为早上8点，而非仅仅按照夏令时来看时刻表。海因里希·格农（Heinrich Grone），这位德国北部汉堡市的一所商业学院的创始人，在1916年出版了一本宣传夏令时的小册子。谈到时间表，他指出，"在整个时间表中，除了所有的旅行都要提前一个小时以外，什么都不需要改变。在新的时间表公布之前，火车站里的时间表将会以红色字母把如下文字印在表格上：所有时间都提前一小时"。[59]

一些官员意识到了对时间进行想象时的陷阱，并试图通过预测公众对夏令时转换的误解来避免混乱。1916年，英国首次引入夏令时，英国内政部采取措施，确保其指令不会造成一个双重时间体制。分发给工厂的信息传单特别强调，通常规定的"工作和午休开始和结束的时间，不应该［斜体为原文所加］改变，但是这些时间将放在改变后的时间下被理解"[60]。

在德国，政府当局也进行了类似的干预，以避免对时间变化的性质产生混淆。在巴伐利亚州和其他没有夏令时的地区的学校，几年前就开始施行非官方的夏时制：在夏季提前一小时上学。在1916年夏令时的第一次实施过程中，这种做法甚至在夏令时下仍在继续，迫使孩子们天不亮就得起床。因此在接下来的一年里，政府当局下令学校不需要执行它们自己的夏时制，因为夏令时已经在执行了[61]。

***

威廉·威雷特在理论上是正确的，他写道：格林尼治时间的固定性阻碍了夏季日光的有效利用。然而，欧洲人因时间变革造成的真实的和想象的困难过多，以至于使人们对统一时间的稳定性产生了怀疑。人们比自称时间改革家的威雷特所掌握的专业知识要少得多，几乎没有注意到统一的平均时间的存在，更不用说为了理解时间概念而去接受统一平均时间的特征了。在讨论到夏令时的时候，存在着一种明显的对之前时钟改变，以及对格林尼治时间的引入的无知。

在将其他时间变革和时间测算方法作为分析采纳一种新时间的利弊的图式时，公众对引入格林尼治时间明显缺乏鲜活的记忆。当19世纪的英国观察者将夏令时的改变与其他时间变革进行比较时，他们几乎没有证据表明，在1880年英国已经改变成格林尼治时间，而该体系如今应该已经在英国社会的日常生活中得到了牢固的确立——如果威雷特是正确的话。这就好像格林尼治时间从来没有被引入过一样。不仅如此，公众的注意力还聚焦于其他情况上。1909年的委员会报告中记录了一种观点："我无法想象，当意识到这种改变在好望角没有遇到任何困难时，他们会有什么疑问。"这里的专家指的是1902年在开普敦引入的比格林尼治时间早两小时的时间。另一位见证者则称，在19世纪90年代初，德国采用标准时间是一个在没有大扰动的情况下发生的同类变革的例证[62]。但为什么几乎没有人意识到英国本身自那时以来就一直在使用统一的平均时间？

英国在全国范围内应用和展示格林尼治时间，始于19世纪前半期的一些基础设施项目。自19世纪30年代以来，铁路在全国范围内不断增长成为一个人们熟悉的景象（或者声音）。很快就装饰在许多火车站上的电子钟表，于19世纪40年代被发明出来。从19世纪40年代初开始，电报使时间更容易在新建的线路上被发送到火车站和邮局。自19世纪40年代末开始，大部分的铁路公司开始在其路线上使用格林尼治时间。到了1855年，理论上来说，绝大部分英国城镇已经服从于格林尼治时间。位于英国所有计时的核心的，是英国皇家格林尼治天文台的天文学家们所决定的时间。在19世纪50年代，天文学家乔治·艾瑞（George Airy）设计了一份蓝图，将观测时间从格林尼治传播到其他地区。艾瑞的计划是在格林尼治安装一个电子"主"钟，它会发出电脉冲来驱动与其相连的"从动钟"。这种电脉冲可以敲响铃铛，可以落下报时球，可以开枪，可以操作一个继电器，甚至可以让另一个钟的指针保持正确。每一小时，电子时钟都会通过从天文台到附近的刘易舍姆火车站的专用电报线路发出时间信号，而从刘易舍姆火车站，普通的铁路电报线路将会把时间传送到伦敦的中央电报办公室。铁路还会把信号传递到所有车站，在那里，职员们会被指示依据提供的时间调节站台时钟。尽管英国各地都在大力推广英国天文台的时间，但英国铁路依旧使用着当地时间。《布拉德肖铁路时刻表》（*Bradshaw's Railway Guide*）甚至到了19世纪80年代依旧持续罗列出格林尼治时间和当地时间之间的时间差[63]。

当各国政府正在讨论在欧洲和北美采纳和传播相同的统一时钟时间的时候，在英国通过分布的网络来传播时间的努力也在成倍增加。一个是以伦敦中央电报办公室为中心的时间传播系统——这个具有不可思议特质的装置——控制着时间信息的分发。自19世纪50年代起,新设立的电报办公室用它复杂的设备和成千上万条电线和强大的电池,吸引了大众对时间的想象力。在电报办公室地下的一间房间里,有一个"迷宫般的"电力之所,用来驱动一种叫作"电控报时器"(chronopher)的装置,通常被称为"国家计时器"。每天早上,当皇家格林尼治天文台的超大电子钟指针指向数字10之时,电控报时器就会发出了一个信号,这样,全国的火车站就在上午10点,信号发射的这个确切时刻,与格林尼治天文台连接了起来。电控报时器本身,以及其他一些著名的公共时钟,如伦敦的大本钟,都定期向格林尼治天文台汇报自己的时间,以便检查和校正。1870年,英国电报公司被收归国有后,格林尼治时间还被按小时提供给全国主要的省级邮局[64]。

  自提供格林尼治时间服务初期起,个人或企业客户,例如精密计时表制造商,就可以选择租用一根私人电报线来接收格林尼治的信号。当邮政局接管了英国的电报公司时,它继承并扩大了现有的私人合约——一种来自提供格林尼治时间服务的可观收入来源[65]。邮政局之后不得不与新成立的标准时间公司(STC)共享这个面向私人的时间分发服务市场。该公司直接接收格林尼治每小时的时间信号,随后通过自己的私有线路将时间传送给用户,这项服务的价格虽然低于邮政局的要求,但对大多数人来说仍旧负担不起。其客户主要是一些企业:标准时间公司的时钟与伦敦证券交易所、劳埃德保险公司、各银行、大型商业公司和类似企业的时钟同步[66]。到了20世纪初,许多其他公司也提供时间同步服务,越来越多的人都需要这项服务。公共电钟已经变得更加便宜并被广泛使用,但现在它们必须进行同步。同步业务中最出名的可能是雪特钟公司(Synchronome Company),与其大约20个竞争对手一起,这家公司将钟表同步系统贩卖给市政府、学校、医院以及热衷于安装新技术以监视工人工作的大型企业[67]。

然而时间与其分发网络尚未足够稳定,也没有分布地足够广泛。因此,其他不那么常规的时间传播形式仍然存在。1881年,剑桥哲学学会的财务主管向英国邮政局长提出了一个有点奇怪的请求。每周一次,这位财务主管——皮尔森博士(Dr. Pearson)——在约定好的时间出现在当地邮局的大厅,竖起耳朵,"聆听"由在伦敦中央电报办公室的电报员播报的时间。之前并没有人反对皮尔森以此方法为自己和他私人收藏的天文仪器获取准确时间。然而现在,并非皮尔森一人这样做,并且聚集起来聆听信号的众人已经对邮局工作人员造成不便。皮尔森,连同其他所有人,都被打发走了,并失去了每周聆听时间的机会[68]。剑桥的皮尔森博士并不是唯一一位想要获得准确时间,却不必订购昂贵且有时不稳定的服务的公民。贺拉斯·达尔文,著名生物学家查尔斯·达尔文的儿子,建议在邮局外的显眼位置放一个简单的指针电流计,早上10点的时间信号会通过这个位置,可以在视觉上宣布准确的时间[69]。

另一个不寻常的时间分发服务从一个权宜之计发展出了一家繁荣的家族企业。1835年,皇家天文学家约翰·庞德(John Pond)让他的年轻的学监亨利·贝尔维尔(Henry Belville)带着一个准确的精密计时器走遍伦敦,以便将正确的时间分配给钟表匠和制表师。当亨利·贝尔维尔去世后,他的遗孀和女儿接手了这项现在成为一桩成功生意的任务。每个星期一,玛利亚·贝尔维尔夫人(Mrs. Maria Belville)来到格林尼治天文台,检校她的精密计时器,然后拿着准确性的证书前往伦敦贩卖时间。露丝·贝尔维尔(Ruth Belville),接管这项业务的女儿,在1908年仍然拥有40位付费客户。据报道,直到20世纪40年代,她还在继续每天的旅行。即使是最先进的时间分发技术,也因其不稳定的特性使得临场"聆听"时间这样的方法和贝尔维尔家族的生意兴旺发达成为可能[70]。

　　大量有着不同来源和技术特性的新时间分发技巧,在工厂复合体以及政府机构等有限环境中运用效果最佳。一旦时间分发离开了提供庇护的建筑与大院空间,一旦它必须跨越愈发越的距离,它便会遭遇严酷的雨、冰、风,以及坠落的枝干和树木,它们割断了线、断掉了电。技术经常会遇到挫败,准确的时间仍然难以企及。在某些偏远地区,根本没有感觉到任何准确时间的迫切需要,记录时间可谓随意。威廉·克里斯蒂(William Christie),格林尼治天文台皇家天文学家,在1888年主动分享了自己的经验:"不在铁路影响范围内的各个地区,相邻村庄的时钟通常要差半个小时或更多。在这样的情形下,当地时间衡量手段的准确性的程度,可以从通常不需要分针的这种情况推测出来。我还发现,在欧洲大陆(原文如此)上的乡村地区,快上或慢上半个小时这样随意的改变,不仅没引起抗议便得到接受,而且人们对此也是完全漠不关心。"[71]此外,截至19世纪末,在露天环境中得以树立的公共时钟,主要都是些相当笨重的巨塔或建筑物时钟;这些设备的维护即便是对娴熟的专业人员来说也还是一项严峻的挑战。结果,至少直到20世纪头几个十年,通过电力来分发准确时间仍然是带有缺陷的努力。

　　伦敦,大英帝国的首都,世界金融中心,在这个有着变化无常的多重时间的世界里头,它被赋予了极高的标准。实现这些期望并非总是轻轻松松的。当涉及分发与管理准确的公共时间时,公众针对时间愈发有意识、愈发感兴趣,他们就愈发会把伦敦视作有缺陷的、有疏忽的。1906年,伦敦城市公司(London City Corporation)邀请公共时钟的所有者提交一份同步化方案,为的是改进该城展示的不同时间,但仅收到了一份回复。在同年的一份报告中,伦敦市政工程师得出结论,在91%的公共时钟里面,只有29%实现了同步化。这份报告宣布,对伦敦城市公司(该城市政统治实体）来说，命令全部悬挂在外的时钟所有者以各种方式同步化是高度可取的，因为"目前，发现两个时钟报时相同还是颇罕见的"。两年后，英国科学行会（British Science Guild）成立了一个委员会，而它的任务是负责确立将伦敦时钟同步化的最佳方式。并非只有同步化被发现有所欠缺；全国范围内的时间信号服务也频繁报告出现种种问题：新仪器与已经就位的设备不一致，时间信号一直有欠缺，迫使操作员只能通过口头方式传播时间。[72]

时好时坏的时间信号和同步问题，在1908年的一次关于计时器撒谎的争论之中达到顶峰。在这一年的冬季，伦敦《泰晤士报》的一名读者对公共时间的阵发性问题表现出了一种愤怒和轻蔑的情绪。在"撒谎时钟"的标题下，英国科学协会的副主席和创始成员约翰·科伯恩爵士（Sir John Cockburn），对他所认为的政府在公共秩序方面的渎职进行了猛烈抨击。他在写给编辑的信中说道："个人主义在很多方面都受到欢迎，但在钟表领域却并不存在。"他要求说，不精确的公共时钟应该被法律禁止，并要通过拆除那"引起麻烦的表盘"加以惩罚。"一个撒谎的计时器是令人厌恶的，并不应该被容忍。"[73]《泰晤士报》第二天发表了一篇文章，回应了科伯恩的信，并承认英国的时间处于一种可悲的状态。但这篇文章并非不认为公民私人因为展示略有些不准确的时间而该受惩罚，而是主张让市政当局参与进来。《泰晤士报》回应道："的确，在这个国家的许多地方，确定真正的时间不是一件容易的事情。铁路本应保持准确的时间，但车站的时钟并不是非常精确的，而且即使这些时钟经常被校正，它们也很容易在火车通过的冲击下变得不真实。"《泰晤士报》认为，真正的问题是，伦敦仍然缺少一个可用的电力时钟协调系统[74]。

科伯恩写给《泰晤士报》的信，以及报纸的回应，引发了一系列写给编辑的信件文章，这些信抒发了对城市的准确时间的状况感到的普遍愤慨。钟表匠们急于捍卫自己的职业声誉，声称如果时钟不一样的话，要同步两个时钟的机制是多么复杂。标准时间公司则声明，与公众的看法正相反，它不负责维护伦敦的时钟，从而摆脱了对故障时钟的任何责任。E.J.D.纽维特（E.J.D.Newitt）——该公司的秘书——还指责政府对其公司同步时间事务的冷漠和缺乏支持。"与巴黎、柏林和其他欧洲大陆的首都不同，伦敦没有官方认可的标准时钟。"相反，"在现在的情况下，每人的时间都是他自己的。"一位名为H.贝尔图（H. Berthoud）的可能是个法国人的读者，从相对比较欧洲的角度来看，认为伦敦是特别糟糕的。"真正需要的是一个分布在大都市的主要街道上的大型电子钟系统，就像我们在欧洲的大多数国家所看到的那样。在法国首都巴黎的林荫大道和主要街道上，我们都看到了它们，在布鲁塞尔也一样，我相信，在维也纳和柏林也是如此。为什么伦敦不能同样如此？"[75]

另一位读者强调了撒谎计时器造成的物质损失。"我们处在1908年的伦敦，在那里，时间被认为是金钱，却只能借由无数'撒谎时钟'昏庸且无力地游走着，这不仅是一种丑闻和耻辱，而且对社会造成了巨大的经济损失。"同年晚些时候，由于"撒谎时钟"的争论，市政府当局调查了政府所有和私人所有却公开展示的钟表和手表的准确时间，但这是徒劳的，因为没有达成任何共识。后来，约翰·科伯恩主持了英国科学协会的一个委员会，进行了类似的调查。在这场争论的3年后，委员会得出了一个清醒的结论：除了邮政局，没有人采取行动来改善伦敦公共时钟的悲惨命运[76]。除了技术的复杂性和市政当局缺乏支持外，时间分发和同步还面临着传统钟表匠的阻力。在伦敦行政区（Wards of the City of London）的一场演讲中，标准时间公司的约翰·温内（John Winne）提出了（当然是利己的）"要求统一时间"的呼吁，并指责了传统钟表制造商协会。钟表和手表匠人们已经通过了反对机电化的决议，他们认为，那些每周通过手工完成这项任务的老式上发条钥匙可以做得更好。在这种情况下，著名的钟表制造商E. J. 邓特公司（E.J. Dent Co.）曾一度称同步设备是"赝品"[77]。在19世纪下半叶，不同的计时同步技术的传播，首先使得现有的时间多样性变本加厉且变得有目共睹了。自19世纪的最后几十年起，越来越多混乱的时钟引起了普通大众的好奇心，且激发了人们对时间的本质和意义的兴趣。

关于时钟不准确的抱怨，以及对创新的强烈反对，可能会排挤现有的业务。直到20世纪初，这种情况都让人们对提供准确的、同步的时间的不现实期望无法实现。以行政手段设立法定的平均时间仅仅是第一步，这一步并不确保社会去遵守，而且总是需要后续的调整和协调。即使是在英国使用格林尼治时间的法律，也比现有学术研究中所描述的更为矛盾。1880年，英国国会通过时间定义法（the Definition of Time Act），使格林尼治时间在英国（但不包括爱尔兰）成为法定的平均时间。这项法案规定道："无论何时，在任何议会法案、契据或其他法律文书中出现任何关于时间的表达，除非是其他特别明确指出的时间，否则在大不列颠的情况下是格林尼治标准时间，在爱尔兰的情况下是都柏林标准时间。"[78]使得英国采用一个平均时间的法案的主要作用，并非是要确保全国遵守格林尼治时间，而是旨在解决法律文本措辞上出现的混乱。总而言之，因此，在1924年，一位读者仍然同时表达了怀疑和惊奇，他写道："难怪海外的游客会抱怨没有官方可靠的公共时钟。"他若有所思地说，"在文明国家中"，英国几乎是唯一一个对提供准确的市政时间服务持有不负责任态度的国家。直到20世纪20年代和30年代，只有当通过广播和BBC提供的服务那样的时间分发渠道的增长，准确的时间才真正地传播到社会之中[79]。

***

19世纪末，时间一直都不仅仅是另一个在全球范围内被标准化和国际化的对象或习惯，最重要的原因是它的基本特性——作为人类存在的两个维度之一。通过关于时间的法律是一件事；确保火车和其他交通，以及公共生活的安排遵守这项法律是另一件事。提供精准和稳定的时间更加困难。制定抽象、统一的时间既是对制度，也是对精神的一个漫长而严峻的挑战。改变人们对时间的想象和对时间的理解是另一种剧变。历史学家长期受惠于E.P.汤普森强有力的叙事[80]。汤普森关于从"任务时间"转移到"时间意识"和一个有时间意识的公众的观点是如此引人注目，以至于后来几代人还没有进一步探究他的论点，就将其提升到一个公理性的地位。然而，在过去的几十年里，新的研究和对汤普森的看法之间存在着一种有趣的鸿沟。学术研究表明，有必要对汤普森的观点进行修改，但这些对其论点的挑战却被忽视了[81]。在许多历史学家的看法中，时间的标准化仍然与汤普森的时间学概念有关，这种概念是成型于18世纪的这个过程的一种延续和进一步的抽象。然而，一百多年之后，正如欧洲夏令时的讨论所证明的，即使是在20世纪前几十年里，一个与自然节奏分离的、抽象、同质的时间的内化，还远未完成，即使是在受过教育的政府官员和宣传人员之中也是如此。大众的心态远比汤普森和其他许多人所设想的更加抗拒。

在19世纪后期，对工厂和公司工人的工作节奏和时间监管的规制确实加强了。现在，工作和考勤比以往任何时候都受到更严格的审查和监督，虽然"违规行为"——例如因周日的酗酒导致的周一旷工——并没有完全消失[82]。一些为公共空间提供时间同步系统的公司，也为私营企业提供了同样的设备，安装在工作场所。私人时间分发服务还提供了越来越多的时钟或打卡钟，让雇主可以更严格地监控员工的工作时间和准时上班。在工厂里，"谁来监督这个监工（watchmen）"这个问题，通过利用新的设备监控监工对工作场所的监管，以及他对工人和建筑的监视，获得了部分的解决[83]。更广泛地说，许多机构促成了时间和其他方面的规训的传播和内化。学校、医院、军营和监狱形成了一种精细分散的规训系统，其目标是19世纪公民的世俗生活和其他习惯。正如米歇尔·福柯所主张的那样，这些和其他"完备而严厉的机构"，将生活以及"它们经常依附的修道院式社群的规律性"加以扩展了。[84]

然而，从20世纪初英国的时间分布状况和想象一个脱离自然节奏的抽象时间的困难来看，如果时间纪律是一个现实，那么它必须能够在不依赖，或不引起时间意识的情况下萌芽，而这种意识根植于一个广泛存在的精确机械时钟和抽象的、同质的时间之中。回想一下学者的研究，即使是早期的现代社会，也是高度时间导向并受到时间规训的。关于在17、18世纪的时间导向和日本农业的研究表明，时间规训和为时间定价绝不是欧洲工业作坊和工厂劳动的特权，而是早期现代农业劳动的特征。资本主义并不是唯一的，也许甚至不是时间规训的主要来源[85]。在20世纪早期的欧洲，工人和雇员的时间规训得到了磨炼，钟和手表也日益成为日常生活的一部分。但抽象时间——一种从自然（对某些人来说，仍然属于上帝）之中脱离的时间，对许多人来说仍然是不可能理解的。

E.P.汤普森所谓在钟和手表的实用性、工厂工作，与时间导向内化之间的联系是有问题的。虽然在19世纪，公共和私人钟表的数量可能已经超过了奢侈品的领域。除了挂在工厂的时钟，它更多地具有的是作为计时器的社会地位象征和现代化和进步之标志的象征意义（这使其受到欢迎并赋予了时间权威性），而并非是力图在工作场所内外传播准确的时间。对钟和手表的需求和兴趣并不一定与工业资本主义挂钩。相反，通过查看私人计时器而不是通过公共时间的展示或发布来获得准确时间，可能是源于对时间的普遍迷恋，或者是源于一些更大的早期现代欧洲城市中的城市生活的复杂性，而不是对时间规训的内化和对时间规范的吸收[86]。或许正是由于时间的这种象征性质，以及其不请自来地架设在人类生活各种方面上的规则，激发了一名年轻的法国无政府主义者，于1894年试图制造了一枚炸弹，炸毁格林尼治天文台，而约瑟夫·康拉德（Joseph Conrad）的小说《秘密特工》（*The Secret Agent*）使其名垂千古[87]。

需要重申的是，在不同时代不同地点，瞥一眼钟楼或设定一下自己的手表都有着随时间推移而变化的、不同的历史意义和功能。换句话说，"传统的"对时间的理解是由不可改变的自然节奏所掌控的，据说它可以与钟和手表的"现代的"机械、抽象时间，以及统一的平均时间完美共存，并且随着时间的推移而不断增加。因此，大约在1900年，汤普森将自然节奏与不变性，将机械时钟与珍贵的、抽象的时间架构起来的联系，对同时代的人来说是没有意义的。19世纪末20世纪初的欧洲人可以忍受严格的时间规训，而不认为时间是抽象的和同质的，他们总是急切地将怀表与附近的一个公共时钟的权威时间对时。时间制度是多种多样且共存的。正如最近的研究表明，E. P. 汤普森提出的时间导向的改变，无论是在日本还是在欧洲，都可能发生在工业革命开始之前。19世纪采用的时间规训和更紧密的工作节奏，并没有依赖于，也没有引起从任务时间转移到对抽象时间的理解上。时间规训与抽象时间概念之间的脱节，部分解释了为什么关于采用"平均时间"的经济需求和经济主张方面的理由，在与理性化官僚主义和文化方面的考量相比时，是如此的稀缺。只有在极少数情况下，商业利益集团才会试图向政府施加压力，目的是要加快引入法定平均时间。但完全没有这个必要。工人们遵守机械钟的抽象时间，并没有废除其他例如太阳和生物学节奏的计时器。20世纪初，工业资本主义在没有广泛理解和应用精确的抽象时间的情况下，获得了前所未有的财富。套用蒂莫西·米切尔（Timothy Mitchell）的话来说，在这种情况下，资本主义寄生地且灵活地生存在许多种时间之中。如果说还有别的什么，那么再次套用米歇尔的话，这都要归因于毫无逻辑、活力和连贯性的资本主义。[88]

改革者们讨论了夏令时的社会优势和劣势，他们的目标是国内的社会经济群体，因为除非政府能通过每年将时钟调快或调慢来推动更好的行为，否则他们就有可能在工作之外浪费时间。但是关于时间管理和有益的活动的讨论在世界其他地方并没有被忽视。非西方社会的改革派精英们敏锐地阅读了欧美的报纸和杂志，了解了最新的时尚和困扰。通常，在他们自己的社会中，传教士的存在增加了一些呼吁服从时间规训、准时，以及把一天的时间划分为特定的活动的声音。因此，非西方的改革者们开始在他们自己的社会中，发现他们自己的肆意挥霍时间的行为。关于时间改革的全球观念，劝说阿拉伯人、奥斯曼人以及其他人合理利用时间，而非浪费时间，这些情况应该与欧美关于夏令制的讨论联系起来解读。

# 注释

1. Postone, *Time, Labor, and Social Domination*, sees an interest in improved technology and a demand for clocks as propelled by the social conditions of early capitalism.

2. Thompson, "Time, Work Discipline, and Industrial Capitalism," 60; Eviatar Zerubavel, "The Standardization of Time: A Sociohistorical Perspective," *American Journal of Sociology* 88, no. 1 (1982): 1–23, here 19; Postone, *Time, Labor, and Social Domination*, 211. 马克思他自己都在大量的语境（比如剩余价值、工作日）中讨论了时间，而在这里最相关的是他对商品特性的描述。一个商品只拥有价值，因为抽象的人类劳动进入其中，用于生产它。"How, then, is the magnitude of this value to be measured? By means of the quantity of the 'value-forming substance,' the labor, contained in the article. This quantity is measured by its duration, and the labor-time is itself measured on the particular scale of hours, days etc." Karl Marx, *Capital: A Critique of Political Economy*, vol. 1 (London: Penguin, 1990), 129. 用普斯通的话说，时间不再"由劳动衡量"，它如今"衡量劳动"。Postone, *Time, Labor, and Social Domination*, 216. 关于现代早期和中世纪语境，参见Le Goff, "Merchant's Time," 29–43.

3. O'Malley, *Keeping Watch*, ix.

4. Thompson, "Time, Work Discipline, and Industrial Capitalism," 80.

5. William Willett, *The Waste of Daylight: With an Account of the Progress of the Daylight Saving Bill* (London: Self-published, 1907), 3, 4.

6. Anson Rabinbach, The Human Motor: Energy, Fatigue, and the Origins of Modernity (New York: Basic Books, 1990); Patrick Joyce, "Work," in *The*

*Cambridge Social History of Britain, 1750–1950*, vol. 2: *People and Their Environment*, ed. F. M. L. Thompson (Cambridge: Cambridge University Press, 1990), 131–194, here 132.

7. Hobsbawm, *Age of Empire*, 53.

8 关于社会时间的节奏，参见Eviatar Zerubavel, *Hidden Rhythms: Schedules and Calendars in Social Life* (Chicago: University of Chicago Press, 1981)，尤其是第二章; Willett, *Waste of Daylight*, 4; 英国国家档案，克佑区(British National Archives, Kew此后写作BNA), HO 45/19959, Summer Time Committee, Report of the Committee Appointed by the Secretary of State for the Home Department, London, 1917, 20; BNA HO 45/10548/162178, Victoria, Abridged Report from the Select Committee upon the Saving of Daylight Together with the Minutes of Evidence, 1909, 1; "The United States. Daylight Saving in Cincinnati," *Times of London*, July 3, 1909, 5. 关于美国的夏令时，参见 O'Malley, *Keeping Watch*, ch. 6.

9. O'Malley, *Keeping Watch*, ch. 4.

10. BNA HO 45/10548/162178, The Daylight Saving Bill, Deputation to Reginald McKenna, Secretary of State for the Home Department, March 24, 1914, 1, 3, 20.

11. Ibid., 3. 关于二战以来的战争时间，参见Mary Dudziak, *Wartime: An Idea, Its History, Its Consequences* (Oxford: Oxford University Press, 2012).

12. BNA HO 45/11626, unnamed memorandum, received at Home Office November 6, 1923; "At Last," Times of London, July 18, 1925, 13.

13. 皇家邮政档案(此后写作RMA), POST 31/11B, Royal Scottish Geographical Society, memorandum, Notes on Standard Time, Edinburgh, July 24, 1898; letter, General Post Office to Royal Scottish Geographical Society,

London, August 6, 1898.

14. House of Commons Debates (hereafter HC Deb), May 25, 1911, vol. 26, c. 580; see also HC Deb, June 20, 1911, vol. 27, c. 220; HC Deb, July 10, 1912, vol. 12, c. 390.

15. HC Deb, March 4, 1912, vol. 11, c. 288.

16. 上议院辩论(此后写作HL Deb), June 24, 1912, vol. 12, c. 132. 还可参看HL Deb, July 24, 1912, vol. 12, cc. 696–698.

17. HL Deb, July 10, 1912, vol. 12, c. 387.

18. HC Deb, August 1, 1916, vol. 85, c. 73.

19. RMA POST 33/1492B, Time Act; BNA HO 45/19959, Report on the working of summer time in Ireland in 1917, n.d.; HC Deb, April 19, 1917, vol. 92, c. 1873; HO 45/10811/312364, letter, Irish Office to Home Office, May 16, 1916; HO 45/10811/312364, Time (Act) Ireland, September 12, 1916; RMA POST 33/1492B, Time Act.

20. BArch R3001/7864, Aufzeichnung über die Sommerzeit, March 20, 1922.

21. BArch R3001/7864, letter, Ministry of the Interior to Prussian Minister of Sciences, Art, Education, Berlin, March 29, 1924; Nationalversammlung, 35th Session, April 11, 1919, 975.

22. BNA HO 45/10811/312364, Rapport par M. Guilloteaux, presented to the French Senate Session of June 6, 1916, 2.

23. Ibid., 11.

24. BNA HO 45/11077/411632, Extract from the "Journal Offciel," March 15, 1922. During World War I, almost all European countries observed summer time: besides Britain, Ireland, France, and Germany, the list included Italy, the

Netherlands, Norway, Austria, Switzerland, Denmark, Sweden, and Spain. See HO 45/11940, letter, Home Office to the Labor Research Department, March 14, 1924; see BNA HO 45/19959, Summer Time Committee, Report of the Committee Appointed by the Secretary of State for the Home Department, London, 1917, 19.

25. BNA HO 45/11940, Summer Time, memorandum by the Home Secretary, March 4, 1924, 4; BNA HO 45/11077/411632, notes of an Interdepartmental Conference held at the Home Offce on the 27th April, 1921, on the Desirability of International Uniformity of Summer Time; BNA HO 45/11940, note of a Conference held at Home Office on November 22, 1921, 1, 3.

26. BNA HO 45/11940, letter, Advisory and Technical Committee to Home Office, London, September 12, 1923; letter to the Cabinet Office, August 3, 1922, as well as letter, Secretary General of the League of Nations to British Prime Minister, Geneva, July 7, 1922; BNA HO 45/11626, Summer Time—Notes of Deputation from the Early Closing Association, n.d., 2, 8; EU Directive 2000/84/EC,http://eur-lex.europa.eu/ LexUriServ/ LexUriServ. do?uri=CELEX:32000L0084:EN:NOT.

27. BNA HO 45/10548/162178, "The Waste of Daylight (to the Editor of the 'Spectator')," The Spectator, August 24, 1907; HC Deb, March 5, 1909, vol. 1, c. 1744, 1761.

28. BNA HO 45/10548/162178, memorandum, The Daylight Saving Bill, March 24, 1914, 8. 还可参看Brad Beaven, *Leisure, Citizenship, and Working-Class Men in Britain, 1850–1945* (New York: Palgrave, 2005), 34–36 and 66–72; BNA HO 45/11626, Summer Time—Notes of Deputation from the Early Closing Association, n.d., 4; Gary Cross, *The Quest for Time: The Reduction*

*of Work in Britain and France, 1840–1940* (Berkeley: University of California Press, 1989), 8.

29. Hugh Cunningham, *Leisure in the Industrial Revolution* (London: Croom Helm, 1980), 282–283; 根据霍布斯鲍姆的观点，工人中的实际工资，实际上大略在19世纪90年代到1914年间下降了，但随着19世纪70年代和80年代的萧条而来的、剧烈的价格下跌，却让工人们比以前可在生计以外花更多钱。Hobsbawm, *Age of Empire*, 48–49.

30. Cunningham, *Leisure*, 288, 294; and Hugh Cunningham, *Time, Work and Leisure: Life Changes in England Since 1700* (Manchester: Manchester University Press, 2014); Hobsbawm, *Age of Empire*, 174.

31. Beaven, *Leisure, Citizenship*, 16.

32. BNA HO 45/11940, Parliamentary Debates, House of Commons, Standing Committee C, Summer Time Bill, Official Report, March 24, 1925, c. 21.

33. BNA HO 45/11626, Summer Time— Notes of Deputation from the Early Closing Association, n.d., 5–6.

34. Ibid., 7.

35. BNA HO 45/10548/162178, memorandum, The Daylight Saving Bill, March 24, 1914, 4; Willett, *Waste of Daylight*, 5.

36. BNA HO 45/19959, Summer Time Committee, Report of the Committee Appointed by the Secretary of State for the Home Department, London, 1917, 4, 9.

37. BNA HO 45/10548/162178, letter, James to Home Office, Cornwall, May 5, 1916.

38. BNA HO 45/19959, Summer Time Committee, Report of the

Committee Appointed by the Secretary of State for the Home Department, London, 1917, 15; Report and Special Report from the Select Committee on the Daylight Saving Bill, August 24, 1909, xiii.

39. Hobsbawm, Age of Empire, 20.

40. BNA HO 45/11626, Summer Time—Notes of Deputation from the Early Closing Association, n.d., 11.

41. BNA HO 45/11940, Parliamentary Debates, House of Commons, Standing Committee C, Summer Time Bill, Offcial Report, March 24, 1925, 5, 6; BNA HO 45/19959, Report on the working of summer time in Ireland in 1917, n.d.

42. BNA HO 45/11940, Parliamentary Debates, House of Commons, Standing Committee C, Summer Time Bill, Official Report, March 24, 1925, 8, 18.

43. BNA HO 45/19959, "Daylight Saving Bill," to the Editor by "A working farmer," *Daily Chronicle*, February 19, 1918.

44. BNA HO 45/11626, letter, Ministry of Agriculture and Fisheries to Home Office, February 5, 1924; BNA HO 45/11077/411632, memorandum, Summer Time, Application to Scotland, n.d., received at Home Office, March 10, 1922.

45. BNA HO 45/11626, Summer Time—Notes of Deputation from the Early Closing Association, n.d., 2, 7; BNA HO 45/11626, newspaper clipping "Summer Time Demand," Daily Chronicle, November 1, 1923; newspaper clipping "Summer Time, Deputation to the Home Secretary," The Times, November 1, 1923.

46. BNA HO 45/10548/162178, Report and Special Report from the

Select Committee on the Daylight Saving Bill, August 24, 1909, 29; BNA HO 45/11626, newspaper clipping "Summer Time Demand," *Daily Chronicle*, November 1, 1923.

47. Cross, Quest for Time, 80–86.

48. BNA HO 45/11893, letter, the National Amalgamated Union of Shop Assistants, Warehouse men, and Clerks to Home Office, May 18, 1916.

49. BNA HO 45/11893, letter, National Association of Goldsmiths to Home Office, May 16, 1916; BNA HO 45/11893, note, Shops—Question Put by Viscountess Astor, July 22, 1925; BNA HO 45/11893, letter, Home Office to National Association of Goldsmiths, June 6, 1916; newspaper clipping "New Clause Needed," The Globe, May 10, 1916; newspaper clipping "Willett Time Abuse," The Daily Mail, May 24, 1916; BNA HO 45/11893, letter, Home Office to Public Control Department, May 26, 1916.

50. 参见Pietro Basso, Modern Times, Ancient Hours: Working Lives in the Twenty-First Century, trans. Giacomo Donis (London: Verso Books, 2003); Jonathan Crary, 24/7: *Late Capitalism and the Ends of Sleep* (London: Verso Books, 2013).

51. BNA HO 45/10548/162178, Report and Special Report from the Select Committee on the Daylight Saving Bill, August 24, 1909, xi; unnamed position paper received at Home Office on March 24, 1914, 7.

52. George Darwin, "The Daylight Saving Bill: To the Editor of the Times," *Times of London*, July 8, 1908, 7.

53. "To the Editor of the Times," *Times of London*, July 11, 1908, 8.

54. HC Deb, May 8, 1916, vol. 82, c. 302–303.

55. BNA HO 45/10548/162178, unnamed position paper received at

Home Office on March 24, 1914, 3; Report and Special Report from the Select Committee on the Daylight Saving Bill, August 24, 1909, xi; "The Daylight Saving Bill: To the Editor of the Times," *Times of London*, July 16, 1908, 16.

56. BArch R3001/7864, Nationalversammlung, 35th Session, April 11, 1919, 974; AP, VONC 20, Ministry of Public Works, Avance de l'heure légale pendant la belle saison, excerpt from Journal Offciel de la République Française, March 25, 1920, 201.

57. BNA HO 45/10548/162178, unnamed memorandum, received at Home Office, March 24, 1914, 8. 关于心理时间的节奏，参见Zerubavel, *Hidden Rhythms*, 2; 关于今日节拍的社会，参见Michael Young, *The Metronomic Society: Natural Rhythms and Human Timetables* (Cambridge, MA: Harvard University Press, 1988); 以及*The Rhythms of Society*, ed. Michael Young and Tom Schuller (London: Routledge, 1988).

58. BNA HO 45/10548/162178, Report and Special Report from the Select Committee on the Daylight Saving Bill, August 24, 1909, xii.

59 BArch R4702/207, Heinrich Grone, *Vorschlag zu einer Ersparung an künstlicher Beleuchtung durch verlängerte Ausnutzung des Tageslichtes* (Hamburg: Self- published, 1916).

60. BNA HO 45/10811/312364, leafl et, To Occupiers of Factories, May 18, 1916.

61. BArch R3001/7864, letter, Chancellor to Non-Prussian Minister Presidents and All Ministries, Berlin, March 1, 1917; BArch R3001/7864, letter, head of Imperial Office of Public Health to Secretary of State for the Interior, Berlin, October 24, 1918; BArch R4702/207, the Chancellor to Non- Prussian Minister Presidents and the Vice- Regent in Alsace Lorraine, Berlin, March 1,

1917.

62. BNA HO 45/10548/162178, Report and Special Report from the Select Committee on the Daylight Saving Bill, August 24, 1909, 93, 124.

63. Howse, *Greenwich Time*, 90; 参见Hannah Gay, "Clock Synchrony, Time Distribution and Electrical Timekeeping in Britain 1880–1925," *Past and Present* 181, no. 1 (2003): 107–140, 此处为第120–121页。A reference to Gay's wonderful piece was cut out inadvertently in editing my 2013 《美国历史评论》 (此后写作*AHR*) article on time. 参见Vanessa Ogle, "Whose Time Is It? The Pluralization of Time and the Global Condition, 1870s–1940s," *AHR* 118, no. 5 (2013): 1376–1402.

64 "The Electric Telegraph," *The British Quarterly Review* 59 (January and April 1874): 438–469, here 466; "Correct Time: Post Office Methods of Distribution," Times of London, October 15, 1912, 4; RGO 7/252, letter, Standard Time Company to Royal Astronomer, London, October 31, 1901; "The Greenwich Time Signal System," *Nature*, May 18, 1876, 50–52, and "The Greenwich Time Signal System: II," *Nature*, June 1, 1876, 110–113.

65. RGO 7/252, letter, Royal Astronomer to Chief Astronomer, Department of the Interior, Canada, September 17, 1901.

66. Gay, "Clock Synchrony," 123; RGO 7/252, letter, Royal Observatory to Standard Time Company, London, November 4, 1901; letter, The Standard Time Company to Royal Astronomer, London, February 17, 1902.

67. For the United States, Alexis McCrossen has termed the years from roughly the 1870s to the 1920s the "public clock era" due to the proliferation of clocks in the built environment. McCrossen, *Marking Modern Times*; 英国电信档案 (British Telecom Archives，此后即BTA), POST 30/1933, Time Signals,

note, 10 a.m. Time Signal Direct from Greenwich, October 1909; Gay, "Clock Synchrony,"131, 135.

68. BTA POST 30/2536 Time Signals, internal note, Postmaster General, May 7, 1881.

69. BTA POST 30/2536, Time Signals, letter, Horace Darwin to General Post Office, December 31, 1881; BTA POST 30/2536, Greenwich Time Signals, internal note, Postmaster General, February 13, 1882, and ibid., General Post Office to Pearson, May 12, 1881.

70. RGO 7/252, newspaper clipping, "Greenwich Mean Time," *The Daily Graphic*, October 31, 1892. 还可参看Gay, "Clock Synchrony," 118–120, and David Rooney, *Ruth Belville: The Greenwich Time Lady* (Greenwich: National Maritime Museum, 2008).

71. RGO 8/84, Royal Institution of Great Britain, Weekly Evening Meeting, speech by W. H. M. Christie, Astronomer Royal, "Universal Time," March 19, 1886, 2.

72. BTA POST 30/2536, newspaper clipping, E. J. D. Newitt, "Lying Clocks, To the Editor of the Times," *Times of London*, February 10, 1908, 12; "The Synchronization of Clocks," *Nature*, February 16, 1911, 516–517, here 516; "The Synchronization of Clocks," *Nature*, August 13, 1908, 353–354, here 353; BTA POST 30/1933, Daily Time Signals, letter, Hull Record Switch, Provision of Ringing Facilities, Engineer in Chief, Hull Rec ord Switch, to General Post Office, December 9, 1909.

73. "Lying Clocks, To the Editor of the Times," *Times of London*, January 8, 1908, 9.

74. "Lying Clocks," *Times of London*, January 9, 1908, 7.

75. BTA POST 30/2536, newspaper clipping, E. J. D. Newitt, "Lying Clocks, To the Editor of the Times," *Times of London*, February 10, 1908, 12.

76. BTA POST 30/2536, newspaper clipping, Robert G. Orr, "Lying Clocks, To the Editor of the Times," *Times of London*, January 10, 1908, 12; "Lying Clocks," *Times of London*, November 9, 1908, 5; "The Synchronization of Clocks," *Times of London*, January 18, 1911, 9.

77. 转引自 Gay, "Clock Synchrony," 115. 参见Rooney, Ruth Belville, 74, 77.

78. 转引自Howse, *Greenwich Time*, 114–115.

79. "Offcial Time," *Times of London*, July 9, 1924, 10; Gay, "Clock Synchrony," 139.

80. Thompson, "Time, Work Discipline, and Industrial Capitalism."

81 Paul Glennie and Nigel Thrift, "Reworking E. P. Thompson's 'Time, Work Discipline, and Industrial Capitalism,'" *Time and Society* 5, no. 3 (1996): 275–299, 此处为第277页, 第284–285页; 修正主义的描述, 参见Paul Glennie and Nigel Thrift, *Shaping the Day: A History of Timekeeping in England and Wales 1300–1800* (Oxford: Oxford University Press, 2009), 他们试图站在汤普森的立场上将其拆解。思里夫特细数了兰德斯（《时间中的革命》）、哈维（《后现代的状况》），以及加里森（《爱因斯坦的时钟》）的观点，他们都已经采纳了汤普森的观点，对建立一种"汤普森式的"叙述贡献良多。关于追随汤普森的任务时间概念的美国历史学家，参见Michael O'Malley, "Time, Work, and Task Orientation: A Critique of American Historiography," *Time and Society* 1, no. 3 (1992): 341–358, 此处为第343页，第348页。质疑汤普森的假说的其他人有Gay, "Clock Synchrony," 以及Michael J. Sauter, "Clockwatchers and Stargazers: Time Discipline in Early

Modern Berlin," *American Historical Review* 112, no. 3 (2007): 685–709. 汉斯·约阿希姆·沃斯并没有对汤普森的时间管理标记系统提出太多疑问，而是质疑其资料的基础（实际上是很大一部分）。他自己的著作把兴趣放在工业资本主义下的工作日的延长上面。参见Hans Joachim Voth, "Time and Work in Eigh teenth Century London," *Journal of Economic History* 58, no. 1 (1998): 29–58, 此处为第30页。还可参看Hans Joachim Voth, *Time and Work in England, 1750–1830* (Oxford: Oxford University Press, 2000). 关于时钟和实行奴隶制的美国南方的时间规训，参见Mark M. Smith, *Mastered by the Clock: Time, Slavery, and Freedom in the American South* (Chapel Hill: University of North Carolina Press, 1997), 他表明钟表和时钟规训很容易跟农业、种植业劳动联系在一起。

82. David Montgomery, *The Fall of the House of Labor: The Workplace, the State, and American Labor Activism, 1865–1925* (Cambridge: Cambridge University Press, 1987), 尤其是讨论 "the manager's brain under the workman's cap"的第一章。

83. Smithsonian Institution's National Museum for American History Archives, Warshaw Collection of Business Americana, Watch Works and Clock Works, collection no. 60, box 3, folder "Pneumatic," pamphlet advertising a pneumatic watchman clock.

84. 米歇尔·福柯的著作因为就规训机构提出的一套论点堪为标志；参见Foucault, *Discipline and Punish*, 150–151, 156–162.

85. Thomas C. Smith, "Peasant Time and Factory Time in Japan," *Past and Present* 111, no. 1 (1986): 165–197.

86. 在现代早期德国的时间规范方面，参见Sauter, "Clockwatchers and Stargazers."

87. Joseph Conrad, *The Secret Agent*, ed. John Lyon (Oxford: Oxford University Press, 2004).

88. Timothy Mitchell, *Rule of Experts: Egypt, Techno- Politics, Modernity* (Berkeley: University of California Press, 2002), 233, 14.

# 第三章 从国家时间到全球范围内的统一时间

在欧洲和北美许多国家中,与格林尼治时间时差均等的平均时间,以及传播该时间的分发系统始于19世纪八九十年代。然而,正如有关夏令时的讨论所证实的,截至20世纪的头几个十年,对稳定而统一时间的采纳,在欧洲和北美远未达成。无论是在技术上、后勤上,还是在精神上、智识上,统一的平均时间和夏令时的运用几乎都是不全面的。统一时间是如何传播,并最终形成了一个主要是以小时为范围的平均时间的全球网格?在非西方世界,通向平均时间和夏令制的举措,甚至被进一步推迟了。在欧洲,采纳官方平均时间的政治事务是交给官僚机构和法律的问题,但殖民地国家对统一的平均时间的兴趣则与西欧民族国家不同。像德国、法国,以及英国这样的国家,在国家建设和在国家间明确划定领土的不平衡过程中,经过漫长而艰苦的努力才把时间统一了起来。在殖民地世界,国家的存在往往是稀疏分布的,政府最初既没有意愿也没有能力有效地协调计时。因此,殖民地国家仅在20世纪初才开始引入平均时间,许多地方甚至要等到20世纪二三十年代。在20世纪中期之前,并不存在一个基于格林尼治时间的平均时间体系。

部分历史学家则提出了相反的观点。人们通常认为,少许殖民地行政人员急切地想要发现平均时间,为的是通过改善行政管理及与海外和宗主国的通信以加强殖民地国家对本土民众的控制。在这种情况下，有人提议，在世界范围内采纳格林尼治时间"不仅大大提高了国际商务的效率，而且还能调节行政服务，因此有助于帝国更有效率地整合其海外附属机构"。[1] "1884年，格林尼治平均时间（GMT）的正式部署"被认为预示了一个全球计时的新时代，因为它"允许人、城镇、城市、港口、铁路，以及殖民地，通过单一的空间－时间矩阵（space-time matrix）与宗主国中心相连，以及彼此相连"。这样的认知部分归功于对电报和铁路的研究，这些技术证明它们有时充当的正好是"帝国的工具"这个角色，在加强甚至促成欧洲在全球范围内的统治的扩张，并在随后维持这种统治等方面至关重要。[2]然而，殖民统治的现实往往看起来更不稳定。在欧洲和北美以外的大片地区，从海洋到沙漠和草原，以及无法穿越的丛林，有关时间统一、时间规训，以及时间协调之成功的笼统论述很快就出现了差错。这些关于控制殖民地民众的推测性观点从表面上看是令人信服的，但它们经不住档案研究的仔细推敲。

平均时间在世界范围内的传播很少发源于决心征服边缘地区的帝国中心。应该说，在欧洲和北美以外，早期引进制度化的全国时间的部分动机是由科学学会引发的，这进一步强调了此类行动者在传播观念方面的重要性。在很大程度上，有关全球范围内的统一时间和夏令时观念的运动，多发生在追随各个高度地区化模式的一波波浪潮中，而不是发生在欧洲和北美首都的决策过程中。在一国或一块殖民地，引入平均时间的消息首先引起邻近地区当局的注意，最终会促使行政人员采取同样的步骤，也选择平均时间。在英国或德国本图的官员多半都是这些决定的局外人。此类时间统一的地区化解决方案，最初往往忽视了基于格林尼治的以小时为基础的时区概念。经过科学国际主义者（scientific internationalists）的努力，在19世纪八九十年代，世界上许多国家和殖民地行政机构都效仿同时期的欧洲国家，引入了平均时间。但除了少数例外，这些平均时间选取的都是首都时间或重要殖民地城市的时间，是与格林尼治的本初子午线没有任何统一关系的平均时间。[3]此外，采纳平均时间较晚，还频繁发生变化，这给时间系统增加了更多的不稳定性和多样性。当有关欧洲平均时间的信息传播至世界其他地区时，时间改革肯定会蔓延开来。但它是作为国家时间，而非通用的同质时间得以传播的。因此，在欧洲和北美以外全国范围内平均时间的引入，证实了欧洲的时间政治事务已经揭示的情况：国家建设与地区化两者一方面具有相互构成的关系，另一方面有着相互关联性。

***

在欧洲和北美之外，引入领土范围内的平均时间的第一波努力，大致发生在1897年到1906年间。它既不是由欧洲殖民政府，也不是由在伦敦、柏林，以及巴黎的负责管理海外资产的诸殖民机构中的一个通过自上而下的方式达成的。相反，它是由两份备忘录促成的，而这两份备忘录分别于1897年和1898年依次由英国科学促进协会（British Association for the Advancement of Science）的地震调查委员会（Seismological Investigation Committee）和苏格兰皇家地理学会（Royal Scottish Geographical Society）起草。[4]此类协会和组织已经在像法国和德国这样的单个国家中的时间国家化进程中扮演着重要角色。19世纪下半叶和20世纪初，它们作为普及科学知识的趋势的一部分而繁荣兴盛。[5]

在这些文件当中，有一份来自苏格兰皇家地理学会的通信，它促使英国邮政总局开启了对将格林尼治时间延伸至爱尔兰的可能性的调查。各个科学协会还系统地用上廉价印制的小报和小册子淹没了政府诸部门和其他机构。双方的交流也被呈交给英国殖民部（British Colonial Office）。这些通信敦促对大英帝国内部目前平均时间的运用状态进行改善，并声称，缺乏统一的平均时间与英国作为殖民大国的地位是不相称的。这便足以令约瑟夫·张伯伦（Joseph Chamberlain），主管殖民地的国务大臣感到羞愧，从而开启对帝国全境时间统一情况的复审。1897年，张伯伦给所有英国领地寄去了通知，询问有关领土内当前所采用的时间，以及该时间与格林尼治时间相差多少。这位主管殖民地事务的大臣并没有进一步迫使各地殖民总督和其他行政人员采纳平均时间；然而，他的调查却鼓舞着其他人采取行动。行动缓慢地渗透进了行政指挥系统，但是到了1900年左右，在伦敦那份调查的刺激下，有好几个殖民地政府突然对平均时间有了兴趣。落实时间变化的法律和决议，不仅额外用了几年才得以通过，而且还是在没有受到宗主国中心太多监督和干预的情况下发展而来的。[6]

在那些很早就被分配了一个时区的领地当中，就有英属马来联邦（British Federation of Malay States），马来半岛是四个受保护国的集合。在一种暴露了其缺乏指导和协调动力的决策模式下，政府公告宣布，1900年，联邦采纳吉隆坡当地时间充当整个马来联邦的平均时间。在官方公报中宣布变化的那份通告引起了官员们的热烈讨论：最应该选择哪个时间？如何才能与该地区其他英帝国领地取得最好的协调，以及新的平均时间应当与格林尼治时间有着何种关系？现在不同的提议被提交了上来，接下来浮现的问题，则为是否要把邻近的新加坡殖民地加进这一时区方案。[7]新加坡的各位官员犹豫不决。特别是对运输船的船长来说，时间是由一个报时球信号提供的，它每天在UTC+6:55:25，即新加坡当地时间给出。"采纳一个与此冲突的当地时间将会造成巨大的混乱"，由此会给船长们带来的错误是"灾难性的"，新加坡官员们警告道。新加坡最终占据优势，并且说服了马来联邦的官员于1901年1月采纳新加坡当地时间。但这个安排仅仅持续了4年，到了1905年，人们发现转变至使用105度经线的时间更加方便。那个时间，UTC+7，英属海峡殖民地（British Straits Settlements），以及法属印度支那和暹罗都在使用。那个比格林尼治时间要早7个小时的时间，成了某种地区性时间，把诸多甚至越过不同殖民大国界线的殖民地都整合了进来。[8]

南亚、东南亚，以及东亚其他许多地区，大致在同一时刻选择了平均时间。1903年，英国政府采用了UTC+8的时间作为中国香港的官方时间，这个时区很快受到了中国沿海其他城市的欢迎；然而，上海依旧沿用当地时间，比新的时区慢6分钟。1905年，英属北婆罗洲（British North Borneo）采纳了UTC+8，主要因为中国香港和胶州、菲律宾，以及中国台湾这样重要的地区中心采纳了同一时间。在选择时间的问题上，地区因素超越了国际和帝国的动机。[9]

*＊＊

张伯伦那有关当地时间和格林尼治时间的时差的调查，在南非激起了通往地区统一时间的相似举动。1892年，开普殖民地（Cape Colony）已经让比格林尼治时间早1.5个小时的时间成为它的平均时间。在那个时候，报时球服务正在一小部分城市中开展着，它们从位于开普敦的皇家天文台接收时间信号。[10]19世纪90年代初的同一时间，英国殖民地纳塔尔（Natal）采纳了UTC+2作为它的官方时间，它从开普殖民地分离时保有的只是作为缔结条约国和受保护国的弹丸之地。就像这些年中很多城市和国家，纳塔尔在竭力保持准确时间。位于纳塔尔天文台的中央时钟动辄故障，而与制造商的谈判的屡屡拖延则耽搁了早在1889年就已经订购的替代物件。3年过后，新的官方平均时间引入了，纳塔尔仍然"亟需"新仪器。或许部分是因为纳塔尔的计时器被证明颇不可靠，但更可能的是因为在相当接近的范围内保留两个不同的时间可谓麻烦重重，南非的多个时间于1902年合成一个时间。那一年，早于格林尼治时间2个小时的时间得以采纳，在开普殖民地、纳塔尔、德兰士瓦（Transvaal）、奥兰治河殖民地（Orange River Colony）、罗得西亚（Rhodesia）*，以及引人注目的葡属东非，它充当着铁路、电报，以及其他公共用途上的法定平均时间。[11]

开普殖民地的英国总督在各地区殖民地政府中发起了一场采纳通用的平均时间的协同努力，而且还包括了葡萄牙。作为同一倡议的部分，英国当局还联系上了西南非洲临近的德国殖民地政府。开普殖民地的总督所不知道的是，他那统一该地区正在使用的多个时间体系的计划，促使德国的行政人员首次遭遇到其海外领地遵守各个不同时间的问题。时间变革的动力并非源自柏林，而是在地区层面上浮现，在这个例子中还连带了一个外国殖民势力。德属西南非洲（German Southwest Africa）是第一个获得法定平均时间的德国殖民地。甚至是在英国当局跟德国当局联系以前，位于温特和克（Windhoek）**的德国殖民地政府就已经在接收来自开普敦的天文台发来的每日时间信号。在德国殖民地政府的领地内，开普时间会被用来调校不同的时钟和仪器。[12]

尽管存在这些时间分发的纽带，但是德国殖民地的官员立刻怀疑起英国时间统一计划背后的政治动机。区域一体化与霸权空间和势力范围的联系太过紧密，以至于不能认为其是无害的而通过这个方案。与德国的时区刻画中欧地区空间的方式类似，德国行政人员如今将英国的行动与它想要在非洲获取霸权的野心联系起来。"这可能碰巧与英格兰的大非洲（Greater Africa）计划（'grossafrikanische Pläne'），以及向已经在埃及占据主导地位的UTC+2时间靠拢有关"，德国外交部评论道。尽管德国

---

\*  罗得西亚，津巴布韦旧称。——译者注
\*\*  温得和克，纳米比亚首都。——译者注

人对此心存怀疑，但是在最终不参与地区时间计划背后则有着一个不同的原因。在英国的行政机构、德国人，以及莫桑比克的葡萄牙人的联合努力下，英国总督得以接触德国政府，但德国殖民地官员宣称UTC+2时间不利于当地的情形：太阳时太过偏离所提议的时间。在一个没有空调和现代生活的各种便利设施的时代，殖民地环境的气候之极端，决定了生活仍要以精确的符合太阳运作的方式进行。[13]

尽管南非的德国殖民地官员不满英国的要求，但他们总体上对时间统一的想法抱有好感。他们的时间选择是现在德国自己的欧洲中部时间，它比格林尼治时间要早1个小时。因此，在1903年11月，德属西南非洲采纳欧洲中部时间作为其法定平均时间。就像在欧洲那样，在西南非洲，时间的分发、稳定而准确的时间信息的供应是一个持续存在的问题。对该殖民地计时状态的哀叹从未停止过。德国殖民地关于时间的种种麻烦持续了十多年，是在这十几年里支配殖民地计时的混乱和非正式性的一种能说明问题的明示。在德属西南非洲的具体案例中，在选定了该殖民地新的平均时间好几年后，关于领地实际上遵守什么时间的问题，仍然是迷雾重重，而且，对受保护国的时间进行统一的各种尝试业已用尽了。[14]

1908年，柏林的殖民部（Colonial Office）收到一封来自一位住在德属西南非洲的欧洲公民的信件，来信大肆抱怨了一本关于德国殖民地生活的指南中信息不准确的情况。该指南表明，西南非洲的官方时间是UTC+1，然而，他发现殖民地设定的是温特和克当地时间，即行政首府的时间。柏林的殖民部着手维护自己的权威，并斥责了温特和克的德国总督没能服从此前的命令。毕竟，欧洲中部时间于1903年就得以正式采纳，殖民部提醒温特和克道。然而，令柏林颇感意外的是，结果证明自己的想法是错误的。殖民部很快发现，受保护国的居民们很早之前就把关于时间的诸事项掌握在自己手中。[15]

123

在1884年建立殖民地之后的统治早期岁月，德国政府接收到来自开普敦的每日电报时间信号，并发送到沿海城市斯瓦科普蒙德（Swakopmund）*。在这里，时间会被转换成斯瓦科普蒙德当地时间，后者充当着在受保护国全境计算当地时间的基础。然而，有线传输已经显示出其不可靠性；斯瓦科普蒙德的时钟受频繁的故障困扰；负责传输时间的公务员缺乏执行这些任务所需的技能。时间信号的每日偏差因此往往达到6到15分钟。正是为了改善这一计时乱局，温特和克时间才于1902年成为德属西南非洲的官方平均时间，这是柏林殖民部到现在才知晓的。为了避免时间从开普敦传来的、随后进行转换而必然产生的误差，时间信号现在源自一个更加精确的海军计时器（naval chronometer），它在不久前被安装在了温特和克自己的土地测量部内。[16]

面对这些被披露的情况，柏林的殖民部几乎没能掩盖自己的沮丧。法律上生效的时间自1903年起就一直遭到忽略。但还会有更多的发现。柏林被告知，在整个殖民地范围内缺乏强制性管控的情况下，殖民地行政机构的不同部门，以及铁路和邮政服务所使用的都是当地时间。伯恩哈德·戴恩堡（Bernhard Dernburg），这位殖民部部长本人因而下令采纳一个直到1909年6月一直未被使用的时间（欧洲中部时间）。他抱怨说，不协调的临时安排，只会造成一种"根本无法维持的局面"。又过了3年，到了1912年，殖民部才采取措施调查实施情况。在对这个调查的回复中，位于斯瓦科普蒙德的地区办公室（District Office）透露，它是在观察到奥塔维（Otavi）铁路上的时间后，方将其设置在时钟和手表上，这条铁路据说拥有一个可靠的计时器，用于对铁路时钟进行日常控制与调整。在对1902年调查的回复中，位于吕德里茨湾（Lüderitzbucht）的地区办公室只简单地

---

\* 斯瓦科普蒙德，源自德语，意为"斯瓦科普河口"，现为纳米比亚重要城市。——译者注

转述说，在1905年或1906年，人们实际上并不能确定，总督到底是何时将铁路时间指定为受保护国的官方时间，而且，该命令后来还消失了。[17]

类似的情况也在多哥生根，这个地方通常为人艳羡地唤作德国的"模范殖民地"（Musterkolonie）。在殖民地的背景下，就改变平均时间进行的讨论通常是一场关于生活节奏的讨论，而这个节奏是由一个缺少宽容、严厉的太阳决定的。因此，好几个殖民地在夏季数月通过调整工作时间遵循非官方的夏令时方案，甚至是在真正的夏令时制度通过之前。在殖民地的语境下，夏令时主要是为了避免过热。当多哥的官方公报于1914年宣布，在每年的11月到4月之间，当地时间将提前15分钟，以便适应日光和热量的季节变化时，多哥的法定时间问题首次引起了柏林负责殖民地事务的行政人员的注意。正如多哥的总督解释的那样，这个通知基于一项可以追溯到1909年的安排（而柏林显然不知道这项安排），在这个安排中，当时殖民地政府曾招募传教士、邮政和电报管理部门观察准夏令时（quasi summer time），"以便在10月至12月这数月间消除过早的日落时间对工作时间的影响"。然而，这次轮到柏林嘲笑越来越多证据所表明的单边行动了。殖民部建议，对多哥所处位置来说，最适合的时区是格林尼治时间，但却被告知，早在1907年洛美（Lome）*镇的时间已经被宣布为多哥的平均时间。[18]

在德属东非，正是一项由铁路方面提出的倡议，导致平均时间得以被采纳。东非铁路公司（East African Railway Company）作为殖民地主要的铁路运输运营商，带着一项使整个受保护国采纳法定平均时间的计划联系上了殖民地政府。此前，东非的生活遵循的是当地时间，在像达累斯萨拉姆（Dar es Salaam）**这样更大的城市中，是通过鸣枪来宣布当地时间

---

\* 洛美，多哥首都。——译者注
\*\* 达累斯萨拉姆，坦桑尼亚首都。——译者注

的。[19]在那里,没有连接电报网络的传教士服务站和种植园,甚至没有报时枪(time gun)或电报时间信号可以遵循,而是利用简单的日晷来观测时间,或者仅仅基于太阳的位置和高度,并在天文年鉴的帮助下来推断时间。东非铁路最初使用他们自己的平均时间。每周一次,公司总部的铁路干事会通过邮局收到一个来自达累斯萨拉姆的时间信号,并且调校公司主钟,使其与它保持一致。1到2分钟的时差通常被忽略不计;在正常情况下,铁路官员不会调整时钟,直到下周,除非出现了严重的异常现象。因此,置于公司总部的主钟为人垂涎,它得到了保护,安全无虞,钥匙则藏在一个保险箱里。[20]

这类做法及其包含的广泛存在的不准确性,导致殖民地行政机构从1913年起开始考虑在整个殖民地范围内引入一个平均时间。怀疑论者认为,引入任何种类的平均时间,都将涉及与可视太阳时不可维持的偏离及可预见的问题。时间变革的支持者占优势地位。位于达累斯萨拉姆的殖民地政府最初赞成那条穿过乞力马廷代(Kilimatinde)镇的子午线,因为总的说来它坐落在靠近东西向中点的位置。很快,人们希望能够说服英国采纳一个与德国领地相结合的时间。[21]一旦这类期望落空,达累斯萨拉姆的德国官员便提议引入所谓的"莫希时间"(Moshi time),自1908年来便部署在英属东非的官方时间。部分行政人员对采纳外国殖民地时间表现出持续不安被视作"鼠目寸光的政治"(Kirchtumpolitik)而被撇在了一旁。最终,UTC+2:30时间,大致是穿过莫希(一个坐落在与今天的肯尼亚接壤的乞力马扎罗山下斜坡上的城镇)的经线的时间,于1913年10月得以采纳,充当德属东非的法定时间。因此,一直对采纳殖民地竞争者的时间和对遵守全球统一性有着种种担忧的德国官员,最终还是把地区的实际情况放在了优先的位置上。[22]

1912年到1913年间,德国殖民地引入平均时间,几乎与法国人、英国人,以及拉美人的努力同时发生。因此,第一次世界大战前的岁月见证了时间统一的另一高峰。在法兰西帝国,时间统一的发生与法兰西的大都市转换至格林尼治时间联系在了一起。多数法国领地似乎都在1911年和1912年采纳了以小时为范围的区时。加勒比海的英国领地——英属西印度群岛(British West Indies)和英属圭亚那(British Guiana)——则在1911年遵循了UTC–4时间。伦敦的官员们起先质疑采纳平均时间的效用,因为"在西印度群岛的气候中,即使是最佳计时器也缺少准确性"。在拉丁美洲,智利于1910年采纳了UTC–5时间。[23]

※※※

第一次世界大战后,又一波时间标准化浪潮袭来,这次是在非洲和拉丁美洲。这场战争造成哈布斯堡、俄罗斯,以及奥斯曼等古老陆上帝国的分裂,推翻了欧洲的政治。新开拓的诸民族国家,或是苏联这样的例子——一个前所未有的实验,起而代之。在殖民地的世界,战败的同盟国,德国和奥斯曼帝国,被剥夺了其殖民与帝国领地。然而,这些领土并未取得独立,而是被置于国际联盟的"托管"之下,一种主要由英国和法国管理的监护形式。政权更迭和战后的重新安排带来了行政重组,以及常常会出现的时间变化。在俄国和苏联,这些时间变化之一,本身值得独立地全面调查一番,因为经度的延伸、种族和宗教的多样性,以及1917年俄国革命过后政治变革之巨大,构成了一个有趣的例子:自19世纪60年代起,俄国在铁路线上遵循圣彼得堡时间(St. Petersburg time),但在其他方面则遵循当地时间,而在1919年至1924年间,俄国以及最终的苏联逐渐将其广袤的领土划分为11个时区。[24]

在非洲,很多殖民地于19世纪90年代通过选用一个主要城市的时间作为平均时间，将之部署在整个领土上。第一次世界大战过后，时间被改变成了反映以小时为基础的时区。在西非、尼日利亚（UTC+1）、黄金海岸（Gold Coast）*、阿散蒂（Ashanti）、北方领地（Northern Territories）（UTC）于1919年采纳了新的时间，而冈比亚（UTC-1）则在1933年踵武其后。在非洲大陆东部，坦噶尼喀领地（Tanganyika Territory），此前曾是德属东非，现在则是英国管理的国际联盟托管地，它把其标准时间由UTC+2:30时间改成UTC+3时间。肯尼亚也于1928年改变了它的时间，它比格林尼治时间要早3个小时，但到了1930年又变回过去的UTC+2:30时间。

20世纪30年代，频繁来回更改时间以及由此产生的地区时间差异，引起了住在非洲东部的欧洲人的担忧。1936年，非洲东部的联合商会（Associated Chambers of Commerce）发表声明，反对地区式拼凑的时间标准。它坚持认为，地区式拼凑有害于商业利益，而且会造成不必要的混乱，特别是在交通运输方面。肯尼亚基于UTC+2:30时间运转，坦噶尼喀基于UTC+3时间运转，两地的官僚都不愿意做出分毫让步。一场非洲东部殖民地总督会议最终产生了一项提议，即采纳比格林尼治时间早2小时45分钟的时间。一开始，肯尼亚殖民地的行政人员担心这会违背约定俗成的规则和传统。格林尼治天文台的皇家天文学家亲自回复道，虽然传统做法是采纳与格林尼治时间的差值是以整小时或半小时计的时间系统，但是，这种做法并没有同"华盛顿时间会议（Washington Time Congress）上达成的任何决定"相对立。此外，这位皇家天文学家还继续引证好几个其他英国附属国的例子，它们全都遵循着不齐整的平均时间：马来联邦（Federated Malay States）和海峡殖民地〔除了纳闽岛（Labuan）**和

---

\* 西非几内亚海岸。——译者注
\*\* 纳闽岛，今马来西亚沙巴州南部。——译者注

圣诞群岛（Christmas Islands）*]改变了最初执行的时间系统，而且自1930年起便遵循着UTC+7:20时间；马尔代夫遵循着UTC+4:54时间；亚丁（Aden）和英属索马里兰（Somaliland）**则使用UTC+2:59:54时间；拉布拉多和纽芬兰遵循UTC-3:31时间；英属圭亚那则遵循UTC-3:45时间。不需要进一步的说服，肯尼亚官员便于1937年过渡到了UTC+2:45时间。[25]

在拉丁美洲，科学共同体围绕平均时间的价值展开的种种争论，早在19世纪80年代于欧洲举行的各式相关国际会议中讨论时间统一的过程中就已经被唤起了，但是直到20世纪前几十年，行动方才随之出现。正如诸科学协会和期刊的迅速发展的景象所示，像巴西、阿根廷，以及智利这样的国家，把准确而统一的平均时间当作科学现代性（scientific modernity）的一个方面对待，这些社会当中的新兴中产阶级都心向往之。拉美科学家积极跟进其欧美同仁的成果，如果可行的话在国际会议上也是如此。作为所谓的先进的、文明的国家地位的证明，科学现代性为人所拥戴。无论是在城市规划、医药与疾病方面，还是在认同和记录方面，面对着对作为现代性象征的科学与理性的全球性迷恋这一世界范围内的世纪末（fin-de-siècle）特征，拉美也没能全身而退。[26]

在拉丁美洲这些有关平均时间的早期讨论过后，从地区科学国际主义中产生出了一种协调性的地区推动力。1901年，在蒙得维的亚（Montevideo）举行的第二届拉丁美洲科学代表大会（second Latin American Scientific Congress）上，一项支持拉丁美洲采用时区的决议得以通过。随后于1908年至1909年在圣地亚哥（Santiago de Chile）举行的第三届会议构想出一份类似提议。此时，各位代表接受指示，致力于说服本国政府采取行动。两年后，拉丁美洲科学代表大会与美洲国家国际会议

---

\* 圣诞群岛，位于东印度洋，今属澳大利亚。——译者注
\*\* 英属索马里兰，非洲东部一地区。——译者注

（International Conference of American States）协作，举行了会议，而后者于1910年改名为泛美联盟（Pan-American Union）。当美洲国家国际会议在19世纪八九十年代举办时，泛美运动在美国被人视为通过影响拉美国家做决定的方式来巩固"门罗主义"（Monroe Doctrine）传统下美国在西半球势力的工具。在科学代表大会和1910年更具备政治导向的泛美联盟的两次会议上，科学家们宣称，"对那些直到如今方采纳格林尼治时区体系的国家来说，从1911年1月1日起采纳它将助益非凡"。促成该提议的科学家包括：查尔斯·狄龙·佩林（Charles Dillon Perrine），一位任科尔多瓦（Cordoba）阿根廷国家天文台（Argentine National Observatory）台长的美国人；弗里德里希·威廉·里斯滕帕特（Friedrich Wilhelm Ristenpart），一名领导着圣地亚哥的智利天文台的德国人；以及理查德·塔克（Richard Tucker），另一名帮助运转阿根廷圣路易斯天文台的美国人，该天文台是一个由卡耐基基金会资助的机构。[27]

秘鲁可能是拉丁美洲首个将它的时钟设成与格林尼治时间相一致的国家。正是19世纪90年代一份参加一场在意大利举办的会议的邀请，引起了秘鲁科学家和政客们对统一时间的兴趣。意大利的科学家们说服意大利政府组织一场会议，谋求将耶路撒冷作为通用子午线（universal meridian）。向秘鲁当局发出邀请可能是招募天主教国家的尝试之一。[28]尽管意大利政府已经对该计划正式认可，但是博洛尼亚的科学学院（Academy of Sciences）里的罗马天主教圣保罗教士会的会士切萨里奥·通迪尼·德·夸伦吉（Cesario Tondini de Quarenghi）才是耶路撒冷子午线真正的鼓动者。费德里科·比利亚雷亚尔（Federico Villareal），秘鲁利马的科学院（College of Sciences）的一位教授认为，考虑到1884年华盛顿会议的决议，耶路撒冷不太可能会有希望。但是他承认，在华盛顿特区通过的决议并没有约束力。事实上，很少会有国家开始运用时区体系。他认为，当拉丁美洲由电报线连接着的领土日益增多时，秘鲁应是这些国家之一。此外，为了农业和其他科学进步，执行最精确的气象观测是必不可少的，而气象观测要求精确地测定时间。比利亚雷亚尔和与他同时代的拉美人，已经内化了对精确性和准确度的追求，这个追求也在驱动着他们的欧洲同事。[29]

20世纪伊始，秘鲁仍然缺少一个统一时间，而秘鲁人对这个话题表现出不间断的兴趣。1907年，利马地理学会（Lima Geographical Society）在其主席欧洛希奥·德尔加多（Eulogio Delgado）的领导下积极游说外交部，促进秘鲁的时间统一。在像利马这样的大城市里，市政、邮局、火车站，以及其他公共时钟，表现出了"相当大的"差异。同样的"不规则性"也困扰着其他城市。政府需要介入，以"防止人们感到迷惑"。[30]为了选择一个时区，科学家们把目光投向了美国。碰巧的是，东海岸遵循的UTC-5时间大致穿过秘鲁领土中部，这让这一时间很适合安第斯国家。随利马地理学会的倡议而来的，是比格林尼治时间慢5个小时的时间于1908年6月得到了采纳。新时间的执行和实现并非毫无阻碍。1910年，据报道，位于秘鲁东南部库兹科（Cuzco）那座宏伟大教堂里的时钟——"这是我们在埃尔库兹科（El Cuzco）唯一拥有的、以掌控公共部门的标准时间"，正如一位同时代的人所言——受到了损害，超过一周停止运转。当地市民不知所措，因为他们不信任另一个可用的替代品——市政府的时钟，"它总是与此前提及的那个时钟不一致"。一篇对库兹科的时间灾难进行描述的文章的作者，督促市政当局认真对待政府于1908年通过的决议，并在全国强制推行统一时间。只有在更有活力的时间政策的帮助下，在未来才能有更多可靠的时间，并且防止唯一信任的某个时钟的停摆引起的混乱。[31]

在巴西，政府将国家作为现代化引擎的治理动机，与国家科学共同体的出现汇合一处，推动了对统一时间的采纳。回到1884年的本初子午线会议，巴西代表受命于佩德罗二世皇帝（Emperor Pedro Ⅱ），在投票时与法国站在了一起。路易斯·柯尔斯（Luis Curls），这位里约热内卢帝国天文台（Rio de Janeiro's Imperial Observatory）台长则走得更远，彼时，他投票反对将格林尼治当作本初子午线，而非像法国那样弃权了事。与法国代表一样，克鲁兹在解释投票的理由时强调了需要中立的子午线，而不是一条贯穿具有国家意义的地方的子午线。可能是巴西与英国在奴隶制问题上进行的一场持续不断的冲突，使得唐·佩德罗（Don Pedro）站在了法国人一边；或者，这仅仅是一次抑制英国在世界上的影响力，并且间接地抑制其在拉丁美洲的经济和金融方面非正式力量的努力。此外，法国和巴西的天文学家在那些年中联系紧密。1874年到1881年间，里约热内卢的天文台由法国天文学家埃马纽埃尔·利艾（Emmanuel Liais）主持运行。[32]

等到巴西为本国建立一个新的平均时间，又过去了30年。1911年，一位巴西海军上校在巴西历史、地理与人种学研究所（Brazilian Historical, Geographic, and Ethnographic Institute）发表了一场演讲，而该研究所是一个像极了彼时欧美科学协会的机构。当拉德勒·德·阿基诺（Radler de Aquino）为争取巴西的时区而争辩时，他提到了国际通信、交通、商业，以及科学的需求。一如平常，他详细描述了时间混乱造成的严重情形：例如在桑托斯（Santos），圣保罗州的主要港口，铁路使用里约热内卢时间（Rio time），但是为了官方政府的目的，圣保罗州时间（São Paulo state time）也得到遵循；同时还存在着桑托斯当地时间。其他州同样会使用它们自己的时间。一年后，巴西天文学家努诺·阿尔维斯·杜阿尔特·达·席尔瓦（Nuno Alves Duarte da Silva）出席了1912年的巴黎国际时间会议。他归来时确信，巴西需要一个时间体系，并决心说服巴西国会。他成功了，新的时间法律于1914年生效以后，巴西被分成了四个时区，依照格林尼治的零度子午线推算。第一次世界大战以后，其他拉美国家紧随其后。乌拉圭原本在1908年将时钟设定为蒙得维的亚时间，1920年改换成了UTC–4时间。危地马拉从1918年开始遵守UTC–6时间。在阿根廷，自1892年来一直将科尔多瓦时间用作全国平均时间，到了1920年则改为UTC–4时间；乌拉圭在1920年选择了UTC–3:30；墨西哥则于1922年开始使用UTC–6时间。[33]

20世纪二三十年代可谓小型岛屿和更小的领地采纳平均时间的时期。在这些特殊的地方，平均时间最有可能遵循一项将时区延伸至公海上使用的决定。直到1920年，大洋和公海才受到时间的影响。即使在那些更少担心实际应用问题的科学家和官僚所提出的抽象计划中，时区体系都从来没有真正地束缚住地球。或许各个大陆之间一直存在着想象中的时区，它们能让人从格林尼治子午线数起，弄清美国东海岸的正确时区。但是，船只在航行时并未遵循这些时区，因为正式说来它们并不存在。海上计时是无据可依的，所以通常只能采用临时的解决方案。举例来说，英国船只常常会保留两个时间。一个是带上船的计时器的时间，它被设置成了格林尼治时间，用来为船只导航。另一套计时器管理船上的生活和记录事宜。这些时钟通常显示的是在正午时分经过调整的太阳时，若一艘船在两天中午之间航行了很长的距离，就要随时间的进程予以调整。这类变动完全有赖于船长们在观察太阳位置的过程中的判断，这就让船上的时间变得无法比较。

在过去，要确认航海记录中的事件的发生时间是颇为艰难的。第一次世界大战期间，航海位置的不可比较性引发了特殊的问题。战争的结束还遥遥无期，而且越来越多的国家被卷入漩涡，冲突也愈演愈烈。1917年，法国海军开始研究在海上建立时区的可能，从格林尼治的本初子午线上算起，就像确定陆上时区那样。1917年5月，伦敦举行了一场会议，与会者

133

是来自英国、法国，以及意大利的官员。此时正值战争高潮，而美国现在正式同德国及其盟友宣战。同年1月，德国恢复了无限制的潜艇战，在北大西洋击沉了不少美国船只。但是，这些进展都不足以说服汇聚在伦敦的军事与科学专家，让他们遵循海上时区；法国的方案被视为不切实际的做法。3年后，另一场这样的会议召开了，法国的提议随即再次出现。1920年的会议得出了结论，在领海以外的海上建立时区，可谓获得"海上计时统一性"的最实际的方法。法国海军起草了一份海上时区边界的方案，此后，舰船上时间的变化将会在每个小时与跨越的时区保持一致。[34]

现在随着大海在海图上标出了时区，好几个略小的岛屿领地也选定了平均时间。在这些地点当中，很多遵守的时间与格林尼治时间的差值是以半个小时或四分之一个小时计的。关于平均时间的设定必须与以小时为范围的时区相一致的观点，仍然没有达成共识。只不过渐渐地，许多怪异的分钟和半小时的差值被消除了。1929年，百慕大通过了一份《时区法案》（Time Zone Act），它在1930年把此前的UTC−3:45时间改为UTC−4时间。两年过后，所罗门群岛将时间从UTC+10:40时间改为UTC+11时间；位于西太平洋的吉尔伯特和埃利斯群岛（Gilbert and Ellice Islands）先前遵守当地时间，现在则使用UTC+12时间。[35]

在两次大战之间的岁月中，对平均时间的逐渐拥护与时间政治的另一方面有关。在欧洲和北美之外，时间统一引起的太阳时和新的平均时间之间的时差问题不断加大。在潮湿的热带，在撒哈拉以南非洲的沙漠与草原上的剧烈温差下，在中东夏季的炎热干燥里，殖民地官员认为自己生活在永久的非常状态当中。他们不停地与气候斗争，与那些他们试图征服并统治的土著人相比，气候对他们同样带有敌意。每时每刻，气候变迁都在威胁着殖民事业使其脱轨。日光与温度和湿度密切相关；要设定一个平均时间，即便与太阳的节奏稍有不同，温度和湿度的变化都会令当地的殖民者忧心忡忡。

殖民地世界的危险气候，早在平均时间引起行政人员注意之前就使他们十分苦恼。一种广泛存在的信仰遍及当时的医学话语，它认为，欧洲人在"种族的"层面上不适合在热带气候条件下进行体力劳动。这样的观点反过来推动殖民统治的政府官员与倡导者下定决心雇用当地劳动力。但在许多行政任务上，殖民地的领主们不愿意依赖未经训练的本地工人。因此，德国或其他欧洲的办公室职员发现，自己位于殖民地夏令时辩论所关注的中心。

当殖民地官员开始讨论为德国在非洲的殖民地选择统一的平均时间时，针对在柏林的上级提出的无知建议，他们摇头表示怀疑。作为对当地情况完全陌生的人，他们的提议"完全无视热带的时间情况"，达累斯萨拉姆的政府官员如此指责柏林的殖民部。在达累斯萨拉姆，欧洲人只能在当太阳升起，"成群的蚊子"和其他携带传染疾病的虫子冒出来之前，方可进行娱乐活动。[36]与气候紧密相关的是工作时间的问题。殖民地官员急切想要给政府不同部门的职员在工作时间上强加某种形式的统一。但至于何为最可行的解决方案，意见不一。带有很长的午休时间的工作时间，早晨开始得早、下午结束得早的工作时间，或者如铁道部要求的，将办公时间延长至下午晚些时分。无论个人喜好为何，对殖民地政府来说，在夏天或冬天，工作开始得早些或晚些以便遵守非正式的夏令时，这并非不常见。在德属西南非洲，司法机构下令规定了一个这类夏令时，用在10月和4月之间，彼时，工作时间将比一年当中其他时候早半个小时开始和结束。在这一切之中，缺乏准确的时钟和时间分发机制作为一个加重苦难的因素也经常被提到。[37]

到了殖民地行政机构为海外领地考虑规范而正式的夏令时时，像这样的德国殖民地已经不复存在，并转交给了新的统治者。像英国这样的其他殖民大国，无论是在此前属于德国殖民地、如今被国际联盟托管的地方，抑或帝国的其他地方，都对实行夏令时非常感兴趣。根据殖民地的环境，使用夏令时比采纳平均时间更让殖民地政府倾向于采取会增加现有时间系统的异质性的种种措施。1919年，黄金海岸（1957年改称加纳）把格林尼治时间作为其法定时间，同时将UTC-00:20时间合法化为3月到10月的夏令时。[38]同样，1932年，塞拉利昂政府致信伦敦的殖民部，宣布其夏令时计划。从10月到次年3月，时钟要提前20分钟。就像之前德国殖民地当局一样，塞拉利昂的英国殖民地官员认为，"向欧洲人和非洲人提供更多的白天娱乐时间颇为重要，这对热带地区的健康十分关键"。当地商会和弗里敦（Freetown）*市议会已经批准了这项计划。然而，伦敦并没有被说服。"我不认为有任何理由做出如此重要的改变"，一位殖民部官员这样答复来自西非的信件。[39]烦扰这位官员的，不是在一年的很大部分时间里，与时区系统不符的平均时间具有的"不规律的"属性，而是通过这样一个重要的法案仅仅是为了获得区区20分钟的日光的想法。塞拉利昂最终得以通过该提案，但是随着1939年战争的爆发，因为《紧急权力（国防）法案》［Emergency Powers (Defense) Act］的缘故，塞拉利昂不得不改为全年使用格林尼治时间。1946年2月，战时的修正成为永恒。[40]

在肯尼亚，殖民地的夏令时可谓一个特别有争议的事件。肯尼亚在1920年采纳了UTC+2:30时间。在整个20世纪20年代，肯尼亚的立法机关曾好几次考虑采纳"夏令时"，因为辩论的参与者和行政人员在交换意见时都提到了它。然而，得到讨论的，仅是通过把殖民地整年的时间都永久改变为一个与日光有着更有利联系的平均时间——UTC+3时间。[41]在时人的理解中，殖民地的平均时间与日光的效果密不可分，因此，多年来的磋商所指向的是将领地的平均时间永久改为"夏令时"的措施。在肯尼亚，

---

\* 弗里敦，塞拉利昂首都。——译者注

改善日光状况的第一次尝试可追溯到20世纪20年代初,彼时,立法委员会讨论了"一个作为标准的时区,它可使白昼时间得到更好的利用"。[42]在后来的年岁里,之前,时间问题还曾7次现出现在国会议程上,指导在1928年达成了一项解决方案。那一年,一个被称为施瓦策船长(Captain Schwartze)的男子,一位东非殖民地的欧洲居民,在此前的一次尝试以3票的微弱之差被挫败后,再次把夏令时的问题带到了肯尼亚的立法机构跟前。施瓦策对事情最终会得到解决抱有希望。[43]

之前微弱的失败导致一个委员会接受任命,负责从广泛的团体和职业当中收集关于这个提案优缺点的证据。对在炎热的热带气候下的健康和娱乐生活的担忧也推动了对一个带有夏令时优势的平均时间的采纳,而这一担忧曾经促使德国行政人员在20世纪初采取行动。如果时钟提前半个小时,殖民地的欧洲人口就能在工作结束后和黑夜降临之间多出半个小时的时间。负责夏令时的委员会解释道,"医学证据也有力地支持了这一观点",并强调了一个事实,即在热带地区,"普通个体需要大量的锻炼,而每天晚上的娱乐都会带来可观的收效,这些收效以精力、健康和活力的形式呈现"。

如同数年前的欧洲,反对意见倾向于通过采取不同于法律上强制调快时钟的手段来达到同样结果。为什么不通过法律勒令商店在4点半而非5点关门,因而可让员工"获得他们亟需的锻炼",反对意见如此问道。[44]一名议会成员,德拉米尔勋爵(Lord Delamere),一个在肯尼亚有影响力的英国殖民者,他还在为将时间理解为一个抽象的、移动的网络而努力。德拉米尔提醒道,在新时间制度下,职员将不得不在早晨7点30分而非8点开始工作。就像他在欧洲的同时代人一样,在德拉米尔想象的时间制度中,吃饭、睡觉,以及其他节奏都是固定的。在上午早起1个小时后,人们不能提前吃饭和睡觉。到了1928年,欧洲人仍在同抽象时间的种种特征搏斗着。[45]

即便在肯尼亚,一个有着大量欧洲人的殖民地,计时系统依旧处于一种临时状态。由于该殖民地缺乏一个准确的计时器和时间分发体系,许多农场依靠太阳时运作。立法委员会的一名代表对这方面不抱任何幻想。"根据观察我能说的一切,"他报告道,"即普通农场的一般时钟仅仅是一个机械装置,用来将昼夜的组合划为24个相等的部分。它与实际时间的关系一般是半个小时到45分钟的误差……这些时间与国家的标准时间的关系常常被忽略了。"最后,那份要将肯尼亚的时钟拨快30分钟、确定UTC+3时间为平均时间的提议以19票对12票获得通过。努力争取来的胜利没能阻止肯尼亚仅仅在两年后便转回UTC+2:30时间,因为当时受到了太多抵制。[46]

十多年以后的第二次世界大战期间,许多英国殖民地、受保护国,以及领地通过执行以节能为目的的夏令时,以支持英国的战争。然而,在随后的年月里,由于当地居民的抗议,这个实验在几个地方遭到了弃置。在南非,"最愤愤不平的反对者是农场主,他们无法改变日常生活以适应'夏令时'"。澳大利亚报告了同样的疑虑。"去年,大部分澳大利亚人有着很强的不满,尤其是农村居民,他们说夏令时打乱了他们生活的常规,他们的生活与城市居民的需求十分不同。"《澳大利亚时报》(*Times of Australia*)如此说道。[47]经过了1942年进行的一场一次性试验之后,英属贝专纳(Bechuanaland)\*保护国和西南非洲行政机构(曾经是德国的殖民地,现在归英国和国际联盟监护)决定在次年不恢复夏令时。欧洲人已经拒绝夏令时,而且不管怎样,"非洲人几乎没有受到影响,因为他们是从太阳那儿获取他们的时间"。在20世纪20年代初,随着托管统治的出现,以及英、法在地中海东部的势力,阿拉伯中东地区的领地引入了

---

\* 贝专纳,今非洲南部内陆国家博茨瓦纳。——译者注

UTC+2平均时间。战争期间，英国常驻开罗公使，"从统一性考虑"而采取行动，于1944年和1945年宣布埃及、巴基斯坦（如今的以色列/巴勒斯坦被占领土）、外约旦（如今的约旦）、叙利亚、黎巴嫩，以及塞浦路斯都采纳夏令时。[48]

\*\*\*

在以前的殖民列强关于时间变化的通信汇集档案中，殖民地的本地人几乎是缺席的。在精巧的计时与时间分配方案的帮助下，规训殖民地子民的各类尝试并没有在跨越地中海、印度洋以及大西洋的当地官员与柏林或伦敦的殖民部之间来回邮寄的通告中留下痕迹。有时，相反的情况似乎发生了——德国殖民地的白人官员的工作纪律，处于存在隐患的气候下的娱乐和工作休息的需要，都受到了仔细的考查。档案的沉默不应该得出这样的结论，即时间的测量和发配没有服务于对各殖民地社会的监视和控制，然而鉴于时间的不稳定性，哪种官方时间能够发挥这一功能是存疑的。

欧洲时间的主要说客似乎是传教士和当地劳工的雇主。在雇用非洲人和其他人从事位于纳塔尔或加勒比地区的甘蔗种植园、东南亚的橡胶种植园，以及南非的煤矿里的痛苦工作时，欧洲人让殖民地人民臣服于严酷的规训与惩罚制度。随着所谓的瓜分非洲的开始，大量廉价劳动力在很多欧洲国家内部被吹捧成殖民主义的巨大恩惠。当所谓的土著居民拒绝放弃自给自足的经济而去支持欧洲的雇佣劳动时，他们的殖民地统治者利用了大量旨在迫使非洲人求职的措施。剥夺和征用财产，过高的房屋税，以及结婚费——后者只能以殖民者发行和使用的货币来支付，这些都是最臭名昭著的胁迫土著居民成为雇佣工的方法。不愿执行与殖民地民族的文化、社会，以及宗教信仰相冲突的某些特定任务，通常会被视为怠惰。非西方社会被污蔑为怠惰的,而体罚便在意料之中了。[49]

此外,围绕时间的冲突也会从记号和计算的变化中浮现出来。英属纳塔尔殖民地的祖鲁人(Zulus)在计算月份时以月亮和星星为凭依,并且把一年分成13个月(moons)。一个周期大约28天,随后是一个月际(interlunary),一段无月时期,在此期间,人们敬重黑暗,并且放弃工作。殖民地官员、雇主,以及当地工人围绕着工人何时应得到报酬频繁发生冲突,因为欧洲的月份遵循的是不同的计算方法。[50]除了雇主之外,殖民地的传教士最为渴望让土著居民改宗,贯彻基督教的惯例和仪式。像位于开普敦的勒弗戴尔(Lovedale),由英国传教士管理的教会学校,由一套工作和学习紧密结合的生活规则管理,在那里没有"空闲"时间。通过输出他们组织时间序列和使用时间的方法,传教士深深地干预着土著的语言和想象。让和约翰·科马罗夫(Jean and John Comaroff)展示了英国传教士是如何系统地寻求改变南非土著茨瓦纳人(Tswana)的基本生存方式的,例如工作、住房,以及衣着。重组土著时间一直都是此类努力的一部分。一开始,其目的主要是赋予土著日常生活一种节奏和结构,从而打破"原始"社会永恒轮回特性的单调循环。[51]考虑到殖民地国家引用官方时间的不完整性和不稳定性,殖民地劳工制度和殖民地学校教育的残忍,至少是在最初的时候对非西方社会中真实与想象的时间构成了一种严重侵犯。

\*\*\*

除了殖民地国家和非西方国家对统一时间的缓慢接受,冲突是时间的不稳定性和多样性的另一肇因。在20世纪上半叶,战争、占领,以及随后脱离外国统治的独立,都是时间变革、夏令时推广等事件的强大动因。官僚机构确认的时间迟些时候才得到采纳,但总是变动不居。第一次世界大战期间，希腊于1916年引入雅典时间（Athens time）作为国家的平均时间，它比格林尼治子午线的时间大约快上一个半小时。1919年，战争结束后，希腊改为UTC+2时间。数月过后，驻君士坦丁堡的英国高级专员宣布，土耳其（名义上仍是奥斯曼帝国）一定要在这一年引入夏令时，并且希望看到希腊如法炮制。盟军在一个仍然处于战争状态的地区之间的频繁互动，使人们建议为方便协调的目的而采纳公共时间。希腊当局表示拒绝，并在精心准备回复的过程中获得了希腊国家天文台（Greek National Observatory）的帮助。[52]有一段时间，希腊与土耳其围绕东地中海的影响力、领土、人口，以及边界大打出手，政治原因肯定在说服希腊拒绝"土耳其的"夏令时的过程中起了作用。几乎还没过两周，希腊军队入侵并占领了安纳托利亚爱琴海沿岸的士麦那。作为大量希腊东正教信徒的家园，这座城市为希腊对奥斯曼土耳其领土的主张提供了佐证，这一志向是由盟军在战争时期对获取领土的承诺培育出来。大约一年后，希腊依然占领士麦那，其领土主张仍未得到解决，驻君士坦丁堡英国高级专员再次下令要遵守夏令时。士麦那的希腊当局拒绝执行他的指示，理由是会给城市居民带来不便。[53]

时区和平均时间偶尔会呈现出浮华的政治意义，这让人想起法国对"英国"时间的拒绝。作为日本帝国主义的受害者，朝鲜人开始直接体验到平均时间可能唤起身份认同和权力的潜力。随着日本于1910年吞并朝鲜而来的，是日本时间［Japanese time，后来，在另外一处占领地，日本用日本时间取代伪满洲国的中国时间（Chinese time）］。1954年，在韩国最著名的天文学家，李文乔（Lee Won Chol）的领导下，韩国决定引入UTC+8:30时间为"韩国标准时间"（"Korean Standard Time"），正好在中国（UTC+8时间）和日本（UTC+9时间）中间。对韩国人来说，日本时间是占领的"遗迹"。[54]此前，为了驻韩美军的利益，日本时间在韩国的应用一直都得到支持。正如一位英国外交官观察到的,美国拒绝了"韩国标准时间",理由是这会让他们与东京的美国总部的互动变得更加复杂,美国"巧妙地忽视了一个主权国家的诸多权利和地理事实"。"令人吃惊的是,"这位英国评论员继续说道,"美国人,在国内使用多个时区,竟然在这里显示出某种老派日本军国主义者的不灵活性。"美国军队终于屈服了,并让韩国激烈地摆脱了日本殖民主义的时间。1961年,这项改变就被作废了,韩国回到了UTC+9时间,尽管是以"韩国标准时间"的名义。[55]中国在沿海城市逐渐运用UTC+8时间以后,在1911年革命之后将整个国家划分为五个时区。然而,随着中华人民共和国于1949年成立,中国废除了这些时区,并为整个国家创造了一个时区,并沿用至今。考虑到中国的经度延伸情况,这可以说是全球化世界中将时间国家化的最为极端的例子。[56]

20世纪上半叶的剧变引起如此频繁的时间变革,以至于各政权都不能紧随其后。1919年,殖民部做了一项敷衍的尝试,要求殖民地和受保护国单方面地向伦敦报告已经采纳的时区,但这一努力似乎没有任何收效。4年后,位于伯尔尼的国际电报局(International Telegraph Bureau)联系上英国邮政总局,试图汇编一份全球正在使用的时间的清单。伯尔尼方面坚持认为,对特定英国殖民地和领地来说,这类信息很难获得,但邮政总局确实能够提供帮助。邮政总局必须转向殖民部寻求帮助,收集这些数据交到伯尔尼。殖民部无法找回需要的信息,只是开始在各地收集零散的信息。解决问题的办法主要是致信英国海外领地的行政机构,以获得完成这幅拼图所需要的信息。[57]就连皇家格林尼治天文台的管理时间的部门都坦言不知所措。"因为标准时间的频繁变动以及关于这类被接受的更迭(原文如此)之信息的缺乏",工作人员宣布无法提供最新的信息。那里既没有一个报告和记录时间变更的集中式体系,又没有一个朝向统一性的特定驱动力。英国在整个帝国时期处理时间的方式，具有人们描述为"未完成"属性和"项目性"特征。"英国的扩张并不是由官方设计推动的，而是由英国在国内的利益、国外的代理人和盟友造成的混乱的多元主义驱动的"，一位历史学家曾经如此描述帝国的政治。尽管规模较小，而且也不那么多样化，但其他欧洲帝国和殖民领地的结构或许看起来并没有那么不同。[58]

\*\*\*

只有到了20世纪50年代，频繁的时间变更方才尘埃落定。20世纪四五十年代，少数地区依旧坚持使用当地时间——亚丁湾和英属索马里兰使用UTC+2:59时间，加尔各答仍使用比格林尼治时间快5小时53分钟的当地时间，而许多国家依旧没有废除有30和45分钟偏差的平均时间。怪异现象照样存在。在厄瓜多尔首都瓜亚基尔（Guayaquil），时钟要比全国其他地方晚5分17秒。[59]然而渐渐地，或早或晚设定平均时间和夏令时的国家，不再与格林尼治时间相差好几个30分钟、15分钟，或同样常见的几分钟。截至20世纪50年代，提及一个统一的、大部分是以小时为范围的、包围全球的、只有少数地区除外的时区体系，最终成为可能。一系列因素似乎推动了这最后一波的统一浪潮。在不少技术层面，战争成为标准化的引擎，因为战争生产需要一个关于工业标准设定的经过严格组织的制度。第二次世界大战过后，国际标准化组织（International Standards Organization，ISO）于1947年在日内瓦成立，在福特主义式生产的高峰时期促进了工业和商业标准化。此类努力与国家政策相吻合，尤其是在美国。在那里，标准化对经济学家、工程师，以及其他人来说可谓一个关键概念。报道工业标准设定最新进展的杂志层出不穷。一个可能的推论是，欧美负责发展事业的官员、军事顾问,以及现代化的推动者,他们或许对时间标准化更加坚定,现在他们居住在新兴的第三世界,其使命是援助发展,传授专门知识。[60]

几十年来,对统一时区体系的实际需求,并没有产生足够的压力说服国内外的政府来推动实施。在一切事物和人都与其他每个人联系起来的全球化世界里,对这个世界的认知与意识形态,与在计时的问题上仍占主导地位的、地区和国家刻意追求的解决方案背道而驰。待在统一时间之外,而不会招致更大的政治和其他损失,似乎完全有可能。这一改变是渐进的。无论这是否预示着一个更普遍的趋势,英国航空公司(British Airways)的前身,帝国航空公司(Imperial Airways)还是在1937年致信格林尼治的皇家天文学家,并请求获得一些有关一小部分更偏远的地区的计时信息,它们包括伊拉克的巴士拉(Basra)、沙迦(Sharjah)*、卢克索(Luxor)**、蒙巴萨(Mombasa)***,以及贝拉(葡属东非)。[61]迄今为止,世界正在兴起的相互关联性,通过"世界"这个词被用来构成新的表达方式,或被一些语言中传达出对全球化世界意识的词汇与概念所表达。"世界时区"、"世界历法",以及有关"世界语"的讨论,只是其中几个例子。20世纪40年代起,作为一个形容词,"全球的"逐渐开始取代"世界"。如今,标题包含"全球的"一词的各式出版物,通常指涉的要么是战争,要么是航空,抑或二者兼有。像"从全球战争到全球和平""全球任务""全球地理""全球战争:世界战略图集""我们的全球世界:航空时代的简要地图""印度和全球战争"这样的标题,似乎在暗示着国防和军事利益与民用地理和航空实现了汇合。这超出了本故事的范围,但是在喷气式飞机的时代,战略与航空利益的融合可能最终产生了

---

\* 沙迦,阿拉伯联合酋长国中的一个酋长国。——译者注
\*\* 卢克索,今埃及中东部一座城市。——译者注
\*\*\* 蒙巴萨,今肯尼亚第二大城市,滨海省省会,城市中心位于蒙巴萨岛。——译者注

对更加统一的时间的实际需求，而现在更难放弃它了。[62]

以区域为基准的平均时间在世界范围内的传播，揭示了全球化的极端不均衡性。以领土为范畴对平均时间加以运用，不仅是拖延的、时好时坏的，而且它的传播还没有方向性，经常是在脑海里有着本地与国家（有时是地区）目标的当地官员的倡议之下进行的。在这个方面，统一时间的错综复杂，就像时间在诸如德国或法国这样的国家之中的迂回旅程那样，在那样的国家里，单个区域和城市在全国时间变更最终合法化以前，就采取措施引入了新的平均时间。同样，科学协会与社会也通过提醒殖民地和国家政府官员引入统一时间的可能性，充当着时间传播的媒介，正如他们在19世纪八九十年代的欧洲所做的那样。在19世纪浮现出数不胜数的、其目的是说服当权者统一时间的业余科学、地理，以及历史协会的成员为之争论着，这体现了全球化的意识形态：对一个在不断缩小的，由即时通信、快速交通，以及普遍的相互关联性构成的世界的召唤。这条漫长而艰辛的、通往抽象时间的且多半经过平均分配的24个区域（even-shaped zones）构成的网络，以及源自当地的行政人员与立法机构那些频繁而不稳定的变更的有形道路，与对相互关联性的感知与召唤完全背道而驰。在国家与地区一体化的考量不再与全球考量相悖以后，主要基于格林尼治的统一时区最终传播开来。只有在现代化动力、军事与航空利益相结合之后，仍然待在一个如今得到广泛使用的体系外部将变得愈发麻烦，时间统一才成为现实。但是到了20世纪中叶，为19世纪晚期这个相互关联的世界中的平均时间进行辩护的国际主义运动就已褪色。在没有国际主义站在自己这边的情况下，统一的时间取得了成功。这暗示了一个相互关联的、正在缩小的、注定要有统一时间的世界的必要前提，那就是一种从欧洲和北美的视角解读世界的方式，这种世界观与19世纪下半叶密切相关。

# 注释

1. Anthony Hopkins, "Back to the Future: From National History to Imperial History," *Past and Present* 164, no. 1 (1999): 198–243, here 238.

2. Giordano Nanni, *The Colonisation of Time: Ritual, Routine, and Resistance in the British Empire* (Manchester: Manchester University Press, 2012), 217; Daniel R. Headrick, *The Tools of Empire: Technology and European Imperialism in the Nineteenth Century* (New York: Oxford University Press, 1981), 10. 然而，此类技术的资产负债表总的来说更为混杂，因为电报与铁路会落入殖民地的子民手中，尤其是在危急关头。

3 据我所知，罗列了全世界各个国家首次采用平均时间的一个资料是Thomas G. Shanks, *The International Atlas: World Latitudes, Longitudes, and Time Changes* (San Diego: ACS Publications, 1985). 尚克斯在书中提供的部分信息与一些档案证据相左，因此，其他时间标示也可能不准确。

4. BNA CO 28/244, Government House, Barbados, to Minister of Colonies Joseph Chamberlain, December 22, 1897.

5. 关于德国，参见Andreas Daum, *Wissenschaftspopularisierung im 19. Jahrhundert: Bürgerliche Kultur, naturwissenschaftliche Bildung und die deutsche Öffentlichkeit, 1848–1914* (München: Oldenburg, 2002), esp. ch. 3; 关于英国，参见Bernard Lightman, *Victorian Popularizers of Science* (Chicago: University of Chicago Press, 2007), 以及后来的, Peter J. Bowler, *Science for All: The Popularization of Science in Early Twentieth-Century Britain* (Chicago: University of Chicago Press, 2009); 关于美国，参见Ronald C. Tobey, *The American Ideology of National Science, 1919–1930* (Pittsburgh: University of Pittsburgh Press, 1971).

6. BNA CO 28/244, Government House, Barbados, to Joseph Chamberlain, December 22, 1897.

7. BNA MT 9/652, copy of a minute by the Chief Surveyor, March 16, 1900.

8. BNA MT 9/652, Colonial Secretary for Singapore to Resident-General, Federated Malay States, Singapore, April 20, 1900; BNA MT 9/652, Colonial Secretary for Singapore to Board of Trade, Singapore, September 8, 1900; BNA CO 273/588/7, memorandum Daylight Savings Ordinance, December 31, 1932.

9. BArch R4701/207, newspaper clipping, Ostchinesischer Loyd, January 2, 1903; R901/37727, German Consulate Singapore to Foreign Office, Singapore, January 5, 1905.

10. RGO 7/146, Royal Observatory at Cape of Good Hope to Secretary of the Admiralty, Cape Town, February 2, 1892.

11 RGO 7/252, Colonial Office to Astronomer Royal, London, July 10, 1891; RGO 7/252, Colonial Office to Astronomer Royal, London, December 23, 1892; BArch R1001/6190 Ministry of Foreign Affairs to German Government in Windhoek, Berlin, April 15, 1903; 坦桑尼亚国家档案(Tanzania National Archives, 此后即TNA) G8/12, German consulate in Mozambique to German government in Dar es Salaam, July 7, 1912.

12. BArch R1001/6190 High Commissioner South Africa, Johannesburg, September 1902; Imperial Postal Services, Swakopmund, November 5, 1902; Imperial Post Office, Windhoek, October 8, 1902; letter, January 26, 1907.

13. BArch R1001/6190, Foreign Off ce to German Government Windhoek, Berlin, April 15, 1903

14. National Archives of Namibia (hereafter NAN) ZBU 81: A. II. vol. 1,

Imperial Post Office to Imperial Railway Directorate, Swakopmund, November 5, 1902; BArch R1001/6190, Windhoek, February 1909.

15. BArch R1001/6190, Secretary of State at Colonial Offce, Berlin, December 19, 1908.

16. NAN BWI 26: B. II. n, letter, Windhoek, February 16, 1909.

17. NAN BWI 26: B. II. n, Secretary of State at Colonial Off ce to Governor of German Southwest Africa in Windhoek, Berlin, March 12, 1909; BSW 72: B. II. m, letter, Swakopmund, November 26, 1912. Mayor of Swakopmund to District Office, November 25, 1912; District Offce Lüderitzbucht to District Office Swakopmund, December 11, 1912.

18. BArch R1001/6190 Government of Togo, Lome, January 7, 1914; Berlin, February 21, 1914; Government of Togo, Lome, April 12, 1914.

19. BArch R1001/6190, Dar es Salaam, January 12, 1912; TNA G8/12, letter to Colonial Office, January 14, 1913.

20. BArch R1001/6190, East-African Railroad Company, Dar es Salaam, January 12, 1912; memorandum, March 19, 1912.

21. BArch R1001/6190, Dar es Salaam, April 11, 1913.

22. TNA G8/12, Dar es Salaam, n.d., April 1913; letter, Dar es Salaam, June 5, 1913; RGO 8/84, Colonial Off ce to Astronomer Royal, May 21, 1919; TNA G8/12, to Colonial Off ce, Dar es Salaam, January 14, 1913.

23. BNA CO 28/277, Government House Barbados to Colonial Office, October 3, 1911; Shanks, International Atlas, 80.

24 关于托管制，参见Susan Pedersen, "Back to the League of Nations: Review Essay," *American Historical Review* 112, no. 4 (October 2007): 1091–1117, and Pedersen, "Getting Out of Iraq—in 1932: The League of Nations

and the Road to Normative Statehood," *American Historical Review* 115, no. 4 (2010): 975-1000, and Pedersen's forthcoming book on the topic, *The Guardians: The League of Nations and the Crisis of Empire* (Oxford: Oxford University Press, 2015).

25. RGO 8/84, An Ordinance to Amend the Interpretation Ordinance, 1914, September 1, 1919; Colonial Office to Astronomer Royal, August 15, 1919; The Determination of Time Ordinance, Gold Coast, November 24, 1919; Colonial Office to Royal Observatory, February 7, 1933; Colonial Office to Royal Observatory, August 23, 1928, Colonial Office to Royal Observatory, January 14, 1926; Royal Observatory to Colonial Office, August 24, 1928; Colonial Office to Royal Observatory, July 18, 1936; Astronomer Royal to Colonial Office, July 21, 1936.

26. 作为阿根廷与科学现代性谈判的一例，参见Julia Rodriguez, *Civilizing Argentina: Science, Medicine, and the Modern State* (Chapel Hill: University of North Carolina Press, 2006).

27. Nicolás Besio Moreno and Estban Larco, "Husos horarios: hora legal en Argentina," *Anales de la sociedad científca Argentina* 70 (July 1910): 397–399, here 398; Richard H. Tucker, "The San Luis Observatory of the Carnegie Institution," *Publications of the Astronomical Society of the Pacific* 24, no. 140 (February 1912): 15–51.

28. Federico Villareal, "Informe del catedrático de la facultad de ciencias Dr. Don Federico Villareal, sobre la conveniencia de adoptar un meridiano Universal,"*Anales universitarios de Perú publicados por el Doctor D. Francisco Rosas* 18 (1891) (Lima: Imprenta de F. Masias y Cia., 1891): 25–35, here 25.

29. Ibid., 27, 31–32.

30. Eulogio Delgado, "Hora of cial en el Perú (Standard Time)," *Boletín de la sociedad geográphica de Lima* 22 (1907): 39–41, here 39.

31. Fortunato L. Herrera, "El 'Standard Time' y la hora ofcial para el Cuzco," *Revista de ciencias: Publicacion periodica redactada por professores de la facultad de ciencias y escuela de ingenerios* 13, no. 8 (August 1910): 174–178, here 175; and Fortunato L. Herrera, "El 'Standard Time' y la hora ofcial para el Cuzco (concluye)," *Revista de ciencias: Publicacion periodica redactada por professores de la facultad de ciencias y escuela de ingenerios* 9, no. 9 (October 1910): 205–210, here 208.

32 Ronaldo Mourão and Rogério de Freitas, "Hora legal no Brasil e no mundo," *Revista do instituto histórico e geográfco Brasileiro* 434 (January–March 2007): 159–188, here 170; Antonio de Paula Freitas, "O meridiano inicial," Boletim da sociedade de geographia do Rio de Janeiro 1, no. 1 (1885): 161–175, here 171; Mônica Martins and Selma Junqueira, "A legalização da hora e a industrialização no Brasil," paper presented at the XXI *Jornadas de História Ecónomica*, Buenos Aires, September 2008, 6, 11.

33. Mourão and Freitas, "Hora legal," 171, 178–181; Martins and Junqueira,"Legalização da hora," 5; RGO 8/84, Republica Oriental del Uruguay to Royal Astronomer, Montevideo, April 26, 1920; Virgilio Raffnetti, *Descripción de los instrumentos astronómicos del observatorio de La Plata, seguida de una nota sobre los adelantos más recientes de la astrônoma* (La Plata: Talleres de Publicaciones del Museo, 1904), 197.

34. BArch R3001/7864, memorandum, Time-keeping at Sea, passed on to German authorities, January 26, 1920; "Standard Time at Sea," *The Geographical Journal* 51, no. 2 (February 1918): 97–100.

35. RGO 8/84, Bermuda, Time Zone Act, November 8, 1929; RGO 8/84, Colonial Office to Royal Astronomer, July 6, 1932.

36. BArch R1001/6190, undated memorandum, German-East-African Uniform Time.

37. BArch R1001/6190, Imperial High Court, Windhoek, May 9, 1906; order, Windhoek, September 18, 1906; Windhoek, September 10, 1906.

38. RGO 8/84, Colonial Office to Royal Observatory, November 18, 1932.

39. BNA CO 267/639, Government House Sierra Leone to Colonial Office, October 17, 1932; internal note, November 9, 1932; Colonial Office to Royal Observatory, March 19, 1938.

40. BNA CO 267/687, An Ordinance to Amend the Alteration of Time Ordinance, 1932, February 7, 1946.

41. BNA CO 533/380/8, Kenya Legislative Council, Report of Select Committee on Daylight Saving, n.d., 28.

42. BNA CO 533/380/8, Kenya Legislative Council, Motions, Daylight Saving, May 11, 1928, 72.

43. Ibid., 79.

44. Ibid., 74.

45. Ibid., 80, 75.

46. Ibid., 88, 96; RGO 8/84, undated Note to Mariners; see also Colonial Office to Astronomer Royal, February 18, 1930.

47 BNA DO 35/1123, Statutory Rules, 1942, No. 392, Regulation under the National Security Act 1939–1940, September 10, 1942; Statutory Rules, 1943, No. 241, September 29, 1943; newspaper clipping "Daylight Saving Dropped," no source, registered July 1, 1944; newspaper clipping "Australia to

Drop Summer Time," *The Times of Australia*, August 28, 1944.

48. BNA DO 35/1123, High Commissioner's Office Pretoria to Dominion Office, Pretoria, September 5, 1943; FO 371/41524, Resident Minister Cairo to Foreign Office, February 14, 1944; FO 371/24320, Home Office to Foreign Office, January 11, 1940, on Cyprus; 还可参看FO 371/46118, March 26, 1945; RGO 8/84, Colonial Office to Royal Observatory, June 20, 1940, on Malta.

49. Keletso Atkins, The Moon Is Dead! Give Us Our Money! The Cultural Origins of an African Work Ethic, Natal, South Africa, 1843–1900 (Portsmouth, NH: Heinemann, 1993); see also Frederick Cooper, "Colonizing Time: Work Rhythms and Labor Conflict in Colonial Mombasa," in *Colonialism and Culture*, ed. Nicholas Dirks (Ann Arbor: University of Michigan Press, 1992), 209–245; Alamin Mazrui and Lupenga Mphande, "Time and Labor in Colonial Africa: The Case of Kenya and Malawi," in *Time in the Black Experience*, ed. Joseph K. Adjaye (Westport, CT: Greenwood Press, 1994), 97–119, here 98. 关于传教士、殖民劳动以及时间，参见Nanni, *Colonisation of Time*, 200.

50. BNA FO 286/712, French Foreign Ministry to Foreign Office, April 26, 1919.

51. Nanni, *Colonisation of Time*, 3, 192. John L. Comaroff and Jean Comaroff, *Of Revelation and Revolution*, vol. 2: *The Dialectics of Modernity on a South African Frontier* (Chicago: University of Chicago Press, 1997), 300.

52. BNA FO 286/712, French Foreign Ministry to Foreign Office, April 26, 1919.

53. BNA FO 286/725, British High Commission Constantinople to Foreign Office, May 13, 1920.

54. BNA FO 371/110642, British Legation Seoul to Foreign Office, March

22, 1954, 1.

55. Ibid., 2.

56. Ibid., 2.

57. BNA CO 323/815, Royal Observatory to Colonial Office, July 22, 1919; CO 323/904, Bureau International de l'Union Telegraphique to General Post Office, Berne, April 18, 1923; General Post Office to Colonial Office, April 27, 1923; undated memorandum, Heure légale in British colonies; DO 35/1123, Royal Observatory to Dominions Office, January 26, 1944.

58. John Darwin, *The Empire Project: The Rise and Fall of the British World-System,* 1830–1970 (Cambridge: Cambridge University Press, 2009), esp. chp. 3.

59. BNA DO 35/1123, Table Showing Standard Times Kept in the Dominions; RGO 8/84, The Robert Ramsay Organization to Royal Observatory, New York, April 9, 1930.

60. 参见Nils Gilman, *Mandarins of the Future: Modernization Theory in Cold War America* (Baltimore: Johns Hopkins University Press, 2003), and David Ekbladh, *The Great American Mission: Modernization and the Construction of an American World Order* (Princeton, NJ: Princeton University Press, 2010),这两本书是论及所谓的第三世界发展努力的历史的越来越多的文献中的两个例子。关于战争与技术创新，参见Friedrich Kittler, Gramophone, Film, Typewriter, trans. Geoffrey Winthrop-Young and Michael Wutz (Stanford, CA: Stanford University Press, 1999)一书中关于打字机的那章。

61. RGO 8/84, Royal Observatory to Imperial Airways LTD, March 19, 1937.

62. Edgar Ansel Mowrer and Marthe Rajchman, *Global War: An Atlas of World Strategy* (New York: W. Morrow and Co., 1942); Leonard Oscar Packard, Bruce Overton, and Ben D. Wood, *Our Air-Age World: A Textbook in Global Geography* (New York: Macmillan Co., 1944); George T. Renner, Global Geography (New York: Thomas Y. Crowell, 1944); Grace Croyle Hankins, *Our Global World: A Brief Geography for the Air Age* (New York: Gregg, 1944); Leon Belilos, *From Global War to Global Peace* (Alexandria: Impr. du commerce, 1944); Henry Harley Arnold, *Global Mission* (New York: Harper, 1949); Herbert Rosinski, *India and the Global War* (Cambridge, MA: American Defense, Harvard Group, 1942).

# 第四章　殖民地时间大战

全球化的不均衡性，不仅仅体现在统一时区和平均时间的传播当中。不均衡的全球化，还导致"革新的"时间与古老的时间共存，以及正如在夏令时的例子中所观察到的，还导致时间规范与对自然的和生物物理的（biophysical）节奏的结合。在非西方世界，这类混合时间常常源自统一而革新的时间、当地信仰，以及对时间进行阐释的一种融合。在非西方社会中，对欧美时间的回应、再阐释、拒斥，以及采纳，是由欧洲人在遥远海岸上遭遇到的，或力图建造的社会和政治组织结构塑造而成的。由于欧洲的殖民统治在各地持续的时间和强度存在很大差异，当地社会接触到被强加的异己时间概念的方式和制度也相应存在不同。

那些受过教育、接触过欧洲课程的殖民地子民，如今供职于同多样化的时间相联系的开放空间，如欧洲的行政机构、办公室，以及生意场的低等职位，但对此却并不总是报以感激。在殖民地的工作场所中，采纳官方平均时间的风险是显而易见的。民族主义的政治则是另一个这样的场所。例如在印度这一殖民地语境中，截至19世纪晚期，英国人的存在已经超过一个世纪，因此催生出一个受过英式教育的中产阶级，这个阶级开始谨慎地质疑英国统治（Raj）\*的方方面面。因此在英属印度，特别是在孟买，针对英国在次大陆上采纳格林尼治时间的计划的回应是由一种当地的与

---

\*　Raj，1947年前英国对印度的统治的代号。——译者注

国家的、印度的和孟买的身份认同的特殊融合推动而成的。英国官员可能会把拒绝服从英国时间看作是无法克服的落后的证明。但是，印度对运用孟买当地时间而非殖民者的时间的坚持，成为"印度"民族集体身份的象征，因而是印度政治现代性的一个重要特征。对殖民者的时间的拒斥，既构成了一种创造历史和身份的尝试（这些历史和身份并非根据英国就一切事物所持的时间尺度予以衡量），也拒绝了印度在通用时间的全球地图上被指定的位置。

※※※

截至19世纪末，英属印度已经成为帝国的关键部分。经济上，英国与印度的贸易顺差抵销了与德国、美国的贸易不断增长的赤字，使得英国和印度都变成一个有着多边关系的复杂体系的中枢。军事上，印度军队发展成了一个重要的战略储备，不仅是为了确保英国在次大陆上的统治，而且，如果有需要的话，也是为了保护它在亚洲全境的利益。财政上，印度的收益帮助释放了伦敦市的资源以用于投资其他地方，此外，还促成了以伦敦为中心的金本位制货币体系。然而，哪怕是在这里，大英帝国的心脏，殖民地国家也只是较晚且勉强地统一了其治下正在使用的几个时间体系。[1]

如果说殖民地的英国官员行动迟缓，那么，同欧洲和北美以外的地区的联系日益加强的科学组织和协会则热切地填补了这一空白。只有在这些组织的刺激下，英属印度政府才在按理说是帝国基石的地方实行了单一时间。一旦它这般行事，其部分子民的反应可谓饱含敌意。平均时间在整个印度的引入，与英国人在印度制定的其他一些多半不受欢迎的措施相一致。新的时间体系激怒了早期的印度民族主义者，他们正小心翼翼地开始描绘未来印度的自治（self-government）。有一座特殊的城市成了英国当局和殖民地社会之间长期冲突的舞台：孟买，一个位于印度次大陆西海岸的商业与知识中枢。时间变革，以及与英帝国统治者强加的时间的接触，使得当地城市身份、全球一体化，以及民族共同体和民族主义者共同体的锻造之间出现了可见的、不同规模的相互作用。

19世纪下半叶，孟买城经历了深层的变革。距这块次大陆很远的外部世界发生的事件，在这些变化中扮演着重要的角色：在美国内战期间，美国的棉花生产与出口被无限期叫停，这就迫使英国的纺织业要在其他地方确保其原材料的供应。英属印度成了这些出路之一，而孟买，印度在西海岸上的门户，负责了大部分的棉花出口。美国的内战使孟买迎来了名副其实的繁荣。虽然这种增长状态没有持续，但是该城的商人们很快便发现了其他获利匪浅的事业，既能受益于次大陆先前完工的基础设施项目，从全球来看又能受益于苏伊士运河的开通。这条新的通衢，一下子缩短了孟买与伦敦之间航程的40%以上。[2]

伴随着孟买引人注目的商业崛起的，是该城社会和知识结构的变化。孟买的地理位置一直都使其成为各式各样的贸易共同体的中枢，这些特质因孟买对英国体系与日俱增的重要性而得到巩固。资本的流入吸引了来自邻近地区的富有的企业家，以及来自南亚次大陆更偏远地区的外来劳工来到该城。同样，该城本就斑驳的，主要由印度教教徒、穆斯林，以及帕西人（Parsis）\*构成的宗教景观，也在这类流动的进程中变得愈发多样化。这些主要是因为得到改善的通信和交通而得以维持的纽带意味着，"截至19世纪，孟买的经济与政治影响力无疑是波及全国的"。[3]流露出自信的孟买市民把自己视为文化和政治趋势的先驱，宣称他们的城市为"印度第

---

\* 帕西人，也作Parsees，即波斯人，为了逃避穆斯林的迫害而从波斯移居印度的琐罗亚斯德教徒后裔。——译者注

一都市"（*Urbs Prima in Indis*）。该城的景象可谓是生机勃勃，当地报纸以各种语言发行，好几个协会与民间社会组织经常举办有关政治和智识事务的激烈辩论，并且共同催生出一个活跃的公共领域。[4]

正是在这座城市，一趟被错过的火车再次创造了历史。1881年，英国驻孟买总督詹姆斯·弗格森（James Fergusson），没能通过他的车票计算出自己的行程，彼时，同时存在的多种不同时间与时刻表，并被运用在孟买全境的铁路线、电报，以及当地市政厅大楼。弗格森抵达车站已经迟了，而当火车没有载着总督便离开时，可想而知他对一切与时间有关的事物都生出"怒气"。[5]一个想法诞生于这一困扰，即统一这个地区正在使用的各个时间体系。在孟买城周围的更大行政单元，孟买管辖区（Bombay Presidency）以内，好几个时间被保留了下来：孟买和浦那（Poona）*拥有各自的当地时间；艾哈迈德巴德（Ahmadabad）**则遵循马德拉斯时间（Madras time）***。弗格森的措施将要满足一个双重目标：克服铁路时间与孟买遵循的其他时间之间的不一致；克服管辖区内的其他差异。[6]

在加尔各答，弗格森或任何旅行者将遭遇到类似的时间大杂烩，正如几年过后一位对更统一的时间的倡导者对这个持续困扰的问题的描绘。"我们不该再让邮政总局外面那个时钟显示一个时间，而让豪拉斯（Howrath）站台上的时钟显示另一个时间"，这一抱怨所指的是加尔各答主要的火车站时间。在更统一的时间制度下，这份报告继续道："旅行者不必再繁杂地算出何时（当地时间）不得不离家赶火车，而它在另一个

---

\* 浦那，位于印度西部，在孟买东南方约140千米处，马哈拉施特拉邦（Maharashtra）第二大城市。——译者注

\*\* 艾哈迈德巴德，印度—西部城市。——译者注

\*\*\* 马德拉斯，金奈（Chennai）旧称，印度第四大城市，泰米尔纳德邦（Tamil Nadu）首府。——译者注

时间（马德拉斯时间）驶出。如果他要去缅甸，或沿河而上前往阿萨姆邦（Assam）[*]，当抵达目的地时，他不需要焦急地打听当地正在使用的时间，因为它将完全等同于他的手表所显示的时间；如果他要朝马德拉斯、孟买，抑或德里的方向旅行，他必须记住的只是那儿的时间正好比他的手表显示的时间要晚1个小时。"[7]在孟买，共存的多个时钟时间同样混杂着，弗格森总督只是忘记考虑他所在的城市的时间和铁路时间或马德拉斯时间之间的差异。

在这数十年里头，苏格兰裔加拿大工程师桑福德·弗莱明，全球时区系统的最初发起人之一，在各个会议和代表大会上频繁发言，他通过提到自己因时刻表与当地时间的模糊关系而在苏格兰错过火车这段经历，对时区概念大加赞美。弗莱明的经历，可能与围绕着孟买总督的都市传说有关，也可能没有。无论如何，1881年11月8日，弗格森启动了他的计划，并告知孟买市民："自1881年12月1日起，马德拉斯时间将用于所有政府控制下的部门，而且应当是用于一切目标的官方时间。"[8]为了统一性，除了政府和铁道之外，公众也获邀接受马德拉斯时间。马德拉斯时间比孟买当地时间大致早40分钟。从19世纪50年代起，较短的本地与区域铁路线开始在这块次大陆上扩张并连接，这个时候就有必要为主要铁路分支制定一个首要的时间标准。在公众没有给予太多关注的情况下，马德拉斯时间自1862年起就用于电报，而在铁路方面的运用则始于1870年。[9]

1881年马德拉斯时间引入孟买城完全出乎当地百姓的意料。各家报纸很快便反对这项举措。一家报纸的话所说的"没有很好的理由"，即总结了这些反应。另一个泄愤式的观点则认为，虽然马德拉斯时间在政府部门的情况或许可以预料到，但是，该城公共时钟肯定会继续使用当地时间，因为没人能够想象真正的太阳时被一个新的时间标准取代。孟买的英国和

---

[*] 阿萨姆邦，位于印度北部。——译者注

印度居民开始用英语和印度语致信孟买最为人广泛阅读的期刊的编辑。其中一个反复出现的抱怨是，新时间改变了日常生活的节奏和白昼与黑暗之间的关系。在马德拉斯时间下，因为被调快的时钟，政府职员被迫"提早"半个小时起床，留给他们的选择，要么是摸黑起床，要么是快速用完早餐，草草通勤。马德拉斯时间有着把日出与工作之间的时间缩短半个小时的影响。这类抱怨预示了有关夏令时的种种讨论，大约20年以后，它们会折磨起身处欧洲的英国观察家们来。[10]

其他批评直指时间变更带来的混乱与误解。一位用笔名为"反对专制"的读者哀叹说，在马德拉斯时间引入以前，对多个时间进行比较只对乘坐火车出行来说才算必要。而现在，生活的每个瞬间都需要比较。甚至是简单的两人会面都需要提问："假如我遵循并使用的是马德拉斯时间，我怎么知道约翰和史密斯也是一样呢？"另一位读者则描述了孟买市政府成员的一场集会（也即当地政府的一个机构），由于时间的变更，与会者抵达时或提前或迟到了半个小时。[11] "困惑"和"误解"是1881年11月后描述孟买出现的情形时最频繁用到的词。政府的造船厂和警察局使用新的马德拉斯时间；圣托马斯大教堂的时钟已经调成了马德拉斯时间；在私人办公室、学校，甚至是高等法院，却仍在使用孟买时间。"因此很多人都感到了极大的不便"，《孟买新闻》（*Bombay Samáchár*）写道。[12] 如同在欧洲那样，部分人士选择把时间的变化想象成仅仅是命名的变化。"我们现在所谓的6点，将来则会被要求称作'6点半'"，这份英国报纸的一位印度读者解释道。这样的修正根本不需要改变习惯。那些在10点（在"真正的"太阳时下）抵达工作场所的人，仍然在那个时刻工作，只不过是转而称其为10点半。[13]

就像在巴黎和柏林一样，在孟买，旧习难改。弗格森总督同19世纪的其他官僚一样，经历了一番苦困方才知晓，命令使用新时间并不能保证它被认真对待。在弗莱明那备受争议的措施通过后的数年里,讨论和抱怨从未完全止息。迟至1883年,《孟买公报》(Bombay Gazette)不无幸灾乐祸地评论道:"不妨顺便提及,马德拉斯时间不曾被引入任何一家孟买俱乐部。"[14]另一篇文章指出,公共时间没有多少改善。"如今向公众展示的很多时钟被认为对公共信息毫无用途,因为它们都是乱七八糟的,正确的计时钟(time clocks)的可用性,都被错误的计时钟给抵消了,除了少数知道碰巧具体哪个时钟表示哪个时间的人之外。"[15]

在当局与当地市民之间的斗争中,孟买大学的时钟变成一个备受争议的对象。这个钟塔在1882年从英国海运过来,并安装完毕,但大学很快便意识到他们缺少在夜间照亮钟面的费用。筹资的努力把市议会拉上船,但是,议会成员明确规定该钟须显示孟买时间。弗格森总督不以为然,除了"他的"马德拉斯时间外,他拒绝批准提供时钟展示其他任何时间的资金。然而,他愿意为照亮一个设定成马德拉斯时间的时钟付费。1883年4月,本身支持孟买时间的孟买商会(Bombay Chamber of Commerce)成功驱使大学评议会(university senate)针对显示马德拉斯时间抑或孟买时间的问题进行公决。[16]在绝大多数人的支持下,这所大学选择了孟买时间,这导致市政当局立即切断显示"非官方时间"时钟的维持和照明的资金支持。政府当局毫不倦怠地反复强调,"鉴于这个时钟将沿用孟买时间,因此省里不会拨出一个卢比,好让市民们看到它没有采用'官方'时间"。[17]

1883年4月,公众对孟买的时间问题的失望达到最高潮。各家报纸接连不断地要求应当恢复孟买当地时间,直到詹姆斯·弗格森总督最终屈服于占据优势的公众的压力。为了挽回颜面,弗格森试图归罪于商会。据说是商会推动了马德拉斯时间在1881年引入;而如今,两年过后,同一机构却变心了。由于商会不再相信孟买遵循马德拉斯时间是有益的,1883年3

月，政府便随之而动，下令回到孟买时间。无论责任归咎于谁，在媒体上，弗格森的回心转意被歌颂成民意对政府的胜利。1881年至1883年，英国政府将当地时间改为铁路时间的尝试引发了孟买城内英国和印度居民的反对。形塑了这些反应的，是一种强烈的当地城市认同，它拒绝接受把一个敌对的印度大都会的时间当作新的平均时间。[18]

\*\*\*

随后的15年里，在整个次大陆上，官方时间基本上没有发生改变。时间依旧多种多样，马德拉斯时间或铁路时间得到零星的运用。一份1903年的报告估计，在某种程度上，马德拉斯时间在旁遮普（Punjab）、俾路支（Baluchistan）、信德省［Sindh，卡拉奇（Karachi）除外］、联合省（United Provinces），以及马德拉斯管辖区为人所遵循。缅甸遵循着仰光时间（Rangoon time），而印度其他地区则认可某些版本的地区或当地时间。[19]只有当欧洲的科学协会和组织日渐依赖包含愈发广布的分支和联络点网络来获取关于时间运用的信息时，统一时间的问题才再次回到英属印度和别的殖民地行政人员的议程上。1897年10月，英国科学促进协会（British Association for the Advancement of Science）下属的地震调查委员会（Seismological Investigation Committee）的一名教授兼成员向伦敦殖民部提出了一个请求。这项提议经过层层转手，最终落到印度政府面前。正如这位科学家所解释的那样，他正准备出一本书，罗列"世界各地的当地时间与格林尼治平均时间的差异"，他希望这个工具能证明其对精准预测地震时间是不可或缺的。类似这样的列表有助于在整个大英帝国宣传计时的"情形"，唤醒了对当前混乱局面的认识。翌年，1898年，以相似的方式书写的，还有英国皇家苏格兰地理学会（Royal Scottish Geographical

Society，RSGS）的一番通信，它引导了平均时间在东亚和东南亚的引入，还抵达了伦敦的印度事务处（India Office）。印度将成为另一个由于科学协会的倡议而改变时间体系的地方。[20]

RSGS声称："在世界各偏远地区之间快捷出行和通过电报不断交换新闻的时刻，对建立一个通用的'标准时间'的渴望变得愈发明显。"[21]在为更统一的时间辩护的过程中，地理学会指出了一项与享有帝国地位的英国很不相称的、令人震惊的非常规做法：1895年的"海军时间信号表"（"Admiralty List of Time Signals"）的通行本中罗列了153个为船舶和导航提供时间信号的站点。然而，94个站点发射的是格林尼治时间，剩下的59个站点发射的时间信号则依据不同的子午线，而且大多还是依据当地时间。让地理学会全然沮丧的是，这些失常站点当中有21个来自欧洲和北美之外的英属领地。为了结束这个可悲的事态，有人强烈建议在海外的英属领地上引入格林尼治时间。此外，将英国时间扩展到其海外领地，还意味着"废除现存的野蛮安排，这种安排配不上这个想要装出文明样子的国家，它让各地都沿用自己的时间"。[22]更重要的是，正如其他人指出的那样，即便在马德拉斯时间在印度的铁路和电报上得到正式采纳以后，铁路时刻表和官方电报手册还在继续印刷当地时间和平均时间之间的差异，甚至多达41页。正如另一位观察者评论的那般，这直接鼓励了"现有的不便而陈旧的体系的维持"，构成了"对更为理性的体系得以采纳的阻碍"。[23]

在新时间将遵循与格林尼治有多少时差的问题上，意见则不那么一致。皇家苏格兰地理学会建议在整个大陆上采纳比格林尼治时间快5个小时的时间。[24]学会的伦敦主要分部虽然站在皇家苏格兰地理学会一边，支持其对印度时间改革的普遍呼声，但还是提出了一份不同的计划。它承认建立一个以小时为范围的时区和时差的愿望是可取的，但也警告说，"试图强加任何不符合实际便利这一必要条件的统一体系,将是一个严重的错误"。然而,正如它所解释的那般,比格林尼治时间快5个半小时的子午线,正好把这块次大陆给分成了几乎相等的两半。[25]简言之,人脉颇广的科学学会成员,甚至已经将目光投向了美国,并考虑为南亚建立一个以小时为范围的多时区体系。[26]

各个学术学会与协会的联合努力,暂时没能说服殖民地官员启动时间统一的进程。乔治·F.汉密尔顿(George F. Hamilton),印度国务大臣回复说,"采取诸如各学会建议的行动的时机尚未到来"。此外,他论说道,马德拉斯时间已经是正在使用的统一时间。国务大臣预见到,"在像孟买、加尔各答,以及卡拉奇这样的地方规定使用一个新的平均时间,会面对相当大的实际难题"。印度横跨了几条经线,距离之长以至于使用单一子午线困难重重。"得承认的是,某一天改变或许不可避免。但与此同时,让不同的体系运行看似还可取;而且当改变的时机到来,对做最终决定来说,其他国家的经验不失为一份可用的指南。"他的回复到此结束。[27]

\*\*\*

如果说伦敦和加尔各答的官员们还在犹豫是否要强加时间的变更,那么,满脑子改革思想的科学家们却没有心软。在1902年,另一个协会,这回是皇家地理学会(Royal Geographical Society)下属的天文台委员会(Observatories Committee),向殖民地政府强调了印度平均时间的议题。一收到最新的通信,约翰·埃利奥特(John Eliot),一名供职于印度政府的气象学家兼印度天文台的总干事(director general)就坐了下来,对过去这些年里收到的各种提议全部进行了评估。埃利奥特得出结论,从马德拉斯时间转换至格林尼治以东5小时30分钟这一时间标准,诚可谓一项改进,但是考虑到国际科学之目的,采用比格林尼治快5个小时或6个小时这两种时间会更可取。然而,尽管做出了这样的评估,埃利奥特还是改变了主意,并最终支持单一时区(one-zone)解决方案:UTC+5:30将"开始让印度和世界其他国家保持一致,因为到目前为止,大部分文明国家已经采纳了某种形式的国际时间。一个运行良好的谣言机器后来把这一彻底转变归因为受到了来自各条英国人运营的铁路的压力,它们对运行在一个以上的时间系统的前景感到厌倦,特别是在铁路线可能会穿过一个时区,进入另一个时区的地方。"[28]

政府方面又一次显示出犹豫不决,在将近一年的时间过去之后才采取行动。1904年7月,省级行政机构和各家铁路公司收到了一份来自印度政府的通知,另外附有一份匿名的意见书,题为"有关印度标准时间提案的记录"。[29]政府要求文件的接收方提供他们对所提议的变更的看法,进而让当局得以更加全面地了解可能涉及的障碍。这份备忘录在发表声明时本身就用上了一种全球性想象的语言,"在这个环球贸易的时代,在这个通信速度日渐加快且通信范围不断扩展的时代,在这个电报几乎是即时发送的时代,每个国家都关注其他国家的时间问题"。这份记录声称,已经出现的情形是,"全世界范围内的船只,都将它们的计时器设置为格林尼治时间,而要为比较它们的时间与碰巧所在港口的当地时间而拿起纸笔来计算,可谓难以忍受的麻烦事"。意见书强烈支持采用单一时区,因为与现存的、统一的马德拉斯时间体系相比,两个时区将会是"倒退的一步"。[30]虽然正是全球化的世界要求进行时间变革,但得到支持的解决方案显然是由"民族的",或者更确切地说是全印度范围的福祉驱动的。时人并不觉得这个解决方案与世界一体化之间存在矛盾。对当时的状况来说,这是个合乎逻辑的结论。

1904年秋天，各省政府、铁路当局，以及不同背景的各个协会对此文件陆续作出了回应。当地政府主要是向其权限范围内的商人社区邮寄调查问卷。现在，随着反馈一起附上的还有他们的回复。印度政府有意让某个问题保持开放态度，也即新的统一时间是否仅能应用于交通和通信的事务，还是说能够延伸、覆盖日常生活的方方面面。商业协会当对提议的变更表达了顺从的态度。卡拉奇商会（Karachi Chamber of Commerce）提供了一份有20家公司的名单，它们都自发地表达了自己的支持。[31]在马德拉斯管辖区，港口信托委员会（Harbor Trust Boards）、港务局（Port Office）、马德拉斯和科钦的商会，以及马德拉斯贸易协会（Madras Trades Association）都表达了他们对这一计划的认可。[32]然而，孟买政府在一开始就表示要谨慎，因为它发现，"孟买存在一种情绪，卡拉奇也存在一种清楚却不甚明显的情绪，它们都赞成为了一般的用途而保留当地时间"。[33]

面对这些接受调研者当中的坚定共识，印度政府采取行动，把比格林尼治快5小时30分钟的时间引入殖民地。新的时间被指定为"印度标准时间"，以便规避它那可能引发争议的"英国"来源。这里存在一个奇特的借用，印度标准时间中的"标准"，似乎来自各个科普协会之间对有关美国语境的时区讨论的最初通信。美国的"标准"铁路时间变成了印度标准时间。以小时为范围的区（hour-wide zones）被高于一切的帝国和印度"民族"的考量冷落在了一旁。在一切的言说和举措过后，当地官员认定了半个小时的差异最为合适，所以这种体系就被引入了，这完完全全基于英国在印度的政治与经济利益，同一个世界范围内的体系（a worldwide system）无关。

1905年1月，印度政府指示公共工程部（Public Works Department）将比格林尼治时间提前5小时30分钟的时间作为"印度标准时间"，而在缅甸，采纳的时间则为提前6小时30分钟。到了1905年7月1日，印度次大陆所有铁路和电报都将遵循新的时间。[34]为了减弱因日常生活与日光关系的变所化引发的不满，孟买政府在整个城市修改了一系列官方时间；其他机构紧随其后。港口信托、城市的报时球、联合外汇银行（Associated Exchange Banks），都变更了开放时间和工作时间，以保持此前与太阳时相同的关系。由于新的标准时间与太阳时相差大约38分钟，所以调整有时包括半个小时或一个小时的变化。[35]英国官员通常用为满足"当地"人口的需要为理由来将这种做法合法化。根据这一论证，当地人口无法在除了真正的太阳时以外的其他时间下生活。考虑到英国几乎同时在进行的关于夏令时的讨论，以及思考与自然节奏相分离的时间表现出的这些惊人的无能为力的背景，更可能的情况是，此类重新校正最终反映了英国人的，而非"当地的"时间想象。

然而，严重的是，当局并未制定任何计划把新的平均时间强制性地用于铁路和电报以外。它把决定留给了本地与地区政府，并补充说，"在诸如加尔各答、孟买，以及卡拉奇这样的目前还在遵循各自相应经度的当地时间的中心城市里，如果说那儿的公众表现出了对采纳新的标准时间以取代当地时间来服务于日常使用的渴望，那么，我们将为这种变化提供大力支持，命令这些城市的政府机构采纳新的标准时间"。除了这种帮助以外，殖民地国家还避免主动将各当地时间改为殖民地范围内的平均时间（colony-wide mean times）。[36]

印度政府准确地预见到了它即将推出的统一时间会招致的反对，然而对其范围和强度可能还是估计不足。孟买再一次成为根深蒂固的城市认同与帝国政策之间冲突的焦点，加尔各答稍次之。同1881年相较，在1905年对在殖民地范围内执行新的平均时间的抗议激起了远远多于此前的反英情绪共鸣。此时更重要的是，这是英国殖民者颁布的时间，也即强加给殖民地子民的"英国"时间。在印度政府第一次遭遇时间问题20年以后，1905年，英国在印度的统治发生了变化，在这个情况下，保留当地时间成了一件关乎印度民族政治（national politics）的事情。

如今，印度人认为，官方标准时间的变更是殖民政府在干涉当地与私人事务方面漫长的、诸多系列尝试中的又一个。随着对印度1857年和1858年起义的镇压，取代东印度公司统治的殖民政权开始慢慢扩大殖民地国家的范围。与此同时，英国人自1892年来在印度扩大了当地政治机构的职责，还选择性地对印度人开放了就任公职的资格，这一举措更多出于家长式的观念，而不是源自对更具参与式的殖民政治的渴望。此外，越来越多一直在次大陆上的英式中小学及大学里接受教育的印度人都自主组建了本地与地区的政治和公民社会组织。例如，1885年，由于一名英国文员的激励，印度国民大会党（Indian National Congress）成立，并在孟买占据一席之地。在这类组织中，接受过英式教育的印度人会被给予一个适度的舞台，能够参与最初由英国引导的与殖民统治之间的对话。因此，截至1905年，当地与全国的氛围都比20年前更具政治色彩。[37]

自1881到1883年间在全孟买运行马德拉斯时间的短暂实验以来，时间在很大程度上跟以前一样保持了多样性。这座城市继续使用自己的当地时间，铁路则遵循马德拉斯时间。竖立在孟买城堡（Bombay Castle）上的报时球于当地时间下午1点落下，为更广泛的人们提供时间信息。另一个报时球位于亲王码头（Prince's Dock），每天下午12:00落下，主要为港口的船只和水手提供服务。在孟买城堡，政府所在地，另一个时间信号于下午1点，当地"真正的时间"发出。[38]

当印度标准时间于1905年夏天引入铁路和电报时，情形就是这般。或许是受到了其他地方行政机构实施类似举措的激励，孟买当局突然做出决定，推动整个孟买管辖区采纳印度标准时间，用于所有官方目标，用于所有政府办公室。1905年10月，孟买政府还请求印度政府引入新的时间。孟买政府的发言令人宽慰：好几个当地协会已经表达了对这一举措的支持。港务局、孟买管辖区贸易协会（Bombay Presidency Trades Association）、孟买火灾保险代理人协会（Bombay Association of Fire Insurance Agents）、当地股票经纪人协会（Native Share Broker's Association），以及工厂主协会（Mill-Owners' Association）都积极作了回应。[39]1903年前后，孟买商会就已经开始探讨时间统一的问题。一旦孟买政府做出决定，孟买商会马上召开特别会议，就政府宣布于1905年7月采用印度标准时间的通告进行投票。然而，令人意外的结果是，22票比17票的差距让商会选择保留孟买时间。此后不久，这一决定发生反转。孟买商会应部分成员的请求，就标准时间议题召开了另一次会议。原因是，在第一次会议上，出席参与投票的成员数量少到不成比例。在这第二次举手表决时，商会以51票对16票选择了新的时间。[40]

因为许多这些协会中都是由数量可观的印度成员组成，所以英国官员很明显得出结论，认为印度人会接受孟买采纳新的平均时间。但是，他们忘了考虑一个将会成为公众怨恨焦点的机构。1905年10月和12月，孟买市政公司（Bombay Municipal Corporation），该市自治机构，两次宣布"赞成在本市采纳标准时间"，并"做好准备用这一时间服务所有市政目的"。1906年1月，市政公司的确那般行事，并决心通过一致的投票赞成在孟买实行标准时间。[41]事后有报道说，在一位时间变更的印度支持者发言赞成标准时间的讲话之后，市政公司的欧洲成员们高喊"投票，投票"，并匆忙进行了投票表决，从而阻止了其他早已蓄势待发者对此人的演讲进行"毁灭性反驳"。批评家们很快指出，这些欧洲成员通常甚至不曾定期出席会议；但是在为标准时间投票当天，他们排列成"方阵"集体现身。此外，来自欧洲代表群体中的14名诺诺之人，都是由孟买政府指派到市政公司的，因此"势必投票支持政府措施，而不必介意其良心的指示"。提出这些指控的文章还确认了更多投票者能够以一种或别种形式算作"官方的"人士，所以皆非不偏不倚的代表。因此，只有区区9人才算是真正独立的投票人，他们发言赞成在孟买采纳印度范围内的时间（India-wide time）。[42]

各种争论远未结束，如今更是快速变得愈发白热化。3个月过后，孟买市民起草并成功提交了一份请愿书，这给市政公司造成了压力，后者不得不于4月重新处理此事。几位出席市政公司这场会议的人，主要是目睹了菲罗泽尔肖·梅赫塔（Pherozeshah Mehta）的登场。梅赫塔，孟买帕西人社区的成员，也以"孟买之狮"的名号为人所知，孟买当地政界和早期印度民族主义的杰出人物。梅赫塔参与起草了1872年的市政改革法案，后者旨在允许印度人少量地参与当地政治，后来还成为孟买立法委员会（Bombay Legislative Council）以及帝国立法委员会（Imperial Legislative Council）的成员。作为印度国民大会党的创建者之一，梅赫塔还于1890年担任党主席。菲罗泽尔肖·梅赫塔变成了在把印度标准时间运用于孟买这个问题上最激烈的反对者之一。[43]

1906年4月，在孟买市政公司重新召开的那场会议上，梅赫塔介绍了一份重新回到孟买当地时间的提案。他的论据十分犀利。"因为商会和港口信托采纳了标准时间，这座城市的人口就如同愚蠢的牛群一般受到驱赶，这既不公平，又不合适……政府采取了一项措施，却没有考虑人民的情感和意见，没有给她们一个表达看法的机会。"梅赫塔争论道，[44] "除了欧洲人的小块殖民地，以及追随他们的当地人会采纳之外，标准时间在孟买永远无法得到采纳。"他声称，在该城引入标准时间已经导致了些许不切实际的事情发生，并造成了不便之处。因此，到了1906年5月，所有市政时钟都应该调回孟买当地时间。经过3个多小时的"激烈讨论",市政公司31名成员投票赞成梅赫塔的提议,23名成员表示反对。正如报纸所总结的,正是他那"激动人心的"讲话说服了各位成员重返孟买时间。[45]

在孟买市政公司的会议大厅外,公众也响亮地表达了对新的时间秩序的厌恶。像欧洲和北美的其他时间变革一样,新的印度平均时间由于是"人为的"、非自然的而遭到批评。"我们被人要求忘记我们的自然时间,我们自远古以来就熟悉的那个时间,并采纳心灵手巧的皇家天文学家设计的新'标准'",报纸《印度皇帝》(*Kaiser-i-Hind*)抱怨道,并还补充说,自然本身肯定也反对这一时间。[46]后来,该报宣称,"没有人请求用人为的时间"取代"大自然给予我们的,而且人类早已忠诚地遵循了至少八千年"的时间。一封致《孟买公报》诸位编辑的来信认为,新的时间是"编造的"。另一家报纸表示,"太阳时实际上才是真正的时间,它规范着印度家家户户的各种事务"。对新时间虚假本质的指责很快让位于对干涉印度教教徒、穆斯林,同样还有帕西人的宗教习俗的指控,这些人在以一种或别种形式依赖太阳时履行宗教义务。印度各家商人协会和报纸反复提及这一问题。[47]孟买作为印度在西方贸易路线上的正大门这一角色,其功能是充当穆斯林朝圣者(甚至远至中国新疆)在前往麦加朝圣时的必经港口,这长久以来使这座城市成为多种宗教共存之地。当一种"外国的"时间将被引入他们的城市,不同的宗教共同体通常会发出一致的抗议声。

此外,批评声指向了统一时间的政治经济学。回到1881年,那些拒绝马德拉斯时间的人士的一个重大担忧是,新的平均时间对受薪员工工作时间的影响。日常事务,尤其是劳动人口的日常事务受到的是太阳的控制,与白天和黑夜的周期密切相关。报纸《马拉地月光》(*Indu Prakásh*)因此推测,这项创新"或多或少地会对政府当地雇员造成损害,因为它迄今为止一直在迫使他们比以前提早半个小时到办公室上班"。《孟买公报》补充道,官员们显然理所当然地认为,"所有政府雇员都能在没有任何不便的情况下提前半小时上班"。对很多人来说显而易见的是,就业链条上最薄弱的环节将会遭受最沉重的打击。"已经努力工作的职员会因为这一改变而饱受痛苦。"[48]

当印度政府于1904年宣布引入新的平均时间时,类似的担忧再次涌现。孟加拉商会(Bengal Chamber of Commerce)对开业时间展开了调查,并就这些时间是否需要在政府机关和法院予以调整进行辩论,"以便让实际工作时间与日出、日落时间保持同样的关系"。[49]在想象时间的秩序时,印度各家报纸偶尔也会像欧洲人那般落入同样的窠臼:他们都假设存在一种由太阳决定的、恒定不变的节奏,而人的身体和心灵与它连在一起。"必须在上午10点、10点30分或11点招呼生意或办公,人们对此习以为常。"一家报纸写道。"但是必须在10点39分,11点09分或11点39分做同样的事情会导致很多不规律的情形以及……错误。"《古吉拉特》(*Gujaráti*)如此警告。[50]在卡拉奇,工作时间"自远古起"即被设为从早上10点到下午5点,而强迫政府机关"提前"半小时开始工作的新体系,则对大多数卡拉奇市民的生活造成了破坏。饱受痛苦最甚的,正是"已经劳累过度的下级文书"。[51]印度职员每天上午10点到11点之间抵达政府机关,但是,他们的英国长官很少会在下午2点或3点以前出现。新的时间歧视"政府机关职员,他们被剥夺了全部娱乐"。有人甚至怀疑这无非就是一桩殖民阴谋,指责政府企图偷偷摸摸地给"政府机关和商业公司的下级员工额外增加一个小时或半个小时的工作时间"。[52]

在不断进行的辩论和持续的不满的驱动下,孟买市民最终决定由自己来处理这个问题。1906年1月,这次在另一位知名政治活动家艾哈迈德·哈比卜(Ahmedbhoy Habibbhoy)的领导下,该市的印度居民向孟买政府呈交了一份正式的请愿书，断然要求废除印度标准时间。官员们则对这些声音置若罔闻、无动于衷，回复道："相信孟买人民自会习惯时间名义上的变化……这不会对他们以前的习惯造成任何严重的干扰。"[53]他们完全不在一个频道上。各家报纸很快报道说，孟买周边的工厂和棉纺厂的工人已经采取抗议行动；因为根据他们的计算，新的时间体系将给他们的每日工作强加额外的45分钟。一种受骗的感觉盛行。1906年1月5日，大约有5 000名纺织厂工人聚集起来，开始向一家工厂投掷石头，坚定地拒绝在新的时间制度下回归他们的织机。在一场象征性的抗议活动中，罢工的工人们最终砸烂了该地区数一数二的大工厂里的一个时钟。[54]这家棉纺厂的工厂主已经更改了工作时间。为了反映平均时间和当地时间之间的时差，现在工作日的时间是从上午6点10分到下午6点10分，而非此前的从上午5点30分到下午5点30分。只有当工厂主承诺完全回归孟买时间，工人们才肯复工。纺织厂的工厂主别无选择，只能把时钟拨回孟买时间。[55]此后不久，一场示威游行在马达夫鲍格（Madhav Baug）——孟买市印度社区的中心举行。这场反对孟买政府强制执行标准时间的集会吸引来大约3 000人。在该事件中，另一位当地政客巴拉钱德拉·克里希纳（Balachandra Krishna）起而表达了对孟买时间的有力辩护，反对"以官方的'标准'阴谋取代当地时间的偷梁换柱行为"。这场抗议再次催生出了一份要求回归孟买时间的请愿书。另一份请愿书此前已经收集了多达15 000个签名。[56]

针对操纵工作时间的批评与大规模示威游行，轻易就让位于其他政治化色彩更加清晰的争论。既然这么多印度公民反对时间变更，那么，显而易见的问题就是：谁会从所提议的时间变更中获益？因此，一旦非印度人，主要是些英国商人，被认定为印度平均时间采纳背后的罪魁祸首，各家印度报纸就开始公开质问这些圈中人士如何"代表"孟买与印度。有关孟买商会的表决发生变化的消息——首先反对印度标准时间,然后又表示赞成——传出之后,印度各家报纷纷提出问题,哪些人占了商会成员的大多数。其中一份报纸,《印度皇帝》自己提供了回答,声称,"他们(这些成员)当然不是孟买的永久居民。他们是侨民与外国人……他们只不过是漂泊不定者——极小的少数群体"。它推断说,如果就标准时间举行平民表决,"结果会是95%的人都不赞成这个流行的新时间,而这个5%的微乎其微的少数群体大部分是欧洲人"。[57]"微乎其微的少数群体"是一个有趣的措辞,因为英国官员频繁用它来讽刺这些年里接受过英式教育、开始谈论自治的印度人。在这一论证过程中,英国统治者坚称,印度社会是网状的,分裂成各个种姓、族裔,以及宗教。任何声称代表"印度"整体的发言者都不可能具有代表性。[58]

《印度皇帝》的另一位作者批评道:"在这个问题上,欧洲社群根本就不该被考虑在内。它的人口数量微不足道,而且还不断迁移,总在发生变化……是太阳时或标准时间,或高尔夫时间,或网球时间,或威士忌时间,对他们来说有什么要紧的?"[59]粮商协会(Grain Merchants' Association)采纳了一项"反决议",它"强烈反对孟买商会通过的决议",同时强调本协会成员多数都是属于该市"贸易和商业阶层"的"当地人"——因此,尽管也是商业利益团体,但是他们对所提议的时间变化是否可取持有截然相反的观点。[60]同样地,孟买本地布匹商人协会(Bombay Native Piece Goods Merchants' Association)发现,"孟买商会没有公平而充分地代表本地商人",并通过了类似的决议,声称,"本协会的看法是,人口大多数,特别是贸易和商业阶层,都是纯粹的本地人,他们没有看到任何强而有力的、令人信服的理由得到引证,以便支持用所提议的标准时间取代太阳时"。正如一家报纸简明扼要地总结的那样,那些受益于各种改革的,只是"几百名在全球范围内跑腿的人,以及尊贵的官员们"。[61]

具有商业和社会、宗教性质的协会的繁荣景象，次大陆上以方言形式发行的出版物，各种俱乐部，以及小册子——全都见证了公民社会和公共领域在孟买日益增长的重要性。在表达他们对新的标准时间的不满的过程中，受过英式教育的印度城市精英开始利用这些越来越具有倾向性的宣传形式。大声提出的有关英国人圈子所具有的代表性的问题，轻易地就暴露出殖民地国家其他一些自相矛盾的主张和实践。现在，是印度的英国总督纳撒尼尔·寇松（Nathaniel Curzon）[*]勋爵充当公众怒火的避雷针的时候了。

1905年左右，越来越多的、不耐烦的新一代民族主义者，对印度国民大会党以及类似的机构体现的反殖民现代性（anticolonial modernity）的制度化形式感到愈发幻灭。诸如议会这种英国人催生出来的机构，以及自治的市政府提供的有限机会，现在看来可谓杯水车薪。最重要的是，总督寇松勋爵把这些更为激进的声音推向了边缘，从而导致他们开启了一个借暴力行动公开反对殖民政府的阶段，地点主要是在孟加拉。[62]寇松与印度舆论的首次冲突与教育相关。1904年，寇松政府通过了《大学法案》（Universities Act），以便扩大政府对高等教育的控制，这一举措遭到了印度早期主要的民族主义者的严厉批评。1905年7月，大约在印度标准时间引入的同一个月，已然饱受诟病的寇松宣布，对孟加拉进行后世所知的分治：英属印度此前最大的行政单元，其东部地区将与阿萨姆邦合并，其西部地区与比哈尔邦（Bihar）及奥里萨邦（Orissa）合并。在寇松的分治计划为人所知后，受过教育的孟加拉中产阶级成员组织了一场抗议运动，成功地抵制英国商品长达数年之久，并促进了对孟加拉当地商品的消费。

---

[*] 纳撒尼尔·寇松（1859—1925），英国政治家，1899年至1905年担任英属印度总督，任职期间因积极有为的改革措施而广受称赞，却也因为对殖民地的家长式态度而遭到批评。——译者注

这场所谓的"抵制英货"（Swadeshi）运动，后来被视为"独立运动"（Swaraj）——甘地呼吁的自治的烘托者和先声。分治被看作是对舆论的粗暴无视以及"分而治之"（"divide and rule"）策略的冷血实践。

在这个气氛中，对新时间的反对很快便被注入了更广泛地针对英国人的行动和殖民地政府的批评。一家报纸将统一的时间描述成"往国内普遍存在的强烈不满情绪之烈焰上浇油"。[63]寇松的领导"风格"愈发被视作傲慢且操控成性。一旦孟买商会改变了此前对统一时间的立场，突然投票表示赞成，各家报纸便立刻指责政府和寇松，它们怀疑商会突然改变态度的幕后原因是他们在施加影响。据报道，孟买居民把标准时间的引入视作"印度总督强加到孟买政府头上的专制措施"之一。[64]另一篇文章则嘲弄了寇松的狂妄自大。"现任总督凭旺盛的精力，无论大事小情，看似都要亲自上阵。"它在字里行间这般说道，"在行政与执行方面完成了种种大力神般的奇迹过后……这位阁下……似乎忙于驾驭自然本身这项任务。"寇松被称为"帝国的恺撒"，而正是他"对'统一性'的狂热"才让这位总督对时间的统一做出了规定。[65]

当政府通过了特定措施来预防鼠疫的传播后，各宗教群体中诸多的具体需求和条件被用来为这些政策中的部分不均等实施提供合法性。一篇报纸上的文章意识到了这一矛盾，也觉察到这可能是对孟加拉分治的影射，惊呼道："这就是印度政府，它一边宣称在涉及大量民众的所有重大事项上拥有统一性是不明智的，一边又盛赞统一性之美好。"它还补充道："对统一性的恳请可谓毫无价值。它又不能盛水。就连欧洲［原文如此］这般文明而进步的一个国家，都从未采纳印度政府强加给除加尔各答之外的全印度的那种统一性。"[66]巴拉钱德拉·克里希纳在马达夫鲍格集会上提高了自己的嗓门，谴责了近来对统一性的迷恋，声称，"一场在印度引入标准时间的运动已经持续4个多月……这里有着对平等化、统一化，以及引进统一性的狂热。标准时间就是那种想法的产物"。[67]

对英属印度来说，平均时间的采纳是渐进式的，这与欧洲及世界其他地区发生的情形相似。时间仍然保持形形色色的模样；多个时间体系共存。在接下来的年月里，有规律地出现过一些倡议，它们试图约束孟买难以驾驭的各种时间体系。1908年，市政公司的特定部门再次把标准时间列入议事日程。自1906年以来，市政府的时钟一直遵循孟买时间，而孟买政府却在整个管辖区继续按照标准时间运作。消息一经公布，立刻引发了另一场抗议，反对"这个阴险地把可憎的时间强加给人民的最新尝试"。孟买的印度人期待"孟买工商业生活的中坚力量"会在即将到来的集会上"坚强集合起来，有力地给出自己的想法"。无论如何，到了1908年，无人沿用标准时间，"除了官员阶层和官方化的非官员人士，他们是寄生虫与马屁精的部落"，一家报纸嘲笑道。"看在上帝的份上，不要把它强加在那些心不甘情不愿、怀着满腹怨气的人们头上。"另一家报纸恳求道。[68]

许多年后，1927年，一个提议来到孟买市政公司面前，它建议在所有市政办公厅普及标准时间，说服市政府放弃始于1906年采纳的时间。这个行动失败了，孟买继续使用两种时间。现在可以听见各种抱怨的声音，它们认为，保留孟买时间会给任何仍然使用这个时间的人强加不少麻烦，因为市政办公厅之外的很多机构都已经逐渐转换成了标准时间。[69]1928年和1929年，市政公司就是否采用标准时间两次进行表决。菲罗泽尔肖·梅赫塔爵士的幽灵仍萦绕着孟买政治。这一次，标准时间的反对者远远多于赞成者，他们尤其强调已故的菲罗泽尔肖·梅赫塔反对时间变革，而孟买政府忽视了咨询作为当地自治机构的市政公司的意见这一事实。仅仅为了铭记梅赫塔，就应该反对标准时间。实际发生的事情也是如此。[70]

1906年分裂过后，在1918年、1921年、1924年、1934年、1935年、

1939年，以及1942年，标准时间一再得到讨论，但都无济于事。交锋前线的双方都变得如此有原则、根深蒂固，以至于各家报纸在写到孟买的时间僵持情形时皆谈及"时钟大战"。[71]为了保留孟买时间而援引的各种论据都受人欢迎，包括本市各个宗教团体与太阳时相联系的诸多宗教义务；寇松那个愚蠢、带有冒犯意味的举动的历史遗产，以及孟买欢迎市政公司做出拒斥标准时间的决定时所唱的爱国赞歌。在20世纪30年代，孟买多数官方机构都把他们的时钟改为标准时间；市政公司如今是不合时宜的时间的唯一提供者。这种蛮横的对孟买时间的恪守遭到了嘲笑，彼时有评论员质问道："距离孟买成为那个投票认定地球是平的这一村庄还有多久？"

如果说对孟买时间的支持正在减弱，那么，还要过去15年，标准时间方才战胜骄傲的市政公司。1950年，"持续44年的时钟大战"告一段落，冷静且没有大费周章，各个时钟都被设置成了印度标准时间。[72]但遍布次大陆的其他城市和地区在何种程度上固守当地时间，抑或逐步采纳UTC+5:30这一新的平均时间还无从知晓。加尔各答从未曾正式转换至标准时间。1919年，一家报纸仍然暗示说，"加尔各答拥有的时间多到自己都不知道如何是好了"。[73]马德拉斯可能直到1939年都一直保留当地时间。这么多年来，印度的英国政府之所以从统一时间当中退缩，是出于1857年起义后为了统治印度而采纳的模棱两可的态度吗？在所谓的"印度叛乱"（India Mutiny）过后，东印度公司的统治宣告终结，印度大部分地区都处于英国皇室的直接控制下。新的英国统治比东印度公司这一霸主更富有自觉意识，避免冒犯印度的宗教习惯和风俗实践，承诺会比之前更加尊重舆论。[74]但是在随后的几十年里，那些快速出现的意在"保存"本土习俗和法律的证明文件与法律汇编，总是摇摆不定的，但确实能够用于对印度人的管理与监控，正好像它所标榜的那样，保护当地人，使其不受外来影响。

## 第四章 殖民地时间大战

　　另一串不同的理由对理解殖民地的时间政治更具有启发意义。在欧洲，平均时间的意义和功能是国家或地区的问题，而在欧洲人缓慢引入这些时间的殖民环境当中，它们则是领地或地区的问题。平均时间承担的角色是让某一殖民地内，或充其量是某一地区的不同殖民地内的协调变得容易，但其尚未被视为世界范围内的时区网络的组成部分。英国行政人员认为印度是一块去中心化的广阔土地，而不是一处单个的领地空间。因此，在这类情形下，保存各式各样的当地时间和地区时间似乎没有那么奇特。

　　于是，直到20世纪中叶数十年，英属印度成了又一座形形色色的时间景观并存的灯塔。就像在欧洲的情形，采纳平均时间增加了时间的层次。对孟买的居民来说，在多重时间当中生活、工作可谓自然而然，在这座城市里，欧洲与印度的不同的贸易及宗教共同体的共存使得时间的多元化得到了进一步加强。在当局下令在孟买使用标准时间时，他们拨旺的憎恨之火，其实早已围绕其他不受欢迎的措施而逐渐升级，在这其中最重要的就是关于大学的政策和孟加拉的分治。在这个过程中，孟买当地认同的坚实基础如今被动员来驱动各式各样的有着决绝民族倾向的行动，批评殖民地统治，并用言语表达反英情绪。这座城市逐渐代表了这个民族。在不存在民族国家的情形中，或者换个说法，即在民族的国度被殖民列强占领后，在当地和地区的关注重点突然间变成国家的不满时，比如孟买时间与孟加拉的分治，全球时间通用化重组（universalizing reorganization）会危及不同的身份愿景（alternative vision）。[75]在反对时间统一的过程中，标准时间的反对者坚守孟买时间，并利用了他们的城市认同这一驱动力。当地事务成为表达对帝国统治不满的阀门，而表达出来的不满则被宣称为与整个印度相关。对当地时间的坚持把孟买和印度置于英国领土之外：通过拒绝拥护殖民者的时间，早期的印度民族主义者坚持分割出一种自主时空（autonomous timespaces）的可能性，而自主时空与格林尼治的本初子午线并不存在任何意义关联。这些都是殖民地社会拒绝被绘制在普遍历史时间（universal historical times）的等级制网络之上的例子，这些普遍历史时间反映的是欧美有关进步与现代性的规范。孟买时间以及更广泛的印度时间，皆非由英国时间和可能衡量一切的普遍历史（universal history）定义的，而是由印度自己定义的。

# 注释

1. Darwin, *Empire Project*, 10; Bright and Geyer, "Regimes of World Order," 217.

2. Sven Beckert, "Emancipation and Empire: Reconstructing the Worldwide Web of Cotton Production in the Age of the American Civil War," *American Historical Review* 109, no. 5 (2004): 1405–1438. 关于苏伊士运河，参见Headrick, *Tentacles of Progress*, 26; Valeska Huber, *Channeling Mobilities: Migration and Globalisation in the Suez Canal Region and Beyond, 1869–1914* (Cambridge: Cambridge University Press, 2013). 关于孟买的变革，参见Raj Chandavarkar, *The Origins of Industrial Capitalism in India: Business Strategies and the Working Classes in Bombay, 1900–1940* (Cambridge: Cambridge University Press, 2002), 23. 一般地，关于孟买的历史，参见Christine Dobbin, *Urban Leadership in Western India: Politics and Communities in Bombay City, 1840–1885* (London: Oxford University Press, 1972), 尤其是论及孟买商人共同体的部分；Meera Kosambi, *Bombay in Transition: The Growth and Social Ecology of a Colonial City, 1880–1980* (Stockholm: Almqvist & Wiksell Intl., 1986); Teresa Albuquerque, *Urbs Prima in Indis: An Epoch in the History of Bombay, 1840–1865* (New Delhi: Promilla, 1985); Prashant Kidambi, *The Making of an Indian Metropolis: Colonial Government and Public Culture in Bombay, 1890–1920* (Aldershot, UK: Ashgate, 2007); and Gyan Prakash, *Mumbai Fables* (Princeton, NJ: Princeton University Press, 2010).

3. Chandavarkar, *Origins of Industrial Capitalism*, 29.

4. Kidambi, *Making of an Indian Metropolis*, 17.

5. "The Story of the Clock," Bombay Gazette, May 21, 1883, 3.

6. 关于孟买城中的各种事件，参见James Masselos那篇眼力非凡的文章，"Bombay Time," in *Intersections: Socio-Cultural Trends in Maharastra*, ed. Meera Kosambi (Delhi: Orient Longman, 2000), 161–183, here 164.

7. 大英图书馆亚、太、非藏馆，印度办公室记录处(British Library Asia, Pacific, and Africa Collections, India Office Records, 此后即BL APAC IOR), P/5664, memorandum, On Time in India: A Suggestion for Its Improvement. By R. D. Oldham, F. G. S., Superintendent, Geological Survey of India.

8. BL APAC IOR P/1781, Resolution, November 8, 1881; 还可参看 Masselos, "Bombay Time."

9. " 'Standard' Time and Lord Lamington's First Serious Blunder," Kaiser-i-Hind, January 28, 1906, 12–14, here 12.

10. BL APAC IOR L/R/5/136, Report on Native Papers 1881, Bombay Presidency, Indu Prakásh, November 14, 1881; Masselos, "Bombay Time," 167.

11 "Bombay vs. Madras," *Bombay Gazette*, December 9, 1881, 2; *Bombay Gazette*, December 12, 1881, 3. 还可参看Masselos, "Bombay Time," 169.

12. BL APAC IOR L/R/5/136, Report on Native Papers 1881, Bombay Presidency, *Bombay Samáchár*, 2. December 1881; *Times of India*, December 6, 1881, 2.

13. "Madras Time," *Times of India*, November 22, 1881, 5.

14. *Bombay Gazette*, March 23, 1882, 2.

15. "True Time and False Time," *Bombay Gazette*, May 17, 1882, 3.

16. "The University Clock," *Bombay Gazette*, April 7, 1882, 2; BL APAC IOR L/R/5/138, Report on Native Papers 1883, Bombay Presidency, *Jam-é-*

*Jamshed*, April 11, 1883; Masselos, "Bombay Time," 172.

17. *Bombay Gazette*, May 12, 1883, 4; BL APAC IOR L/R/5/138, Report on Native Papers 1883, Bombay Presidency, *Indian Spectator*, April 29, 1883; Indu Prakásh, April 30, 1883; "The Rajabai Clock Tower," *Bombay Gazette*, April 19, 1883, 3; "Bombay vs. Official Time," *Times of India*, April 16, 1883, 5.

18. Masselos, "Bombay Time," 173.

19. BL APAC IOR P/5664, Proceedings of the Department of Revenue and Agriculture, 1899. Meteorology, Note on a proposal for an Indian Standard Time, para. 14.

20. BL APAC IOR P/5664, Proceedings of the Department of Revenue and Agriculture, 1899. Meteorology, letter, John Milne, Secretary, British Association Committee, to Under-Secretary of State for India, October 9, 1897; John Milne, "Civil Time; Or Tables Showing the Difference in Time between that Used in Various Parts of the World and Greenwich Mean Time," *The Geographical Journal* 13, no. 2 (February 1899): 173–194; BL APAC IOR P/5437, Proceedings of the Department of Revenue and Agriculture, 1898. Meteorology, Despatch, Secretary of State for India, November 10, 1898; letter, Royal Scottish Geographical Society, Edinburgh, June 7, 1898.

21. BL APAC IOR P/5664, Proceedings of the Department of Revenue and Agriculture, 1899. Meteorology, Royal Scottish Geographical Society, memorandum, Notes on Standard Time.

22. BL APAC IOR P/5664, Proceedings of the Department of Revenue and Agriculture, 1899; Meteorology, memorandum, On Time in India: A Suggestion for Its Improvement. By R. D. Oldham, Superintendent, Geological Survey of India.

23. "Time in India," *The Pioneer*, June 18, 1899, 7.

24. BL APAC IOR P/5664, Proceedings of the Department of Revenue and Agriculture, 1899; Meteorology, memorandum, On Time in India: A Suggestion for Its Improvement. By R. D. Oldham, Superintendent, Geological Survey of India.

25. BL APAC IOR P/5664, Notes from the Council of the Royal Geographical Society on the Subject of a "Standard Time" for all India.

26. BL APAC IOR P/5664, GOI, Proceedings of the Department of Revenue and Agriculture, 1899; Meteorology, memorandum, On Time in India: A Suggestion for Its Improvement. By R. D. Oldham, Superintendent, Geological Survey of India.

27. BL APAC IOR P/5664, Proceedings of the Department of Revenue and Agriculture, 1899; Meteorology, letter, George F. Hamilton, Secretary of State for India, Simla, August 10, 1899. 还可参看Hamilton to Asiatic Society, September 1, 1899, with similar reasons stated.

28. BL APAC IOR P/6828, letter, John Eliot, Meteorological Reporter to Secretary to the Government of India, Simla, April 28, 1903.

29. BL APAC IOR P/6828, letter, J. Wilson, Secretary to the Government of India, Simla, July 13, 1904.

30. BL APAC IOR P/5664, GOI, Proceedings of the Department of Revenue and Agriculture, 1899. Meteorology, Note on a proposal for an Indian Standard Time, para. 5, 11.

31. See, for example, a list of twenty- seven frms, provided by the Karachi Chamber: *Report of the Karachi Chamber of Commerce for the Year Ending 31st December 1905, Presented at the Annual General Meeting Held on the*

*17th April 1906* (Karachi, 1906), 326.

32. BL APAC IOR P/7073, GOI, Proceedings of the Department of Revenue and Agriculture, 1905. Meteorology, letter, J. N. Atkinson, Acting Secretary to the Government of Madras to Secretary to the Government of India, Ootacamund, September 30, 1904.

33. BL APAC IOR P/7073, Proceedings of the Department of Revenue and Agriculture, 1905. Meteorology, letter, Secretary to the Government of Bombay, General Department, to Secretary to the Government of India, Bombay Castle, December 29, 1904; 还可参看"Indian Standard Time," *Amrita Bazar Patrika*, February 3, 1905, 4.

34. "Standard Time," *Amrita Bazar Patrika*, May 27, 1905, 6.

35. Masselos, "Bombay Time," 176–177.

36. BL APAC IOR P/7073, letter, Secretary of State for India, April 27, 1905. 还可参看 ibid., press communiqué, June 1, 1905; Masselos, "Bombay Time," 175.

37. 关于这座城市市政改革和民族主义的可能性，参见Prashant Kidambi, "Nationalism and the City in Colonial India: Bombay, c. 1890–1940," *Journal of Urban History* 38, no. 5 (2012): 950–967, here 953.

38. *Report of the Bombay Chamber of Commerce for the Year 1905: Presented to the Annual General Meeting Held on the 1st March 1905* (Bombay, 1906), printed documents, 354–355; Director, Government Observatory, to Secretary to the Government, General Department, Colaba, September 10, 1904; BL APAC IOR P/6828, GOI, Proceedings of the Department of Revenue and Agriculture, 1904; Meteorology, letter, John Eliot, Meteorological Reporter to the Government of India to Secretary to the Government of India, Simla, April

28, 1903.

39. BL APAC IOR P/7073, GOI, Proceedings of the Department of Revenue and Agriculture, 1905. Meteorology, J. Sladen, Secretary to the Government of Bombay, to Secretary to the Government of India, October 17, 1905.

40. BL APAC IOR L/R/5/160, Report on Native Papers 1905, Bombay Presidency, *Jám-e-Jamshed*, September 2, 1905; "Standard Time or Zone Time?," *Bombay Gazette*, July 27, 1905, 3; "Standard Time in India," *Amrita Bazar Patrika*, September 1, 1905, 3.

41. BL APAC IOR P/7187, General Department Proceedings for the Year 1905, letter, President, Municipal Corporation, October 16, 1905; "Bombay Corporation. Adoption of the 'Standard Time,' " *Bombay Gazette*, January 23, 1906, 6; BL APAC IOR L/R/5/161, Report on Native Papers 1906, Bombay Presidency, *Oriental Review*, January 24, 1906.

42. " 'Standard' Time and Lord Lamington's First Serious Blunder," 14.

43. 关于孟买的制度化的印度"民族主义",参见Gordon Johnson, *Provincial Politics and Indian Nationalism: Bombay and the Indian National Congress 1880-1915* (Cambridge: Cambridge University Press, 1973). On Mehta and his involvement with Bombay politics, see James Masselos, *Towards Nationalism: Group Affliations and the Politics of Public Associations in Nineteenth Century Western India* (Bombay: Popular Prakashan, 1974), esp. 240.

44. J. R. B. Jeejeebhoy, *Some Unpublished and Later Speeches and Writings of the Hon. Sir Pherozeshah Mehta* (Bombay: Commercial Press, 1918): 177–178. On the Chamber of Commerce and similar associations, 参见

Kidambi, *Making of an Indian Metropolis*, 188.

45. "Return to Bombay Time," *The Tribune*, April 25, 1906, 3; "Standard Time in Bombay," *Amrita Bazar Patrika*, April 25, 1906, 3; BL APAC IOR L/R/5/161, Report on Native Papers 1906, Bombay Presidency, *Indu Prakásh*, April 25, 1906. See also V. S. Srinivasa Sastri, *Life and Times of Sir Pherozeshah Mehta* (Bombay: Bharatiya Vidya Bhavan, 1975), 102.

46. BL APAC IOR L/R/5/160, Report on Native Papers 1905, Bombay Presidency, *Kaiser-i-Hind*, June 11, 1905.

47. BL APAC IOR L/R/5/160, Report on Native Papers 1905, Bombay Presidency, Kaiser-i-Hind, August 13, 1905; "Standard Time," *Bombay Gazette*, August 2, 1905, 4; *Gujaráti*, June 18, 1905; BL APAC IOR P/7073, GOI, Proceedings of the Department of Revenue and Agriculture, 1905, Meteorology, Resolution passed at the General Meeting of the Members of the Bombay Native Piece Goods Merchants' Association, September 17, 1905; BL APAC IOR L/R/5/160, Report on Native Papers 1905, Bombay Presidency, *Oriental Review*, September 20, 1905; BL APAC IOR P/7073, Proceedings of the Department of Revenue and Agriculture, 1905; Meteorology, letter, Kukhamsee Nappoo, Chairman of the Grain Merchants' Association, to Chief Secretary to the Government of Bombay, October 13, 1905.

48 BL APAC IOR L/R/5/136, Report on Native Papers 1881, Bombay Presidency, *Indu Prakásh*, November 14, 1881; "Madras Time in Bombay," *Bombay Gazette*, November 21, 1881, 3; Jám-e-Jamshed, November 24, 1881.

49. BL APAC IOR P/7073, GOI, Proceedings of the Department of Revenue and Agriculture, 1905; Meteorology, letter, W. Parsons, Secretary, Bengal Chamber of Commerce, Calcutta, to Secretary to the Government of

Bengal, October 13, 1904.

50. BL APAC IOR L/R/5/160, Report on Native Papers 1905, Bombay Presidency, *Gujaráti*, June 18, 1905.

51. BL APAC IOR L/R/5/160, Report on Native Papers 1905, Bombay Presidency, *The Phoenix*, July 5, 1905.

52. Ibid.

53. BL APAC IOR P/7457, GB, General Department Proceedings for the Year 1907, letter, Secretary to the Government to Ahmedbhoy Habibbhoy, January 19, 1906; "Standard Time in Bombay," *Amrita Bazar Patrika*, January 22, 1906, 3.

54. "Bombay 'Slaves' and Standard Time," *Bombay Gazette*, January 15, 1906, 7; "Turbulent Mill Hands," *Times of India*, January 6, 1906, 6; "Standard Time in Bombay," *Amrita Bazar Patrika*, January 22, 1906, 3.

55. BL APAC IOR L/R/5/161, Report on Native Papers 1906, Bombay Presidency, *Jám-e-Jamshed*, January 5 and 6, 1905. 还可参看 "Standard Time. Dissatisfaction among Bombay Mill Hands. A Strike Averted," *Bombay Gazette*, January 6, 1906, 3; "Standard Time in Bombay: Strike of Mill-Hands," *Amrita Bazar Patrika*, January 8, 1906.

56. "Disapproval of the 'Stupid' Time by the Towns People," Kaiser-i-Hind, February 25, 1906, 14; BL APAC IOR L/R/161, Report on Native Papers 1906, *Oriental Review*, February 21, 1906. 还可参看*Bombay Gazette*, "Meeting at Madhav Baug. Protest against Standard Time," February 22, 1906, 4.

57. BL APAC IOR L/R/5/160, Report on Native Papers 1905, Bombay Presidency, *Kaiser-i-Hind*, September 3, 1905; " 'Standard' Time and Lord Lamington's First Serious Blunder," 13.

58. John Darwin, *Unfinished Empire: The Global Expansion of Britain* (London: Allen Lane, 2012), 212.

59. " 'Standard' Time and Lord Lamington's First Serious Blunder," 13.

60. BL APAC IOR P/7073, GOI, Proceedings of the Department of Revenue and Agriculture, 1905. Meteorology, letter, Kukhamsee Nappoo, Chairman of the Grain Merchants' Association, to Chief Secretary of the Government of Bombay, October 13, 1905.

61. BL APAC IOR P/7073, GOI, Proceedings of the Department of Revenue and Agriculture, 1905; Meteorology, Resolution passed at the General Meeting of the Members of the Bombay Native Piece Goods Merchants' Association, September 17, 1905; BL APAC IOR L/R/5/160, Report on Native Papers 1905, Bombay Presidency, *Oriental Review*, September 20, 1905; *Gujaráti*, September 24, 1905; *Kaiser-i-Hind*, August 13, 1905.

62. Sumit Sarkar, *The Swadeshi Movement in Bengal, 1903–1908* (Delhi: People's Publishing House, 1973), esp. ch. 2, 9.

63. BL APAC IOR L/R/5/160, Report on Native Papers 1905, Bombay Presidency, *Kaiser-i-Hind*, December 24, 1905.

64. BL APAC IOR L/R/5/161, Report on Native Papers 1906, Bombay Presidency, *Oriental Review*, January 10, 1906; " 'Standard' Time and Lord Lamington's First Serious Blunder," 12.

65. BL APAC IOR L/R/5/160, Report on Native Papers 1905, Bombay Presidency, *Kaiser-i-Hind*, June 11, 1905; *Gujaráti*, December 17, 1905.

66. " 'Standard' Time and Lord Lamington's First Serious Blunder," here 12.

67. "Meeting at Madhav," *Times of India*, February 22, 1906, p. 3.

68. "The Senseless Standard Time Once More!," *Kaiser-i-Hind*, June 28, 1908, 13; 还可参看Masselos, "Bombay Time," 180.

69. "Bombay Time or Standard: Corporate Debate," *Times of India*, June 24, 1927, 10.

70. "Bombay Time: Diffculties of Observance," *Times of India*, June 26, 1928, 7; "Bombay Time Retained: City Corporation Advocates of Standard Time in Minority," *Times of India*, September 27, 1929, 11.

71. "Bombay Time to Stay: Corporation Decision," *Times of India*, June 30, 1939, 6; "New Time Not for Corporation: Proposal Rejected," *Times of India*, September 3, 1942, 5; "Prolonged Debate on Municipal Time. City Corporation Inquiry into Property Tax Collection," *Times of India*, June 23, 1939, 17.

72 "Battle of Clocks in Corporation: Bombay Time to Stay," *Times of India*, August 23, 1935, 17; "Standard Time: To the Editor of the 'Times of India,' " *Times of India*, May 11, 1927, 15; "Bombay Time," *Times of India*, June 25, 1927, 10; "Bombay Municipality Adopts Standard Time: 44-Year-Old Battle of Clocks Ends," *Times of India*, March 15, 1950, 5.

73. *Times of India*, July 19, 1919, 10.

74. "Prolonged Debate on Municipal Time. City Corporation Inquiry into Property Tax Collection," *Times of India*, June 23, 1939, 17; Darwin, *Unfinished Empire*, 204.

75. 关于多种时间体系和发展程度的嵌套本质最终在相互作用形成了一种关于印度民族的空间与时间的观念，参见Goswami, *Producing India*, chs. 5 and 6. 关于民族主义者对民族历史的日期测定，还可参看James Masselos, "Time and Nation," in *Thinking Social Science in India: Essays in*

*Honour of Alice Thorner*, ed. Sujata Patel, Jasodhara Bagchi, and Krishna Raj (New Delhi: Sage Publications, 2002), 343–354, esp. 344.

# 第五章　对时间管理进行比较

在奥斯曼帝国晚期的贝鲁特，时间的多元化总让人随时能耳闻目睹。以黎凡特地区的主要港口为中心的地带及其周边地区，有好几个宗教派别的信众，其计算、称呼时间的方式各不相同。他们还携带着相异的历法。他们可能对同一位上帝祈祷，却是在不同的时间，他们还遵循着不同的节奏与日程，它们分别由教堂的钟和宣礼员（Muezzin）*公布。来到地中海沿岸要拯救他们的灵魂于厄运的西方传教士带来了对时间的另一种理解，而他们往往将这种理解等同于纪律。当地商人阶层的成员则不过是对共同的上帝以及他在欧美的代言人的规定有着模糊的兴趣，而且偏好节省时间（time saving）甚于拯救灵魂（soul saving）**。但是，1900年左右，把贝鲁特的多个时间体系的不同要素混合在一起的，是人们对"时间"的兴趣——无论"时间"是被理解成计算时间、不同历法，以及钟表的表达方式，还是对时间的利用与管理。

奥斯曼的省会城市贝鲁特代表着1900年的世界上特定的一类城市。它们通常是港口城市，通常是殖民地城市，这样的城市体现了19世纪的全球化境况，这在其他地方却很少见到。贸易和商务诱惑外国人前来寻求商业机遇；多个教派的混杂则吸引着欧美的传教士，提升了他们从其他宗教的

---

\* 宣礼员，亦作宣礼官，伊斯兰教清真寺中负责在宣礼塔上按时召集信众做祷告的人。——译者注

\*\* 此处为一语言游戏，saving同时有"节省"和"拯救"的意思。——译者注

钳制下夺来些许改宗者的希望；殖民地行政部门则把外国政府官员带进了各个城镇。由于它们在经济上占据的中心地位，这类全球化城市还往往同时兼为印刷品生产和传播的中心。结果，当地的宗教领袖和新兴的中产阶级专业人士也涌向了这些地方，他们比以往愈发热衷于利用更廉价、更迅捷的工具来传播自己的观念。

作为知识、经济，以及政治的中心，这类城市成为现代全球性的孵化器，而这种情形的表现之一即时间的多元化（temporal pluralism）。在流动至非西方世界时，欧美的一些概念与想法往往会经过这些城市、他们的知识界领袖，以及印刷机。正是在这里，当地的思想家翻译并改编了一些想法，使其与他们所属社会中的知识和宗教传统产生共鸣。在其他情况下，西方人的存在，他们的习惯和想法，则引发了因为越来越多的外国人出现而遭受侵扰的人士的批评与愤怒。在漫长的19世纪的世界里，亚历山大、布宜诺斯艾利斯、开普敦、达喀尔（Dakar）*、香港、伊斯坦布尔、加尔各答、孟买、敖德萨、上海、丹吉尔（Tangier）**、塞萨洛尼基（Thessaloniki）***，以及的里雅斯特等等，都能算作这类城市。[1]在这些城市中，全球化披上了非常本土化的伪装。

像贝鲁特这样的一座城市的居民并未经历主要由殖民国家或本土国家及其扈从操纵的时间变更。正如在世界上其他许多地区那样，在黎凡特地区，引入地区范围内的平均时间来得较晚，迟至20世纪30年代才勉为其难地得以运用。在这里，国家是时间不确定性的肇因，但这并不意味着对时间和"有关时间的讨论"的全球性关注在当地缺席。与欧美人将"东方"视为慵懒懈怠、时间停滞之地的认识相反，在这些年里，贝鲁特人生动地以多种方式表达各种时间——公共时间、私人时间、宗教时间、时钟时

---

\* 达喀尔，塞内加尔首都。——译者注
\*\* 丹吉尔，摩洛哥北部一港口城市。——译者注
\*\*\* 塞萨洛尼基，希腊北部一城市。——译者注

间，以及历法时间。在全球性城市那多元时间并存的环境当中，非西方社会证明了，关于时间问题，它们没有欧美观察家描绘的那般健忘。

在奥斯曼帝国晚期的黎凡特地区，对时间管理和利用的专注反映出英国人和欧洲人对不"浪费"日光，把可用的潜在时间交给有益活动的着迷。在整个中东地区，一个愈发相互关联的世界会被视为带有威胁性的特征。自19世纪中叶数十年来，当地的评论家沮丧地看着奥斯曼帝国在欧洲的压力面前努力改革自身。在这种情况下，当地的记者和知识分子发现，时间是他们自己的，也是欧美生活的一个关键特征。在阿拉伯作者的笔下，时间管理与一场针对浪费时间的圣战，变成东方、阿拉伯，以及伊斯兰文明自强的手段。但是，在论述时间管理诸概念的过程中，阿拉伯知识分子以自己的方式改变了时间。各种观念的流通和时间的全球化催生出一个进行了"民族"解读的、文明化的阿拉伯与伊斯兰的时间。

各种当地情况促成了对多元化时间的领悟。对19世纪全球性城市的居民来说，体验并表达多元时间可谓自然而然。与住在欧洲的全球性城市里的居民相比，该地区许多期刊的作者和读者更轻而易举地习惯于比较时间——如何计算时间，如何转换时间，如何称呼时间，以及如何明智地利用时间。为了这些比较，当时的阿拉伯人不仅依赖于生机勃勃的年历和日历出版业，各式能够把可比性形象化的计时设备，而且还以独特的方式触及了时间的不可通约性。当提到想象多个时间体系中的一个时，彼时的阿拉伯人不仅没有欧美人声称的那般健忘，而且实际上他们反倒比许多欧洲人还更擅长构想时间的多样性。

第五章　对时间管理进行比较

\*\*\*

贝鲁特对时间的专注，是由被称为比拉德沙姆（Bilad al-Sham）\*或大叙利亚（Greater Syria）这一历史上的地区之内部与外部的几项进展塑造的。[2]在19世纪的进程中，贝鲁特从一个拥有大约8 000位居民的小渔村发展成一个人口超过了100 000的繁华港口城市。截至1900年，贝鲁特已经成为黎凡特地区毫无争议的港口城市。日益融入世界经济促成了贝鲁特的崛起。大约在19世纪中叶，欧洲的商业扩张至贝鲁特附近山区的丝绸工业，这让该城进入了欧洲政治和经济影响力的轨道当中。很快，欧洲人和美国人便在那里开设了一大堆领事馆和贸易机构，随后还有学校，以及他们自己的治外法权法院。[3]

与此同时，19世纪中叶的数十年见证了行省边界的重新划定，这为把贝鲁特这类省级城市更加紧密地纳入一个新的"中央集权的奥斯曼统治的地缘－行政等级制度"当中铺平了道路。[4]与世界经济的接触打破了该地区一直得以维持的经济与社会平衡。奥斯曼的贝鲁特行省由分散在沿海地带和内陆山区的许多市镇组成，众多宗教派别在这些市镇共存，构成了它特有的肌理。1860年，通常由社会与经济失势造成的宗派紧张，爆发成一场内战，它主要发生在山区的基督教徒和德鲁兹教徒（Druze）\*\*之间。据估计有20 000人死亡，随后，欧洲列强代表其基督教人口进行国际"人道主义"干预，结束了这场冲突。1860年内战过后，贝鲁特和大马士革的显要们围绕战后行政边界的重组展开了一场拉锯战。两地的说客都曾向奥

---

\*　比拉德沙姆，即大叙利亚，其中"沙姆"（al-sham）是阿拉伯人对叙利亚地区的常用称呼之一，意为"左边的土地"，此外，他们还将其称作"黎凡特"（Levant）地区。——译者注

\*\*　德鲁兹教徒，一个伊斯兰教教派，属于什叶派伊斯玛仪派的分支，教义受到诺斯底主义的影响，被许多正统伊斯兰教教派看作异端，目前主要分布在叙利亚、黎巴嫩、约旦，以及巴勒斯坦等地。——译者注

斯曼帝国请愿，要求提高本城的行政地位，降低对方的行政地位。在争论了二十多年并经历数次挫折之后，贝鲁特于1888年在这场区域性的权力斗争中脱颖而出，因为苏丹准许设立贝鲁特行省。[5]作为新的权力和商业中心，贝鲁特很快便成为一片进行运输与通信项目建设的热土。1860年，贝鲁特成为比拉德沙姆首个开通电报站的城市。3年后，大马士革和贝鲁特之间的一条主干道竣工。欧洲的蒸汽船现如今定期穿过贝鲁特港。到了1895年，一条铁路线把贝鲁特与大马士革连接起来。有轨电车则于1907年开始环绕该城。[6]

好几个宗教教派在这座城市里比邻而居。贝鲁特接纳了（主要是）逊尼派穆斯林，希腊东正教徒、罗马天主教徒，以及马龙派基督徒（Maronite Christians）*；在该城西海岸渔民群体当中还有一小部分德鲁兹教徒。省会贝鲁特是一个"有着多重节奏的"城市，在该城，宗教仪式和现代技术的日程安排都把时间铭刻在城市环境的鲜活体验上。[7]伴随不同时间节奏而来的，则是它们各自的命名。截至19世纪晚期，两套计算时间的体系平行地存在于奥斯曼帝国的特定地区。一种是常见的欧洲方法，它在阿拉伯语中被人称作"法兰克的"，或奥斯曼土耳其语中的"alafranga"**。另一种仍然盛行的计时体系被叫作"阿拉伯时间"（"Arabic time"），或"alaturka/土耳其时间"***。在伊斯兰传统中，一天始于日落，而日落被看成正午12点。小时则是自日落开始算起，12小时的周期有两次循环。正如在欧洲的情形，长期以来小时的时长是不均等的，或是"季节性的"。随着机械时钟的传播，不均等的时间大多数停止使用。但即使现在小时是均等的，那么手表还必须每日调校，因为日落时间会随着季节变化略有不同。Alaturka或阿拉伯时间得以持续运用，直到

---

\* 马龙派基督徒，主要分布在今黎巴嫩的天主教教徒。——译者注
\*\* alafranga，意为"现代的"。——译者注
\*\*\* alaturka，意为"过时的"。——译者注

20世纪头几个十年才逐渐被欧洲的计时方式取而代之。因此，在涉及印刷蒸汽船或有轨电车时间表，以及发布其他时钟时间的指示时，报纸、指南和其他出版物通常都会特别标明"法兰克时间"（"Frankish time"）或"阿拉伯时间"。[8]

贝鲁特的时间多元化体现在该城的建筑环境当中。宣礼员在尖塔顶部发声，有力地宣布祷告时间，每日5次这样的祷告构建了穆斯林人口的生活。对基督徒来说，贝鲁特那里有座圣公会教区教堂，它收到了来自纽约市一座教堂的"精致鸣钟"和一个塔钟。另一座教堂，马龙派大教堂拥有不止一座，而是两座钟楼。[9]另一座与时间有关的地标建筑源自该城新近建立的传教机构之一。1866年，美国长老会传教士开办了叙利亚新教学院［Syrian Protestant College，SPC；1922年更名为贝鲁特美利坚大学（American University of Beirut）］。1874年，法国耶稣会士将他们的神学院从山区小城加兹尔（Ghazir）也迁往贝鲁特，此举生动体现出天主教和新教传教士之间偶尔可谓激烈的竞争，此后不久，他们获得了法国政府的认可，设立了一所正式的大学［耶稣会圣约瑟夫大学（Université Saint-Joseph des Jésuits）］。这所耶稣会大学在其主楼安装了一座较小的时钟。[10]

至少在对公共时间的竞争当中，美国的新教徒们赢得了胜利。叙利亚新教学院的主楼学院大厅（College Hall），配备了一座钟楼和一个响亮的钟，在新校园的范围之外很远都能看见、听到。亨利·杰瑟普（Henry Jessup），一名美国传教士，几乎无法掩饰他的兴高采烈："贝鲁特的市民、穆斯林、基督徒，以及犹太人，都迫不及待想要看到这个时钟，听到它敲响，而全城都能听到它的钟声，以至于当地筹集了一场捐赠活动……因此，讨厌钟的穆罕默德们和憎恶基督教堂的犹太人，都为这座基督徒的钟楼的建立做出了贡献。当这个时钟最后准备就绪，开始报时，人群聚集在街道上，聆听那美妙的声音。"[11]

一旦学生到校，叙利亚新教学院的塔钟就马上服务于校园内部。在19世纪70年代初，当第一批建筑正在施工时，学院未来的校长，霍华德·布利斯（Howard Bliss）却担心起来，"我不知道我们要如何在学院保有准确的时间。我们的老钟时快时慢，没有个准。钟楼的时钟也不可指望……而在教职工和学生需要在即将到来的一年里，在这座新建筑中运用军队式的铁一般的纪律。"[12]学院大厅的时钟从李氏天文台（Lee Observatory）的天文学家那里接收到了时间，该天文台作为叙利亚新教学院的组成部分于1873年开业。李氏天文台还为贝鲁特市提供报时球服务。正如在这个时代全球的许多港口城市那样，"为了给贝鲁特居民与旅行而来的领航员提供准确的时间"，报时球在当地时间每天早上7点55分升起，早上8点落下。李氏天文台的前负责人后来讲述道，在诸如布鲁曼马纳（Broummana）这样的地方，住在附近山区的人们会购买小型望远镜看着报时球落下。据说，迟至20世纪30年代，在贝鲁特主清真寺（al-'Umari）里头，负责穆斯林祷告计时的计时员在计算宣布祷告时间的问题上还会依靠钟塔。[13]

贝鲁特最新的报时建筑并非属于任何宗教派别，而属于奥斯曼政府。在一场包含多种要素的改革计划的实施当中，苏丹阿卜杜勒·哈米德二世（Abdülhamit Ⅱ）[*]设法把奥斯曼帝国以及位于伊斯坦布尔的中心描绘成边缘省份的慈爱保护者，同时又是其现代化的推进者。[14]如同建筑方面的表现一样，庆典与仪式很大程度上是这种姿态的表达。当苏丹批准在帝国的几个省会城市建造钟楼时，这无疑贴上了将中心的时间现代性（temporal modernity）授予各个行省的标签。奥斯曼帝国的许多城市都竖立起钟楼，有些大大早于贝鲁特，其他则是围绕阿卜杜勒·哈米德登上苏

---

[*] 阿卜杜勒·哈米德二世（1842—1918），奥斯曼帝国的苏丹兼哈里发，在位时间是1876年至1909年，也写作Abdul Hamid II。——译者注

丹之位25周年纪念而兴起的建筑狂潮的一部分。但是，在贝鲁特新钟楼的例子里，是贝鲁特行省议会的本地倡议与帝国政策的汇合促成了这个建设项目。[15] 1897年，贝鲁特行省的奥斯曼总督，代表当地人的利益致函苏丹。他从列举该城内几个已经建成了"配备了钟的钟塔"的"外国机构"开始谈起，说"它们都有一个西洋时钟。因为没有公共时钟显示强制性的穆斯林（祷告）时间，穆斯林，就连官员和（其他）公务员都不得不遗憾地适应外国时钟的时间"。因此，"急需"一个公共时钟，以确定穆斯林的宗教时间。[16]

计划一经通过，优素福·阿夫蒂姆斯（Yussuf Aftimus）就被指派负责监督钟楼的建设。阿夫蒂姆斯曾是叙利亚新教学院的毕业生，如今担任市政工程师，他在完成纽约的联合学院（Union College）的研究生学习后，曾在宾夕法尼亚铁路公司（Pennsylvania Railway Company）和通用电气公司短暂工作过。随后，阿夫蒂姆斯在1893年的芝加哥世界博览会上设计出了奥斯曼馆和波斯馆，被普遍视为奥斯曼建筑风格的专家。贝鲁特的新钟楼醒目地伫立在该城奥斯曼行政主楼和军事大楼的前方。就像阿夫蒂姆斯本人，这座奥斯曼钟楼体现了各种风格以及东西方传统的融合：塔楼有四个钟面，其中两面使用拉丁数字，另外两面写上阿拉伯数字。即便是根据19世纪全球性城市的标准，贝鲁特的时间多元化可能也是特别的。但是，一些地方的多宗教和多种族的混杂表明，其他地方也存在类似的多样性因素。在这些地方，时间多元化是一种日常体验。[17]

\*\*\*

截至20世纪初的数十年，贝鲁特尚未面临奥斯曼帝国或者欧洲殖民国家制定新的标准时间的压力。奥斯曼官员们一直在考察各种各样与时间相关的问题，但是，这些措施暂时没有一个获得通过。在1908年"青年土耳其党革命"\*的背景下，位于伊斯坦布尔的奥斯曼政府开始讨论用欧洲时间替代"土耳其"时间。在此次引导奥斯曼帝国往宪政方向发展的尝试之后不久，一个委员会考虑废除奥斯曼财政历法（Ottoman fiscal calendar，一种特殊的历法，每年始于3月份，用于计算薪水以及其他官僚目的）并且采纳欧洲时间，但是内阁没有同意。

在幕后推动这些努力的是加齐·艾哈迈德·穆赫塔尔帕夏（Gazi Ahmed Muhtar Pasha）\*\*，曾经的奥斯曼驻埃及高级官员，他教过数学和天文学，还写过关于计时与历法的著作。[18]1910年，穆赫塔尔帕夏回到伊斯坦布尔，带着一份提案来到奥斯曼议会的上议院，提案提议要强制在所有公共时钟和清真寺使用的时钟的钟面上，在alaturka时间旁边显示欧洲平均时间，但是提案没能走远。1912年，奥斯曼帝国最终在军队和文职部门采用了欧洲时间。1912年和1913年的巴黎国际时间会议之后，伊斯坦布尔的奥斯曼无线电报站每天都接收到从巴黎发出的时间信号。然而，哪怕在伊斯坦布尔的权力中心，至少持续到20世纪20年代，欧洲时间的传播一直都是零零散散的。[19]

就其确立的程度而言，格林尼治时间是在1917年随着法国士兵的到来而被引入贝鲁特的，而且可能是在其后几年中作为法国委任统治的一部分正式得以制度化。[20]不过，正如在20世纪20年代甚至是30年代出版的年历和日历所表明的那样，UTC+2时间的实际执行势必停留在表面。这类出版物首先诠释了何为平均时间，何为贝鲁特时区。此外，许多年历和日历还列出了在格林尼治（有时是巴黎）的正午时分，世界范围内的大城市（包

---

\* 青年土耳其党革命，发生在1908—1909年，青年土耳其党人成功迫使苏丹阿卜杜勒·哈米德二世恢复宪法，并重开议会，实行君主立宪制。——译者注

\*\* 帕夏，奥斯曼帝国行政体系的官职，通常是总督、将军与高官，大致相当于英国的勋爵。——译者注

括贝鲁特）当地时间是几点。正如在其他地方那样，在贝鲁特引入平均时间仅仅是增加了另一个层面的时间，而没有压制各种当地宗教与世俗层面的时间。[21]

\*\*\*

在官方并未立即采取行动把平均时间引入贝鲁特的情况下，黎凡特地区各家报纸的读者与作者却热心地关注着时间问题。在1900年前后数十年里，贝鲁特人对钟表的关注度与日俱增。这种兴趣上的提升被很好地记录在欧洲各家商业出版物中，它们报道了黎凡特地区的商业机会多达几何。"对廉价手表的需求非常可观，而贝鲁特是给远至麦地那（沙特阿拉伯）的内陆到沿海市镇等地供应手表的主要中心。"一份出版物这样写道。[22]这份报告进一步详细说道，"到处都能碰见"的销量最好的手表，属于瑞士人制造的"罗斯科夫体系"（Système Roskoff），阿拉伯数字或拉丁数字都可以选择。德国（后来成了瑞士公民）制表匠乔治·弗雷德里克·罗斯科普夫（Georges Frederic Roskopf, 1813—1899）以经济实惠的手表的制造商为人所知。在19世纪60年代，他供应一种一名普通工人通过每周贷款即可购买的手表，一个被他称作"无产阶级手表"的计时器。这样的计时器推动了手表在欧洲工人当中的传播，也使其在非西方世界更易为人接受，从而吸引力倍增。[23]

与此同时，越来越多的贝鲁特制表匠被列入这座城市各个行业的指南和年历当中。尽管有着生产廉价大众手表的趋势，但这些设备仍可能属于奢侈品，价格远远超出普通民众的消费能力。手表商铺与手表维修店往往位于贝鲁特的露天市场（souk），那里的商家专门经营为这座城市提供的一些更奢侈的商品。[24]不过，根据这一时期刊登在阿拉伯报纸上的手表广告可知，那里势必出现了一个较小却有着足够规模的市场，以维持手表和时钟的销售。商人们经常声称自己有着国际经验，以此褒扬自己的服务。瑞士浪琴表在叙利亚的代理商就宣称他们供应的是来自"欧洲最大的工厂"的计时器。一位名叫吉尔吉·比沙拉·哈吉（Jirji Bishara Hajji）的穆斯林曾经作为美国沃尔瑟姆公司（American Waltham company）的代表在澳大利亚待了5年，一回到他在黎凡特地区的老家，就"带来了这个行业中使用的所有现代机器"。一部关于大马士革的手工艺与诸多职业的19世纪的百科全书甚至认为，有必要告诫读者们警惕那些渗透了这个行业的害群之马，他们没有合宜的知识和训练，却妄称自己为"制表匠"（sāʿātī），可见手表是何等流行。[25]

除了手表买卖，黎凡特地区的读者对其他计时器也颇感兴趣。在当地媒体的报道中可以频繁见到对历史上著名的钟表或壮观的大型钟楼的描述。大约在奥斯曼钟楼的讨论和筹建前后，一篇文章描绘了"伦敦的时钟"。这座城市配备有许多"放置在高塔上的大钟"，"可以让人们在需要的时候就能轻松知晓时间"。这类文章还敬畏地报道了欧洲大城市中最近安装的、通过时钟网络来控制时间分发的系统，无论在像巴黎那样安装了气动装置，还是像维也纳和柏林那样借助于电驱设备。历史悠久而又格外精巧复杂的时钟是另一类经久不衰的钦慕对象。各家报纸纷纷惊叹说，英国国王亨利四世在自己的卧室里放了一个时钟，可以走上一年都无需上弦。[26]

另一篇文章描述了由美国制表匠康涅狄格州的沃特伯里（Waterbury）制造的一个时钟，他花费12年时间打造的一件杰作。这个时钟仪器上有一个组成部分被绘上了"现代的进步以及科学和工业界人士"的字样，其中包括棉花种植和煤矿开采、播种机械、纺织品生产、电报电话，以及过时的钟表技术同最新的行业创新之间的比较的场面。19世纪晚期和20世纪初的阿拉伯记者和散文作家，对历史上的时钟最为钦慕之处在于它们的制造技术和工艺，显然，还有其假定的准确性和经久耐用。精准正在成为一种备受珍视的价值。[27]

一篇短篇小说使黎凡特地区对钟表持续加强的痴迷得以名垂不朽。小说的作者米哈伊尔·纳伊马（Mikha'il Nu'ayma）在20世纪伊始移民美国，他是抛下黎巴嫩山区衰落的丝绸业、前往美洲或澳大利亚寻求新生活的众多叙利亚裔黎巴嫩人中的一员。在1929年，他写下了《布谷鸟钟》（"The Cuckoo Clock"）的故事，讲述了一个农民的生平，此人的未婚妻被一位暂时返回家乡的移民引诱离开了山村。[28]在故事中，暂时返乡的游子炫耀了好几件现代化的浮华玩意儿，特别是一个他在美国得到的布谷鸟钟。这只会说话的鸟儿彻底迷住了村民们。当未婚妻消失在大洋彼岸之后，这个农夫衡量了一下迄今为止自己的生活，"生平第一次，他憎恶自己目光所及的一切，觉得它们都是丑陋而可耻的，他的牛和犁，他的树林和葡萄园"。[29]于是，这位农民决定也去那个他前未婚妻在布谷鸟钟的煽动下投奔的国家碰碰运气，并在那里成了一名百万富翁。与此同时，他的前未婚妻成了一个在酒吧工作谋生的堕落女子，因为那个钟的主人早就抛弃了她。最终，这位由农民蜕变成的百万富翁，对文明过度饱和的新世界充满厌恶，回到了自己在黎巴嫩山区的家乡，他在那儿安享晚年，极力宣讲大自然之美和简朴生活之乐。[30]

钟表日益走进千家万户，这就要求黎凡特地区的居民发展出一种表述时间和计算时间的语言。一部在黎凡特流通的阿拉伯语－法语语言指南，其中最具特色的一部分是有关时间的诸多表达方式的，其中包括一场虚构的对一名制表匠的拜访。这份语言指南提供的法语短语的阿拉伯语翻译包括："什么时候日落？""时间过得真快啊""我有时通过读书或散步消磨时光""阿赞（Azan，穆斯林的祷告号召）指示说中午到了""我不知道,我的表不准""我还没有给我的钟上弦""我还没有调我的钟""它停了""它还是不走""它走慢了""它走快了""我的表旧了,需要修理""你有日内瓦的表吗?""我需要它,越快越好,因为我不能没有表",以及"我的工作迫使我每天都戴着一块表"。[31]这些说法体现了当时人们对计时器日益增长的依赖和熟悉程度。

随着计时器变得越来越流行和丰富,另一种计时器与钟表一道得到广泛传播。讨论时间的不同方面,首先并且主要是在比较的框架之内进行的。在阿拉伯兴盛的媒体行业撰文的作者,他们不断把自己和他们的时间管理同欧洲人进行比较,目的是估量阿拉伯人的总体情况如何,以及要使东方人想避开欧洲殖民主义需要改变些什么。另一方面,欧洲人和美国人不禁注意到,在他们眼中的规律而统一的计时方式与当地社会的各种实践之间,存在着显著差异。从更广泛的层面讲,进化论思想,无论是达尔文的,还是其更侧重社会层面的斯宾塞式变体[*],都为各方就不同文明的发展阶段进行比较提供了思维模板。对19世纪的世界来说,比较是一种将自己放置在那个世界之中,并且与其他社会相互联系的重要的认识工具。这对全球意识的形成而言是一项至关重要的智识操作。

比较性思维最清晰的视觉表现是一种通常不会被算作计时器的工具。在东地中海世界,由于价格低廉,这些时间标记物的影响力轻易就证明了其要比钟表更富影响力。自19世纪80年代以来,在贝鲁特和东地中海地区发售的年历和日历日益受到追捧。拥有众多宗教派别的贝鲁特是一个历法多元化(calendar pluralism)走向极端的城市。日常生活中至少存在着四种历法:经过革新的格里高利历法;东方各教会使用的未经革新的儒略历(Julian calendar);伊斯兰农历(Hijri calendar);以及奥斯曼的"鲁

---

[*] 斯宾塞式的变体,即英国哲学家赫伯特·斯宾塞等人鼓吹的社会达尔文主义(Social Darwinism),认为社会领域里同样适用"物竞天择,适者生存"的原则,这种观点随后沦为殖民扩张的重要理论依据。——译者注

米"（"Rumi"）或有时所谓的"财务"（Maliyye）历法。后者使用伊斯兰农历的纪年法，但同时采用儒略历的月历，每年始于3月1日。奥斯曼历法是最重要的行政依据，不过它也被用于大量的官方公告。所有这些被使用的历法都有自己的节假日。在19世纪最后几十年间，印刷出版机构不仅推出相关的书籍、期刊，以及报纸，还有旨在帮助人们在黎凡特地区和埃及的多元化历法中找到方向的各种日历和年历。从19世纪80年代起，作为一项金科玉律，贝鲁特和开罗的每家印刷出版机构和主要报纸似乎都出版过年历或日历，而且还发行过许多独立的、专门的相关出版物（比如农业日历）。

报纸和期刊刊载着越来越多的、宣称来年将采用全新的"新月历法"（"al-Hilal Calendar"）的广告，并列出内容简介和价格。不久之后，年历还会包括专题文本，其大部分内容有关电话这类新近的技术发明、健康建议，以及科学新闻。这些印刷品可谓是繁荣的出版业的延伸，但是从未得到系统地检视或被用于历史研究。日历和年历的页面上通常会列出伊斯兰农历、格里高利历法，甚至是犹太人的和埃及科普特语（Coptic）的工作日名称、月份名称，以及年份的完整日历。以阿拉伯语和法语双语标识的日出和日落时间更加丰富了日历的内容。这些年历的其他部分还有该城的奥斯曼政府官员和外国领事们的名字，并且还印上了轮船和有轨电车时刻表。根据编辑和出版社的宗教背景，一些年历会出于本教派的需要优先列出相关信息，而另一些则刻意彰显宗教多元化的特点。在年历和日历的页面上，人们切切实实地体验到各种不同的时间，并进行相互比较。可以说，正是这种对多元历法时间的共存的可视化使得比较不同的历法成为一种流行的消遣。

在贝鲁特、开罗，以及亚历山大等地出版的许多期刊都专门开设篇幅可观的问答专栏。读者们带着各种问题致信编辑们，后者在随后几期中的一期里给出回答，解答这些问题。自19、20世纪之交以来，读者们总在寻求有关比较各种历法、将某一历法中的某个日期转换为另一个历法中的日期，以及解释各历法之间区别的建议。比如，一个名叫穆尔西·萨迪克（Mursi Sadiq）的读者致信《新月》（al-Hilal），请求解答法兰克历法（即格里高利历法）和儒略历之间12天的差别，以及是何历史进展导致了这一分歧。另一篇文章则专门讨论了1582年对儒略历进行改革的历史背景。还有几篇介绍了古埃及人、古巴比伦人、古希腊人，以及其他古代社会中使用不同历法的历史。闰日（Intercalation），以及为何它是必要的，是另一项调查热衷的对象。阿拉伯世界的读者们生活在多元时间体系当中，程度远甚于同时期的欧美人。虽然写信者可能要求解答的主要在于格里高利历法革新的历史背景，但是他们很轻易地就把多个时间体系看作诸事项的自然状态。对他们来说，一个拥有不可改变的单一时间的世界看起来颇为古怪。在阿拉伯读者和作者的眼里，全球化和相互关联性更多关乎发明工具和方法以比较并转换不同的历法，而非用均质化完全取代差异。[32]

19世纪下半叶，许多书籍和小册子都讨论了伊斯兰农历、历法的历史，以及时间与日期的转换。在好几份出版物当中，"独一无二的天文学家"马哈茂德帕夏（Mahmud Pasha "al-Falaki"），19世纪埃及最著名的天文学家之一在书中和论文里发表了诸多见解，其中包括历法比较和日期转换表，伊斯兰教诞生前的阿拉伯历法的历史，以及金字塔在天文学上的奥秘。[33]加齐·艾哈迈德·穆赫塔尔帕夏，那位曾经在奥斯曼议会上提议使用欧洲时间的奥斯曼官员，也撰写过类似的文本。[34]

日历和手表的普及和公共空间中时钟时间的存在，为正确而精准的时间赋予了新含义。1892年，连续数周之久，报刊发布的有关时间的信息的真实性遭到了当地报纸读者的细致审查。被视为穆斯林主要发言人的报纸《知识之果》（*Thamarat al-Funun*）与一家耶稣会会士发行的报纸《先驱》（*al-Bashir*）产生了争执。引发分歧的是《先驱》每年出版的年历中的日落时间。读者纷纷致信《知识之果》要求澄清，因为这份年历所指示的时间看起来有误，或至少对他们来说是可疑的。而《知识之果》也觉得有义务对此进行讨论，因为就像它解释的那样，穆斯林的祷告和斋戒仪式有赖于其中某些时间。[35]1892年1月10日的日出时间带来了混淆，因为这份年历标明的是阿拉伯时间2点12分（大约是欧洲时间的早上6点30分），《知识之果》及其读者都觉得这似乎太早了。《知识之果》还得出结论说，根据《先驱》的日历，阿拉伯时间该日的2点12分是全年任何一天中最晚的日出时间。基于此，《知识之果》指责《先驱》让1月10日成了那年中最短的一天，可每个人都晓得，12月21日的冬至日才是白昼最短的一天。[36]

《先驱》觉得有必要澄清自己的立场，它首先解释了计算阿拉伯时间与法兰克时间之间的差异，对此，《知识之果》冷淡地回应道，"欧洲人的术语与我们无关"。《知识之果》与它的读者认为，2点12分这一日出时间"与认知相反"，从而让人类的视力和客观现实与很可能是错误的计算形成了冲突。《先驱》找到了一种方法来澄清这一被认为是错误的时间：其日历的设定，不仅服务于贝鲁特市，而且还同时服务于省内其他城镇，甚至是叙利亚省的部分地区。2点12分并不是指贝鲁特市的日出时间，因为贝鲁特以东的黎巴嫩山（Jabal Lubnan，贝鲁特以东）遮挡了视线，太阳升出地平线以后平均会有20分钟消失不见。"没有哪份日历需要对此负责"，《先驱》宣称。[37]因此，谨慎起见，《先驱》将实际的日落时间推后了8到15分钟，以解释贝鲁特以东的黎巴嫩山上的某处的观察者站在山上时遇到的日出。[38]问题仍未得到解决，但它表明公众对指明准确而真实的时间有着日益高涨的兴趣。

\*\*\*

当地的记者、知识分子,以及宣传家最积极地参与关于时间主题的活动,发生在阿拉伯和伊斯兰始于19世纪下半叶的自我改造的背景当中。在其多种族的社会结构遭遇要被民族主义的离心力撕成碎片的威胁的时代,奥斯曼帝国面临着一个不确定的未来。在时间管理的其他方面,自强将在帝国主义时代点亮其前景。自19世纪伊始,奥斯曼帝国一直在失去领土,还被想象成了"博斯普鲁斯海峡上的病夫"这一著名形象。苏丹在这个世纪中叶着手开始大规模的改革计划,以求对抗任何此类推想的和真实存在的瓦解威胁,这些计划被统称为"坦奇马特"(Tanzimat,即重新排序或重组)[\*]。[39]

在帝国的边缘省份,苏丹的改革者们受命收紧并简化行政程序。在某些情况下,比方说在埃及,此类努力结果证明为时已晚。在这里,一位由苏丹派遣过去,要从拿破仑手中夺回埃及的经验丰富的军事领袖,把自己及其继任者置于总督(Khedive)的位置,名义上是奥斯曼帝国的属臣,但实际上成了越来越独立的埃及统治者。穆罕默德·阿里(Mehmet Ali)人如其名[\*\*],在军事、税务,特别是教育领域进行了一系列野心勃勃的技术改革。然而,改革是有代价的,埃及领导人转向外国投资者来资助其技术官僚现代性(technocratic modernity)愿景。当一场民族主义性质的起义威胁到总督的统治,也威胁到债券持有者时,英国便从1882年起开始介入并占领了埃及。[40]在这个节点上,奥斯曼帝国其他地区的阿拉伯观察家倍感警觉。在诸如大马士革和贝鲁特这样的城市里头,越来越多的学者、记者、作家、教育家,以及新兴中产阶级的其他成员,意识到了这个尖锐

---

[\*] 坦奇马特,也译作坦齐马特。——译者注
[\*\*] 穆罕默德是伊斯兰教中的著名先知,也是阿拉伯世界常见的人名,阿里则是伊斯兰历史上"四大哈里发"之一(公元656—661年在位)。——译者注

的、同时来自奥斯曼和欧洲的双重挑战。奥斯曼的衰弱和帝国主义的压力强化了在面临欧洲威胁时"东方人"的革新需要。否则,正如阿尔及利亚、英属印度遭到殖民,以及如今可能会沦为殖民地的埃及所暗示的那样,阿拉伯人和穆斯林注定要经受类似的为异族所统治、所征服的命运。19世纪80年代开始的"争夺非洲"强化了这种普遍的担忧。[41]

帝国主义竞争的激化和占领埃及,促使当时的观察家们像往常一样开始质疑。他们的一个清醒冷静的回复是,要通过"重新唤醒""东方人"同胞接纳他们自己的历史中最好的部分,通过促使他们采纳欧洲科学、工业,以及文化中最有前途的方面来实现自我改革与自我改造。由此产生的所谓的"复兴"(Nahḍa)可谓一场最广泛意义上的改革运动。[42]这场运动最突出的特点是其折中主义,这是融汇了智识生产和对欧洲思想进行接纳的大杂烩。最重要的在于,复兴运动见证了像贝鲁特、开罗和亚历山大等城市中出现的报纸与杂志出版的兴旺景象。若没有这些交流、翻译,以及传播的新渠道,有关时间与时间管理的频繁讨论就不可能发生。

1850年左右,据估计有24份期刊在贝鲁特出版。截至1875年,已经存在11家印刷出版机构,它们出版报纸、期刊、书籍,以及年历。早期最为活跃的、集学者、记者、编辑三重身份于一身的人士之一布特鲁斯·布斯塔尼(Butrus al-Bustani),他是贝鲁特东南部的舒夫(Chouf)山区的马龙派基督徒,后来皈依了新教。布斯塔尼精通叙利亚语、拉丁语、希伯来语、阿拉姆语(Aramaic)*,以及希腊语,他出版过一部百科全书和一本现代阿拉伯语字典,撰写了一本畅销的阿拉伯语《圣经》译本。一搬到贝鲁特,他就开始从事新教传教士的工作,并在余生作为教师和翻译家与美国人保持密切往来。从1870年开始,布斯塔尼还出版了《花园》(al-Jinan),这是最早为改革主义(nahḍawi)思想提供平台的期刊之一。[43]

---

\* 阿拉姆语,一种闪族语,包括好几种方言。——译者注

该地区不同传教机构在出版领域继续他们竞争着进入当地人的情感与心灵。天主教耶稣会传教士对布斯塔尼这样的新教徒的积极努力感到担忧，于1870年用周报《先驱》进行反击。1877年，基督徒哈利勒·萨基斯（Khalil Sarkis）开办另一份半周报《当下之声》（*Lisan al-Hal*），后来改为日报。萨基斯是文学复兴期间另一位高产作者。他和布斯塔尼共同创办了一个出版公司，后来又成立了一家专门出版阿拉伯-伊斯兰经典的出版社。萨基斯至少是9本书的作者，他写的关于礼仪与伦理的书跟关于学校教程和烹饪的书一样多。第一家由穆斯林经营的报纸，其带头者是阿布德·阿尔卡迪尔·阿尔卡巴尼（'Abd al-Qadir al-Qabbani）。1875年开始，阿尔卡巴尼出版了《知识之果》。[44]

持续时间最长、最富有影响力的改革派的出版机构之一是《文摘》（*al-Muqtataf*），它由法里斯·尼姆（Faris Nimr）和雅各布·萨鲁夫（Ya'qub Sarruf）在1876年创办于叙利亚新教学院，他们此前都曾经是该校的学生，如今作为教员在那里授课。1884年，在大量围绕叙利亚新教学院所开课程的公开争议使得该机构的编辑对学院领导层感到失望之后，他们把这个杂志社搬到了开罗。出版领域内后来还加进了一抹重要的景观，《新月》，它由叙利亚裔黎巴嫩基督徒侨民朱尔吉·扎伊丹（Jurji Zaydan）于1892年在开罗创立。基督徒扎伊丹是阿拉伯与伊斯兰的遗产和历史，以及科学和其他主题的大力倡导者。[45]

这些报纸，许多都是由基督徒创办和编辑的。但若把19世纪阿拉伯的印刷文化（延伸一下，还有对时间的高度关注）理解为是基督教式的，会错过这些出版努力相互关联的本质及其复杂多样的流动性。在奥斯曼帝国晚期和埃及，无论在思想上，还是在行动上，基督徒与穆斯林都是彼此不可分离的知识和政治共同体。出版商、作者，以及他们的经销渠道，由印刷网点、共济会会所、致力于科学进步的学会，以及东地中海沿岸的院校联系在了一起。出版物的编辑们频繁在贝鲁特和开罗之间来来回回。阿拉伯世界的出版社被嵌入了跨区域且跨宗派的各个网络当中，这些网络从贝鲁特和大马士革一直延伸至开罗和亚历山大，以及黎凡特地区的许多小城。[46]阿拉伯语的报纸和期刊的发行量往往有限，很少超过几千份。但当时的阅读习惯与现代的做法截然不同，因此发行数字最多只能讲述部分事实。在贝鲁特，尤其是在乡村和山区规模较小的城镇里头，读者能在图书馆、学校，以及政府办公室接触到印刷品，当人们在乡村广场、在咖啡馆，以及在家中讨论报纸文章时，这往往会把阅读变成集体行为。[47]

\*\*\*

阿拉伯语的报纸通常包括以下内容：欧洲政治事件小结（往往要么摘录自欧洲的报纸，要么基于新闻机构提供的摘要与服务）；发自伊斯坦布尔的关于苏丹和奥斯曼政治的报道；欧洲科学期刊的翻译文章；文学作品和连载的阿拉伯语小说；本地新闻；以及主题广泛的大量文章，在其中科学排在首位。截至19世纪最后几十年，阿拉伯语报纸开始刊载有关人的时间和生活的本质，以及花费和使用时间的方式的文章。阿拉伯作者，无论是穆斯林还是基督徒，都环顾四周，对通行于该地区的多重时间进行比较。在不确定的未来的阴影下，他们注意到的不是充斥着贝鲁特日常生活的与时间的密切联系，而是种种不足之处。一种频繁在随笔和文章中出现的抱怨是，"东方人"通过在咖啡馆里无所事事、遗忘时间的真正价值，来"消磨时间"的倾向。这类文章向阿拉伯语读者介绍了"时间就是金钱"这一古老的观念，以及各种类似的告诫：要变得有效率，以节约时间，而不要浪费时间。

1909年，一位为报纸《当下之声》撰文的名叫朱卜兰·马舒赫

（Jubran Massuh）的记者，撰写了一篇题为"危险：我们如何浪费时间"的文章。他报道说，一天晚上，他临时起意去人行道散散步以"消磨时间"，并且"假装是欧洲人"。马舒赫使用的新词"tafarnaja"源自ifranji一词，意为法兰克/法兰克人，也即欧洲人。"假装欧洲人"是一个常见的、当时偶尔用来表示嘲弄的说法。他打好了领带，身着其他欧洲服装，并且配合以欧洲人的姿态开始散步，没有左顾右盼。直到朱卜兰突然间想起，"欧洲人并不会毫无用处地挥霍时间"，因为他们会说，"时间就是金钱"，于是他很快决定重返书桌，"做一些有用的事情"，把他原本打算浪费的时间给节省下来。[48]

在到家之前，我们的记者路过"一栋重要的建筑"，它可能是有影响力的要人的府邸，他们是传统上接近政治权力的地方精英。这位记者听到屋内传出来喧哗声，便停下脚步，发现"20位尊贵人士"聚集在此。起初，他以为这些权贵济济一堂是为了"崇高的事业，为了一场政治会议，或者探讨某个重要而实用的话题"。朱卜兰·马舒赫等着看自己的假设是否正确，但在这一插曲的进行过程中，他没有瞧见预料的情形。一组人忙着吸烟；另一组在进行着琐碎的闲聊；其他人则分享他们对某位女性爱慕对象的崇拜之情；两位年轻人在角落里讨论"令作者羞于落笔记录的话题"。这类活动进行了一个小时又一个小时，而这位记者仍没有发现这场聚会的确切目的。"葡萄酒已经让饮酒者思维狭隘，把他们阻拦在了理性之外"，马舒赫哀叹道。晚餐过后，人们再次离席抽烟，整整4个小时后，这次聚会才终于结束。[49]

然后，马舒赫对自身所处的社会感到遗憾，因为它"消磨宝贵的时间，并且毫无目的地把它浪费在无用之处"。这位替《当下之声》撰文的作者立刻谴责了自己浪费掉了4个小时目睹这个不光彩的场面，并"参与了这一耻辱"，合谋扼杀了时间。当马舒赫"重返其奥斯曼做派"后，他反观自己，立刻感到了悲哀，希望自己能够像不会毫无益处地浪费时间的欧洲人那样。欧洲人进步、先进，并变得文明，改善了他们的家园；通过节省时间，将时间视为金钱而不去浪费，他们使得他们的文明更加强健。如果东方人可以有选择性地采用欧洲成功秘诀，那么，这将使得阿拉伯与伊斯兰文明更为强健，使东方人免于遭受全方位的殖民。[50]

作为自我改造的工具，时间管理与一个僵化的体系联系在一起，这个体系把时间分割成多个片段，并且将各个独立的时段分配给不同的活动。一篇关于"用餐时间"的文章阐述了这种广泛传播的有关计划和分配时间的信念。"无论是在个人事务方面，还是在社会生活方面，计时都是非常有用的，就像一个体系和好的结构之于不同民族与文明的作用那样。"这类结构和体系应该在用餐时间的组织上占据特殊的地位。必须要"选择适当的时间"用餐，才能培养出健康、放松的身体，以及轻松的心灵。这种"时间安排"只发生在"文明主宰的国家"，这篇文章解释道。对用餐时间的习惯进行比较使这一点无比清楚。英国就是一个对时间安排高度重视的典例，在那里，一套精细的"用餐时间体系"与"有用的英式工作方法"相得益彰。英国人每天起床后，享用一顿丰盛而又营养的早餐，"比如两到三根羊排"、鸡蛋、猪肉，以及土豆。[51]

这种做法与法国人的习惯正相反，他们"早上仅限于喝茶与喝咖啡"，或者"吃一点点果冻、甜点和一块面包"，这种早餐模式反倒"在东方文明国家"得以采纳，关于此，作者可能指的是他自己在东地中海某处的家乡。另一方面，英国工人有着全面而富有营养的膳食来支撑，可以持续工作到下午晚些时候，而无须中途另外再用一次正餐。他的早餐已给予他劳动半天的力量，到中午，他只是稍稍中断工作，"吃一片夹在薄面包片里的肉，也就是'三明治'"。[52]

英国工人"没有他的浪费时间，没有在一天较早的时候中断其工作节奏，因为时间就是金钱"，这篇文章声称。另一方面，法国人则"浪费了他们的时间，没有一鼓作气完成工作"。法国人的做法是在早上9点左右开始工作，中间还要休息两小时吃午饭，然后一直工作到傍晚时分，这种做法"并无益处，……甚至是'有益'的对立面"，这篇文章如此评论。至于作者自己所在的社会，他总结道："如果我们效仿那些领先的诸文明已经采纳的各民族之所长，……我们将可以改进生产，提高利润，增加收益。"[53]

关于时间的划分，另一篇文章给出了相似的观点。文章的作者回顾了自己的学生时代。那时，同时学习多门学科又没有分配特定时间给某个学科的学生，通常落后于完全致力于一门功课的学生。如果时间不是以这样的方式划分和分配，"某个留出时间用来写作的人突然开始埋头读书，……所有的活动毁于一瞬间"。[54]乍一看，这个文本或许像是一则完全符合工业资本主义提高生产力的要求的广告。然而，鼓励规律性的、系统性的时间细分的幕后动机是不一样的。最终的主要目的并非经济利益，而是整个社会与"民族"的自我改造。

阿拉伯知识分子和改革者聚焦于通过自我改造的个人努力来累积影响力。在《知识之果》刊载的一篇文章中，转载了一位叫作穆罕默德·萨利赫的长老（shaykh Muhammad Salih）在麦加一所改革派学校的演讲全文，文中反复将个人的时间和生命与一个民族或文明的集体命运联系起来。这所学校在伊斯兰世界闻名遐迩，其声誉还远播至阿拉伯半岛以外。"萨拉提亚伊斯兰学院"（"Madrassa Sawlatiyya"）是"印度人"拉赫马图拉·凯兰维（Rahmatullah Kairanwi "al-Hindi"），一位南亚穆斯林的创意，也是其付诸终生的项目。此人参加过印度的1857年起义，随后被迫离开那块次大陆。在漫长的旅程过后，凯兰维最终抵达麦加，在那里，他计划创办一所学校。截至当时，在麦加可以得到的唯一的教育是大清真寺

（Great Mosque）提供的宗教教育。凯兰维创办的这所学校的名字来源于一位仁慈的加尔各答女性，一部分资助来自南亚次大陆上穆斯林的捐款。它成了麦加第一所同时提供宗教课程和世俗课程的高等教育机构。[55]

鉴于萨拉提亚学院的跨国性质，以及它在伊斯兰教最神圣的城市面临的宗教保守主义，它可能是一次非凡的努力。但是，作为穆斯林和基督徒重振伊斯兰和阿拉伯文明而进行的改革和复兴努力的一部分，它绝非目前为止唯一的学校。改善教育兴许是有改革主义思想的改革者最核心的努力。19世纪下半叶，黎凡特地区、埃及，以及伊斯坦布尔都开设了几所新学校，其中部分是由传教士创办的，其他的则是源自奥斯曼政府或私人的努力。在贝鲁特开办了最重要的各家报纸的宣传员和记者，就在这些大量新式教学机构中提供指导或任教。[56]

于是乎，麦加的一所改革派学校成为一场关于"人的时间，节约时间的好处，关注时间，摈弃浪费时间的恶习"演讲的所在，可谓合宜。这场演讲的非凡之处在于，演讲者高度强调人的时间，也即人的生命的延展性。演讲从一开始就将时间等同于"人的生命，或者说，人的幸福"。[57]接着，演讲详细描绘了人们在自己的时间（或者在自己的生命）中如何能够变得具有创造性、勤勉，并取得良好的效果。"你种植并收获，你工作、创造、思考、评判、衡量，以及检查，你的幸福就在于节省你的时间。"演讲继续说道，"如果你浪费了你的一生（'umr），失去了你的时间（waqt），你的生命（ḥayāt）有何意义？如果当下的情形为你带来了灾难性的后果呢？此时此刻，你看着自己，发现自己什么都不是，仿佛你从未在自己的时间里头活过一分钟……，你已经失去了它。"长老再次提醒听众，时间意味着积极塑造个人的生命。"你希望时间是什么，它就是什么，只要你愿意，它能成就你的幸福，只要你愿意，它也能成为霉运。"[58]时间是已经活过的命运（destiny）的表现，"如果你抓住了它的机遇，你便生活在它［时间］当中"。如果人在自己的时间中为了大善（greater good）做出了令人铭记的行动，"那么，你的努力会得到奖赏，而你的交易将不会毫无利润"。浪费自己的时间，长老警告道，意味着放任自己的"心理欲望"，有着混日子的风险，也就是说，或许会让人不能实现自己在生活中的真正潜能。他高度强调了个体生命和掌控命运的能力，获取利润的动机和经济优势的讨论充当的只是一种隐喻，而不是明明白白地声称拥护资本主义和物质利益。[59]

然后，演讲者从呼吁个体节约时间转到了评估当代阿拉伯与伊斯兰文明。他把"我们"描绘成了一个寻求知识、带着好奇的眼光和奉献精神看向世界的民族。"如果我们把它花在获取有用的科学［的知识］，并能够启发思想、锻炼脑力、开阔视野，并指引我们走上一条方向明确的平坦道路的有用知识上"的话，那我们在做学生时期的时间，会充满各种选择，基本的恩典，以及足够的效用。长老暗示说，"我们将能够改善我们的当下状态，改变我们的处境，以便提高我们的道德水平和下一代的教育水平"。在其所有警告和呼吁当中，穆罕默德·萨利赫清楚表明：用在有用的事务与自我改造上的个人精力，在改变整个民族或文明的命运方面同样重要。[60]

在评论时间时，阿拉伯世界的作家关注的是命运（fate）和塑造个人命运（destiny）*的能力。随着waqt（最常用来表示时钟时间）和 zamān（一个更具哲学意味的表示时间的词，暗示永恒、无限）的出现，阿拉伯语已经使用不止一个词来命名时间。学者和随笔作家对个人行为与民族命运（national destiny）的强烈兴趣，为这场辩论又增加了一个术语，一个

---

\* fate和destiny是近义词，都表示命运，据说它们往往是能对人的生活产生决定性影响的外在于己的事物或力量的集合，但也存在细微差别，个体或群体的destiny，可能是由更高一层的、具有宇宙学意义的fate（常见于古希腊神话中，就连诸神都受制于它）决定。——译者注

在"一生中出现的诸事件"的意义上最好被理解成命运（fate）的概念。"达赫尔"（Dahr）一词在阿拉伯语当中与一个宗教－哲学传统产生了共鸣，该传统可以追溯到前伊斯兰教的诗歌。[61]在阿拉伯和伊斯兰世界对时间的关注日益增长的语境中，达赫尔成了一个论证宗教和现代性可以相互调和的工具。自我标榜的改革者渴望证明，伊斯兰教与现代科学知识是何等兼容。达赫尔这个概念让个人在自我改造方面的努力，与对宗教的某种特定阐释相一致。因为个体的努力加总就能成为民族的成就，整个阿拉伯和穆斯林"民族"或文明便能够在不失其信仰的情况下进行自我变革。

在前伊斯兰教的阿拉伯诗歌中，使人们痛苦的一切都来自达赫尔——好与坏的起源。在后来的伊斯兰传统中，作为命运的时间成了真主绝对统辖的几大力量之一。在前伊斯兰教的思想中几乎神化时间的做法如今遭到了谴责。上帝对时间与命运不受限制的至高权威，最终招致像贾马尔丁·阿富汗尼（Jamal al-Din al-Afghani）和穆罕默德·阿卜杜赫（Muhammad ʿAbduh）等埃及"复兴"运动的主人公这样的现代思想家的挑战，他们教导说，伊斯兰教意味着活跃，意味着个体要对他们的行动，以及社群的福祉负责。他们用一句频繁援引的《古兰经》诗文概述了他们的计划："神不会改变人的思想，直到他们自己发生改变。"（13:10）根据阿富汗尼的说法，相信预定论（predestination）\*就是相信真主会与正确行事的人在一起。[62]

在19世纪末和20世纪初，把时间当作个人和集体的命运的观念，找到了进入另一种阿拉伯文学作品体裁的方式。诗歌，尤其是时钟诗（clock poems），传达出了抓住当下\*\*的动机，督促读者们充分利用自己在世的时间，因为生命短暂青春易逝。一首名为《青年与时间》（"Youth and

---

\*　预定论，也译作先定论，即上帝在人出生前就定好谁将获得拯救，谁将堕入地狱。——译者注

\*\*　"抓住当下"，原文为拉丁语carpe diem。——译者注

Time")的格外长的诗被分成三部分在《文摘》上连载,作者阿萨德·达吉尔(As'ad Daghir)恳请时间慢下来:"前进的脚步放松一些,时间的坐骑啊;从青春以来,我尚未心愿达成";还有"我的眼睛不想见到你,噢,时间[zamān],带走我的青春,快如一匹赛马"。青春是"人度过的各阶段中最为愉快的"。"如果生命是春天,"作者继续写道,"那么,青春要比四月更加灿烂。"另一方面,时间被描绘成"一位沧桑衰败的人,垂垂老矣;死亡与永恒同样都是你的"。时间威胁着要让一切陷入老态:"没有哪个你到访的特别地方,无论陆地或海洋,是你不能在几秒钟内穿透的。"[63]

这首诗的其他小节告诫读者:"把你对时间[此处更有可能理解成命运]的迷恋放在一旁,因为你所期待从中获得的,毫无用处;驱动你自己",并"接受诚挚的建议,请注意,醒来,重获你的意识,明白你与什么同在",[64]随后,就像其他随笔和文章那样,这首诗以相似的口吻,恳请同时代的人们积极地引领自己的命运,而不是被推着到处走。而且不要"为自己找借口,说些'我希望''可能''也许',因为这些词位于失败的悬崖的边缘",因为"希望是美好的,但奋斗,而非懒惰……是它的前提"。[65]另一行诗句问道:"你是否生活在徒劳的阴影里,希望青春能始终如影随形?那么,利用好它的每一分钟吧。"[66]明智地度过时间,首先意味着把时间花在有用的活动上。"那些在青春时期白昼睡眠、夜起寻欢的人,苦难肯定会降临他的居所:他的悔恨将深广,他的悲哀将彰显。"[67]诸如"在机会白白流失之前,把你的青春用在能带来益处和功效的地方",以及"噢,你,我们的青春,这是奋斗[jihād]的时光"这样的诗句,跟其他鼓励阿拉伯人把时间花在"有用的"活动上的文本有异曲同工之妙。[68]

个体时间与民族命运之间的联系,在以下诗句中得到了最清晰的展现:"为了拯救你的国,你应努力奋斗,使其免于它正遭受的耻辱,免于落后和极度贫困的耻辱,免于从头到尾环绕着它的耻辱,免于笼罩其上的无知的耻辱"[69],"蚕食着本国的灾难和弊病已经失控",作者警告道。有必要用剩下的时间来补偿,"不许一秒钟白白浪费掉",而不是沉浸在自我欺骗、错觉,以及混乱的梦境当中。[70]

在19世纪末和20世纪初的东地中海世界,前伊斯兰教诗歌关于抓住当下的观点得到了复兴,用来提倡明智的时间管理并警惕时间浪费。另一个将有着数百年之久的艺术形式与当时的关切相融合的例子是新古典主义阿拉伯语诗歌。新古典主义者是一个松散的群体,主要是些埃及和伊拉克的现代派诗人,在19、20世纪之交及以后,他们书写着一种特殊的诗歌体裁,把古典主义韵律同全新的内容,比如火车、电报,以及时钟结合起来。

1908年,《文摘》刊印了一首这样的时钟诗。[71]作者是马鲁夫·鲁萨菲(Maʿruf al-Rusafi),20世纪上半叶伊拉克最著名的诗人之一。1875年,鲁萨菲出生在巴格达,他在作品中拥抱更为积极的政治性角色以前,曾是一位阿拉伯语和文学教师。1908年的青年土耳其党革命之后,他赞美了对奥斯曼宪法的采纳,并更加公开地写下政治性的新闻和诗歌。鲁萨菲的一生在各种流亡中度过,辗转于巴格达、伊斯坦布尔、贝鲁特,以及耶路撒冷之间。让他闻名于世的,是他写于两次世界大战之间的、抨击英国对伊拉克的委托统治的政治诗。1945年,鲁萨菲逝世于巴格达。[72]他的诗作《手表》(从语法上来说,"手表"是一个阴性的名词,同时有着"小时"之意)描绘了一只手表的结构,它的嘀嗒作响与时间和命运的流转相似:

沉默,她的舌头不吐一语

除了她体内深处的脉搏悸动

她说着"嘀嗒"的方言,没有意义的暗语
仅仅在时间的问题上堪称雄辩

凭借体内的脉搏,她呼唤苦恋的心
以同样的方式,她的心回应着她

时间的变迁以该节奏运转
由于她的失明,凡人的命运变得清晰

标识和记号是她脸上的刻痕,这些
引领人们走向指定的命运

她在每个时刻内行走,测量它;
因为若非她的节奏和步伐,时间还会是什么?

凭借她,人们实现自己的承诺
她的指导引领着那些偏离时间的人

她如同旁人一般进食,就像我有信仰的兄弟
但除了她自己内部的曲折,什么才是她的食物呢?

一根时针绕着她的面孔转动,如同失去了轨道
她的地标迷失在黑暗当中

她的转动揭示出太阳的位置
就算云层遮挡住了阳光

更为奇妙之处在于,她还是

普通民众思想和智慧的成果

理性建造了她,轻而易举
她的特殊构造本身,就是个时间问题

她以报时的声音召集今日的青年:
"用那些突破我的限制的人们的热情努力吧,"

"不要忽略时间,因为他们用利刃
割断并撕裂生命的纽带。"[73]

\*\*\*

改善本人命运的个体努力与集体收益之间的关系,在布特鲁斯·布斯塔尼的期刊《花园》里的一篇文章中表达得最为清晰。文章的作者,萨利姆·迪亚卜(Salim Diyab)在不区分时间的各个维度(比如命运和生命)的前提下,开篇就描述了古代各个社会对预测命运所持有的不同观点,以及怎样去定义一些幸运或不幸的时刻。文章暗示,古人没能把时间和命运的流转看作自我驱动的社会能动性的最终源泉,却相信个人在面对命运全能的力量时无能为力。[74]迪亚卜将这样的想法斥为迷信的谣言。但是,他的确认为,一种对未来的关切、一种积极主动的"邂逅时间"的方式,对每一个在生活中争取获得成功的人来说都是强制性的。这样一位活动家通过"良好的计划和训练"来邂逅时间,并把自己投身在"要发生却还没发生的事物上"。[75]迪亚卜声称,如果人在智识上做出了努力,那么,他很可能会把自己的思想集中在认真、坚毅、希望、节约和分配时间,以及研究当地和国际诸事务上面。无论是谁,只要他遵循这些警告,以有用的方式度过他的时间,都能带着一个健全的灵魂站在他的命运跟前,不惧它带来的不负责任的动荡。[76]

接着,迪亚卜以一种复兴派作者标志性的做派,转向历史以便证实自己的观点。历史和历史时间是各类文章和其他出版物中流行而常见的主题,作者们对此进行阐释,服务于复兴的目的。在他的杂志《先驱》上,像朱尔吉·扎伊丹这样的作家,以及几个匿名或不太知名的作家,广泛讨论起伊斯兰教历史上不同的黄金时代和文明的演变。关于历史、历史时代,以及如何为阿拉伯和伊斯兰文明重新开启黄金时代的许多文章,则是对时间普遍抱有兴趣的另一种表达:在这种情况下,即对历史时间感兴趣。对时间的本质和利用的高度兴趣,与通过研究区域历史而发展起来的历史书写体裁,是一枚硬币的两面。历史与文明的发展同线性时间的前进被紧密联系起来。在对"成功的"和"停滞的"文明的历史发展进行比较时,阿拉伯世界的作家使用"进步"(*taqaddum*)和"落后"(*ta'akhkhur*)这类术语。这个时期,所有阿拉伯期刊都登载了无数的文章来详述这些概念。在作家们描述将一个时钟或一块手表设成后退或前进(因为每天都需要"阿拉伯时间"),或者调整走得过慢或过快的时钟的举动时,"后退"和"前进","慢"和"快"这些词都是阿拉伯语中关于进步和落后的词语的变体。[77]

根据刊登在《花园》上的文章的作者萨利姆·迪亚卜所言,"文明"国家的历史提供了一个"邂逅时间"的教训,这也是其文章的标题。迪亚卜坚持认为,在审视"文明世界"与那个世界之中的进步和落后的原因时,显而易见的是,那些先进民族的进步是建立在其社会状况得以改善的基础上的,而"这迫使他们相互团结"。作者然后转向历史,谈到

"哈里发时代"*，比如从公元8世纪中叶到13世纪中叶的巴格达阿巴斯（Abbasid）哈里发时期，它常常被看作伊斯兰教的黄金时代。按迪亚卜的说法，在那个时代，"阿拉伯民族""努力完善自身"，并取得了进步。[78]

当蒙古入侵和洗劫巴格达终结了这个富有生产力、充满自豪感的黄金时代，各种国际事件"戏耍了他们［指这些事件的同时代见证者］"，这正是一个被命运推着走，而非塑造自己命运的例子。独立以后，阿拉伯民族就步入了歧途，走向衰落。阿拉伯人学会了忍受屈辱，并习惯于此。"我们的阿拉伯民族，"迪亚卜非常痛心地说道，"在我们的时代落后于人，得以闻名的仅仅是懒散和惰性，而其他一度衰败的民族都警惕起来，再次站起来，并重新获得了他们失去的东西。"迪亚卜强调文明的演化是通过经历不同阶段得以完成的，这便解释了达尔文主义者和斯宾塞的进化社会学（evolutionary sociology）**的结合，为何能对当时的阿拉伯读者产生如此巨大的影响。如果社会进步遵循特定的规律，那么，这些规律就可以在个人与作为整体的社会层面上进行研究和引导。如果遵循这些规律，作为一种社会进程的演化就能成为力量的源泉和自我改造的工具。[79]

迪亚卜的文章包含一个理解"复兴"与"时间就是金钱"的动机之间的关系的关键短语。迪亚卜坚持认为，在一个强大而成功的社会中，每个人都在"为奠基于个人财富的民族的繁荣昌盛"而努力。无论是享用了健康早餐的英国工人的生产力，还是懂得时间管理和根据任务分配时间的整个社会的勤勉，个体努力的加总成就了拥有勤奋人民的民族。作为整体的这样一个民族，或许能够抵挡哪怕是欧美帝国在东地中海的野心构成的挑

---

\* 哈里发（Caliphate），意为"代理人"、"代治者"或"继承者"，伊斯兰教的教职，同时也作为伊斯兰教国家的首脑的称呼，在政教合一时指统一的国家元首兼宗教领袖。——译者注

\*\* 进化社会学，即社会达尔文主义。——译者注

223

战。个体的努力有益于民族这个观念,在复兴派的文本中是一种得到广泛运用的措辞。当叙利亚新教学院给一位当地制表匠颁奖时,这个措辞甚至被写进了获奖者的证书当中。

获奖的制表匠埃利亚斯·阿吉亚(Elias Ajiya)是当地名人。他出生在阿勒坡城的一个叙利亚天主教家庭,似乎于19世纪后几十年里住在贝鲁特。阿吉亚以各种各样奇特装置的发明者身份而名声大噪,但手表是其专长。阿吉亚的作品,无论是风扇还是给水加热的设备,都是好几篇报纸文章的话题。[80]他的作品"行星时钟",它融合了时钟和日历的功能,为他赢得了前往巴黎的邀请,在那里,他在巴黎地理学会(Paris Geographical Society)上展示了他的手工艺品。此钟由一个枝形吊灯构成,上面装有一些代表着地球、月球,以及太阳的小球,它们全都按照自己在天空中的实际运动方式转动(地球围绕太阳转动,月球环绕地球每个月转动一圈,等等)。[81]《文摘》,报道了叙利亚新教学院颁奖仪式的那家报纸,重印了阿吉亚的获奖证书,并声称,"对整个民族来说,拥有努力的、争取有关民族进步的一切事物的民族之子可谓必须,而埃利亚斯·阿吉亚就是那些把时间花在有益于民族的发明之上的人士之一"。[82]

响应号召、振作精神、充分利用时间,并通过这类自我改造从总体上助益政治身体(body politic)\*,这一训导是复兴派恳求东方人自我引导进行振兴的主旨。在一个很大程度上被忽视的翻译和挪用的例子中,复兴派自我改造计划的这一特别要素,是从维多利亚时代所有白手起家人士的拥护者,塞缪尔·斯迈尔斯(Samuel Smiles)那里借来的,此人在1859年出版了一部全球畅销书《自助》(*Self-Help*)。其作(后来确立了励志书籍这一体裁)包含不少成功的企业家、商人,以及工程师的生活片段,他们

---

\* 政治身体,也译作政治体、政治实体,指在单一政府控制下构成一个国家的所有人民。——译者注

出身的社会背景低下，却使自己取得了物质上的成功。然而，他的阿拉伯读者们关注的并非物质财富，而是个人的成功与民族成功之间的联系，一种此前在改革派的笔下就已经多次确立的一种偶然性关系。[83]

从这个视角来看，斯迈尔斯有关"毅力""精力和勇气""知识作为一种提升手段"，以及"准时"的章节，向阿拉伯世界的读者提供了一份解决困扰他们的几乎一切事物的方案。最值得一提的是，关于"生意人"的那章谈到了时间的价值。"商业人士惯于引用'时间就是金钱'这一格言，但是不止于此；应将其适当改进为自我教化、自我改造，以及个性的成长。每天在琐事上或懒散中浪费掉的一个小时，如果能用于自我改造，会让一个无知的人在几年之内变得有智慧。"斯迈尔斯声称。此举能使个体进一步塑造自己，而不是被推着走，这意味着"取得生意上的成功，继续推进，而非被生意驱动着"。斯迈尔斯的指导手册也给出一个警告："有些人从未考虑过金钱的价值，直到金钱业已耗尽，而许多人对待他们的时间亦是如是。时间被他们白白浪费，无所助益，当生命加速衰败的时候，他们方才想到有义务好好利用时间。"鉴于挥霍时间的人通常拥有不良习惯，他们注定了会失败。"失去的财富，通过努力工作还能再创造；失去的知识，通过努力学习还能再获得；失去的健康，通过节欲或医学还能再拥有；但失去的时间，永永远远地失去了。"斯迈尔斯阐释道。[84]

在全部作品的第一页，斯迈尔斯就清楚地阐明了个人的成功与集体的成功之间的联系："因为民族只是个人境况的总和，所以文明本身不过是组成社会的男人、女人，以及孩子们的个人改造的问题。民族的进步是个体的生产劳动、精力，以及正直的总和，而民族的衰败则是个体的懒惰、自私，以及恶习的累积。"[85]在这里，阿拉伯世界的读者找到了他们一直在寻求的方案，即以一种貌似合理的方式，将民族的进步视作个体在时间管理、节约时间，以及其他改进方面做出的各式努力的总和。早在

1874年，畅销杂志《文摘》的编辑之一雅各布·萨鲁夫，就从斯迈尔斯的苏格兰出版商约翰·穆雷（John Murray）那里寻求翻译《自助》的许可。1880年，该书的阿拉伯版本以"成功的唯一秘诀"（"The Secret of Success"）为名出版，在贝鲁特和开罗广泛传播。埃及的统治者，阿里总督，还在其宫殿的墙壁上铭刻了《自助》的摘录，与《古兰经》的经文并列。埃及甚至出现了一个"自助"学会（Self-Help society）。[86]

朱尔吉·扎伊丹，一位更进一步提倡复兴的人物兼《先驱》期刊的编辑，写了一部（未完成的）自传，它读起来几乎像是对斯迈尔斯赞扬的那种白手起家者的描绘：扎伊丹描述了自己的经历，他的家庭背景堪称卑微，父母都不识字，他从事过各种工作，逐步往上爬，最终成了叙利亚新教学院一名优秀的医学生。在论及对获取科学知识的兴趣时，扎伊丹声明："我读到了萨鲁夫博士译成阿拉伯语的《成功的唯一秘诀》这本书的部分内容。活力和热情在我心中涌现。正如我所言，我只读过一部分，并没能读完剩下的。一读到那些通过自己的勤奋、努力，以及自力更生取得最大成就的人士的生平，我就激动不已。他们当中有理发师、制鞋匠、随从、手工艺人，以及女佣，这些人都凭借自己的壮志和谨慎成了不起的人。"[87]

阿拉伯语绝非《自助》译成的唯一一门语言。根据斯迈尔斯儿子的说法，在1912年，该书的翻译版本有亚美尼亚语、孟加拉语、汉语、克罗地亚语、捷克语、丹麦语、荷兰语、法语、德语、古吉拉特语、匈牙利语、意大利语、日语、马拉地语、挪威语、波兰语、葡萄牙语（在巴西出版）、俄语、暹罗语、西班牙语（有布宜诺斯艾利斯版和欧洲版）、瑞典语、泰米尔语（Tamil）、奥斯曼土耳其语、威尔士语译本。虽然这份列表足够令人印象深刻，但该书还有可能存在更多外语版本。那是一个知识产权和版权保护观念才开始逐步站稳脚跟的时代，强制执行事实上并不可能。斯迈尔斯的出版商，由于获得19世纪其他好几本重磅书（出版了达尔文的《物种起源》）的版权*而声名大噪的苏格兰人约翰·穆雷，频繁抱怨《自助》（与穆雷的其他出版物）存在好几个未得到授权的译本，他知道它们正在世界范围内流通。[88]

斯迈尔斯的著作在英属印度取得的商业成功超过了黎凡特地区。早在1869年，斯迈尔斯就收到一位"马德拉斯绅士"的来信，请求允许重印其著作中的多篇文章。1912年，其作译本就有古吉拉特语、印地语、马拉地语，以及泰米尔语，可能还有乌尔都语（Urdu）译本。斯迈尔斯的其他一些作品，尤其是《责任》（Duty）和《性格》（Character），在次大陆同样非常畅销。学校师生是其作品的主要读者。达卡（Dacca）一所学校的校长就曾请求获准编辑斯迈尔斯著作的"最佳"读本，它将包括其每部作品中的一部分。加尔各答的一位书商也提出过编辑一部斯迈尔斯作品的英语读本，其中500本会分发给孟加拉各校的负责人，用于英语教学。1906年前后，这种来自南亚次大陆的显著兴趣促使穆雷父子出版公司（Murray & Sons）为印度市场推出了一份特别版，它由略微便宜的纸张和材料印制而成。[89]

无论是在黎凡特地区还是在英属印度，斯迈尔斯的作品在全球范围获取的成功和激发的兴趣，都不能仅仅用经济成功和物质利益的吸引力来解释。斯迈尔斯的作品出版于维多利亚时代中期的英国，或许确实是一份旨在支持自由放任经济学和经济自由主义（economic liberalism）的声明，正如他往往被人阐释的那样。[90]但是对他的阿拉伯读者来说，斯迈尔斯提供了一份方案，也即通过个人的时间管理与个人的普遍努力来实现民族自强。在日本明治维新时期的改革者当中，斯迈尔斯也广受欢迎，这个

---

\* "版权"，此处原文为rights，与现今的"版权"（copyright）存在一定区别，至少是在强制执行力上。——译者注

事实表明该国对此有着类似的解读。毕竟,自1868年明治维新开始以来,日本已经着手于实行自己的改革方案,富有策略并选择性地吸纳欧美的科学、法律、军事组织,以及其他上层建筑。充当民族自我改造手段的《自助》,可谓一种全球现象。斯迈尔斯给全球范围内的主要领导者提供了在内部实现现代化的前景。在像贝鲁特这样的地方,时间因此呈现出民族与文明的功能和意义。[91]

贝鲁特和黎凡特地区之间有一个中间地带,在那里,逐渐蔓延的殖民化构成了真正的威胁,但却尚未遭到类似英军占领埃及那样的具体行动。在19世纪末和20世纪初的埃及,对时间与"时间的价值"的类似迷恋广泛存在着。1911年,一位埃及作家易卜拉欣·拉姆齐(Ibrahim Ramzi),出版了一本书,它与斯迈尔斯的《自助》(*Sirr al-Najah*,译为《成功的唯一秘诀》)的阿拉伯语标题呼应,这本《成功的多个秘诀》(*Asrar al-Najab*,英文为 *The Secrets of Success*)专门有一部分以"时间诚可贵"(*al-waqt thamīn*)为题,就如何成功从事农业、工业,以及贸易给出了建议。拉姆齐在给出一般性建议时会不时停下来,转而评论起是什么让埃及的"外国人"逐渐控制了这些部门的,以及埃及人要如何才能迫使他们放弃自己的支配地位。但随着英国人扎根于斯,埃及人更加频繁而公开地批判诸如铁路、有轨电车等技术以及它们所代表的时间的工业化。[92]在黎凡特地区,评论家不那么动辄批评,而是督促市民同胞更加公开地把欧洲的"武器"用于反对帝国的蚕食。就连在贝鲁特和埃及之间,具体的地方政治状况和它们之间的差异,也定义着时间全球化的条件。[93]

\*\*\*

在某些情况下,阿拉伯作家对自己所属社会抱有的期待则是对欧美在时间上的各种做法的策略性模仿；在其他情况下，当术语的微妙变化突然打开了一种既源自本地，又能以某些欧洲概念无法企及的方式与阿拉伯和伊斯兰社会产生共鸣的新思路时，传播的轨迹变得更为复杂。各家报纸针对日落时间的讨论，表现出对时间的展现、时间的管理，以及时间的真正指向的好奇心，这与阿拉伯世界的作者们描绘的本土社会的形象不符。至少有读写能力的公众对时间议题非常认真，而没有暂时性遗忘。阿拉伯改革者们对浪费时间的担忧跟威廉·威利特对浪费日光的担忧一样。挥霍时间的东方人这一主题，更可能来自欧美人自己的想象。时间的多元性构成了诸如贝鲁特这样的全球性城市的特征，它要求进行比较，要求对不同的测量与利用时间的方式进行调查。丰富多样的印刷品——报纸、杂志，以及数不胜数的宣传单和小册子——再一次充当其他地方有关时间的观念和信息的传送带。当地的学者、记者、编辑——简而言之即改革者们——高度关注所有他们能获取的关于英国或法国在计时和时间分配习惯上的创举的信息。在此基础上，改革者们随后会对这些内容进行剪裁，以适应黎凡特地区和其他地方的实际情况。这些实际情况强烈要求迎头赶上，要求使"东方"文明在时间上更靠近欧洲文明，尤其是在时间管理的帮助下。时间——经过混杂和适应的——只有通过与其他的、全球性的时间进行比较，才能获得意义。

# 注释

1. 关于各个城市,参见Osterhammel, *Transformation*, ch. VI.

2. 大叙利亚包括今天的黎巴嫩、叙利亚、以色列/巴勒斯坦、约旦,以及伊拉克的部分地区。它在这里被用作一个地理术语,而非以它在20世纪被政治化为阿拉伯民族主义的一部分的那种意义上使用。

3. Jens Hanssen, *Fin de siècle Beirut: The Making of an Ottoman Provincial Capital* (Oxford: Oxford University Press, 2003), 27, 28. Leila Fawaz, *Merchants and Migrants in Nineteenth-Century Beirut* (Cambridge, MA: Harvard University Press, 1983), 29, 这本书在该世纪开头给了一个数字6000,在结束时给了一个数字120000。还可参看Fawaz, *Merchants and Migrants*, 63。

4. Hanssen, *Fin de siècle*, 33.

5. 关于1860年的诸事件及其遗产,参见Ussama Makdisi, *The Culture of Sectarianism: Community, History, and Violence in Nineteenth-Century Ottoman Lebanon* (Berkeley: University of California Press, 2000); Fawaz, *Merchants and Migrants*, 23–24; Hanssen, *Fin de siècle*, 35, 50–51, 164; 还可参看Davide Rodogno, *Against Massacre: Humanitarian Interventions in the Ottoman Empire, 1815–1914: The Emergence of a European Concept and International Practice* (Princeton, NJ: Princeton University Press, 2012).

6. Fawaz, *Merchants and Migrants*, 60, 70; Hanssen, *Fin de siècle*, 39, 101.

7. Fawaz, *Merchants and Migrants*, 15–23. 在19世纪,定居贝鲁特的什叶派穆斯林人数极少。该城大约三分之二的人口是基督徒,三分之一的人口是穆斯林。在基督徒当中,希腊东正教教徒是最大的群体,其次是马龙派基督徒。剩下的基督徒是希腊天主教徒，罗马、叙利亚、亚美尼亚的天主教徒，以及新教徒。犹太人的数量在1%到3%之间摆动。Fawaz, *Merchants and Migrants*, 51. The term "poly-rhythmic" is Henri Lefebvre's: 参见Lefebvre and Catherine Régulier, "Attempt at the Rhythmanalysis of Mediterranean Cities," in *Rhythmanalysis: Space, Time, and Everyday Life*, ed. Lefebvre (New York: Continuum, 2004), 85–100, here 100.

8. 关于"法兰克"时间和"土耳其"时间在奥斯曼帝国的使用，参见Avner Wishnitzer, "'Our Time:' On the Durability of the Alaturka Hour System in the Late Ottoman Empire," *International Journal of Turkish Studies* 16, nos. 1 and 2 (2010): 47–69, here 48. 还可参看 Barbara Stowasser, *The Day Begins at Sunset: Perceptions of Time in the Islamic World* (London: I. B. Tauris, 2014), 142.

9. Henry Jessup, *Fifty-Three Years in Syria* (Reading, UK: Garnet, 2002 [1910]), 331; Hanssen, *Fin de siècle*, 245.

10. Marwa Elshakry, *Reading Darwin in Arabic 1860–1950* (Chicago: University of Chicago Press, 2013), 53. 1907年，耶稣会会士们在贝卡山谷（Beqaʿa Valley）开启了一座天文台，但它专攻气象学，没有进行天文学计时研究。

11. Jessup, *Fifty-Three Years*, 331.

12. Daniel Bliss, *Letters from a New Campus Written to His Wife Abby and Their Four Children During Their Visit to Amherst, Massachusetts, 1873–1874*, collected and annotated by Douglas and Belle Dorman Rugh and Alfred H. Howell (Beirut: American University of Beirut, 1994), 59; American University of Beirut, Archives and Special Collections, Jafet Library (此后缩写为AUB), Buildings and Grounds: Individual Buildings, College Hall, AA: 2.5.3.3.2.3,

box 5: General; Tower and Bell; Explosion, 1936-; file 3: Tower and Bell; excerpt and copies from "Prof. M. Jurdak Corrects F. B. Feature on College Hall Tower," AUB Faculty Bulletin vol. 6, January 26, 1963.

13. AUB, Buildings and Grounds, Individual Buildings, box 16: Jessup Hall; Lee Observatory; Marquand House; Medical Center, 1874; file 3: Lee Observatory, 1874-; excerpts from Najwa Shaheen Haffar, "The Observatory and the Stars," article taken from AUB's magazine *al- Kulliyya*, Autumn/Winter 1988, 11. 参见AUB, Buildings and Grounds, Individual Buildings, College Hall, AA: 2.5.3.3.2.3, box 5: General; Tower and Bell; Explosion, 1936-; file 3: Tower and Bell; draft manuscript for article later published in AUB's offcial newspaper, Outlook.

14. Selim Deringil, *The Well-Protected Domains: Ideology and the Legitimation of Power in the Late Ottoman Empire, 1876–1909* (London: I. B. Tauris, 1998).

15. 关于安纳托利亚的各个钟塔，参见Mehmet Bengü Uluengin, "Secularizing Anatolia Tick by Tick: Clock Towers in the Ottoman Empire and the Turkish Republic," *International Journal of Middle East Studies* 42 (2010): 17–36. 还可参看Klaus Kreiser, "Ottoman Clock Towers: A Preliminary Survey and Some General Remarks on Construction Dates, Sponsors, Locations, and Functions," in *Essays in Honor of Ekmeleddin Ihsanoglu*, vol. 1, ed. Mustafa Kacar and Zeynep Durukal (Istanbul: Research Centre for Islamic History, Art, and Culture, 2006), 545–547. 桑给巴尔的苏丹在1879年建造了一座钟楼：参见Roman Loimeier, *Eine Zeitlandschaft in der Globalisierung: Das islamische Sansibar im 19. und 20. Jahrhundert* (Bielefeld: Transcript, 2012), 90. 关于法国国内围绕教堂大钟的象征性的，且往往非常实际的冲突，参见Alain

Corbin, *Village Bells: Sound and Meaning in the NineteenthCentury French Countryside*, trans. Martin Thom (New York: Columbia University Press, 1998). 关于两次世界大战之间的苏联，教堂的钟在布尔什维克为集体化而作的斗争冲突当中扮演的角色，参见Richard L. Hernandez, "Sacred Sound and Sacred Substance: Church Bells and the Auditory Culture of Russian Villages during the Bolshevik Velikii Perelom," *American Historical Review* 109, no. 5 (December 2004): 1475–1504.

16. Hanssen, *Fin de siècle*, 243. 还可参看Jens Hanssen, "'Your Beirut Is on My Desk': Ottomanizing Beirut under Sultan Abdülhamid II (1876–1909)," in *Projecting Beirut: Episodes in the Construction and Reconstruction of a Modern City*, ed. Peter G. Rowe and Hashim Sarkis (Munich: Prestel, 1998), 41–67.

17. Academie Libanaise des Beaux-Arts ALBA, collection of letters and documents pertaining to Yussuf Aftimus, CD-ROM, letter, Aftimus to Edward Prest, November 26, 1937. 还可参看Hanssen, *Fin de siècle*, 236–237.

18. Daniel Stolz, "The Light house and the Observatory: Islam, Authority, and Cultures of Astronomy in Late Ottoman Egypt" (PhD diss., Princeton University, 2013), 299.

19. Wishnitzer, "Our Time," 53–57. Ahmet Hamdi Tanpinar的杰出小说《时间管制研究所》（*The Time Regulation Institute*）是对新的土耳其国家在奥斯曼帝国终结后把计时"西方化"的尝试给出的虚构描述。参见Tanpinar, *The Time Regulation Institute, trans. Maureen Freely and Alexander Dawe* (New York: Penguin, 2013). 关于站前伊斯坦布尔的时间多元性，还可参看François Georgeon, "Temps de la réforme, réforme du temps: Les avatars de l'heure et du calendrier à la fin de l'Empire Ottoman," in *Les Ottomans et le*

*temps*, ed. François Georgeon and Frédéric Hitzel (Leiden: Brill, 2012), 241–279.

20. Nikula Shahin（AUB的档案音译为此），20世纪50年代李氏天文台的一名天文学家，在一场广播演讲中一带而过地提到，GMT于1917年被引入贝鲁特。参见AUB, Nikula Jurjus Shahin Collection: AUB Faculty 1918–1966, box 1, file 5: Hiwar ʻilmi li-lidhaʻa, 1.

21. 像这样的一份年历，参见Taqwim al-Bashir 1928 (Beirut: Matbaʻa al-yasuʻiyin, 1927), 96; and Taqwim al-Bashir 1931 (Beirut: Matbaʻa al-yasuʻiyin, 1930), 42, 44.

22. Ernest Weakley, *Report upon the Conditions and Prospects of British Trade in Syria* (London: Darling and Son, 1911), 163. 关于更早先引进奥斯曼帝国的豪华时钟，参见Ian White, *English Clocks for the Eastern Markets: English Clockmakers Trading in China and the Ottoman Empire 1580–1815* (Sussex: The Antiquarian Horological Society, 2012). 每年的商业统计数据显示，该地区进口钟表的有异，尽管这些数字兴许不可靠。1902年，据说重达12500千克的时钟和9100千克的手表通过贝鲁特港得以进口：Rapport commercial, Année 1902。1904年，那些数字高达17000千克（时钟）和9100千克（手表）：参见Rapport commercial du consulat general de Beyrouth pour l'année 1904。1905年，重达2100千克的普通手表和重达800千克的精致手表注册在籍：参见Turquie d'Asie, Mouvement commercial et maritime de Beyrouth en 1905, all in Archives du ministère des affaires étrangères, Nouvelle Série, Turquie, No. 479。还可参看Archives de la compagnie du port, des quais et entrepôts de Beyrouth, P8/H/5/C/2, Statistique générale 1912。1912年，重达17400千克的时钟和只重200千克的普通手表得以进口。对1921年来说，那些数字是18000千克的时钟、150千克的普通手表，以及50千克的"精

致"手表；P8/H/5/D/1 Rapport annuels 1921。

23. Weakley, *Report*, 164.

24. ʿAbd al-Basit al-Unsi, *Dalil Bayrut wa Taqwim al-Iqbal li-Sanat 1327* (Beirut: al-Iqbal, 1910/1011), 147; Hanssen, *Fin de siècle*, 217.

25. "Iʿlan," *Lisan al-Hal*, December 31, 1897, 1; Muhammad Saʿid al-Qasimi, *Qamus al-Sinaʿa al- Shamiyya*, al-Juzʾ al-ʾAwwal (Paris, 1960), 174.

26. "Mukhtaraʿ al-Saʿat," *al-Hilal* 4, no. 15 (May 15, 1896): 700–702, and "Mukhtaraʿ al-Saʿat," *al-Hilal* 4, no. 22 (July 15, 1896): 857–858; *Lisan al-Hal*, August 19, 1898, 3; "Dabt al-Saʿat," *al-Jinan*, no. 8 (April 15, 1878): 252; "Saʿa Qadima," *Lisan al-Hal*, September 9, 1898, 4.

27. 参见"Saʿa Ghariba," Thamarat *al-Funun*, May 15, 1893, 4–5.

28. 关于"Saʿat al- Kuku"的短篇小说，参见Jan Naʿum Tannus, *Surat al-Gharb Fi al-ʾAdab al-ʿArabi al-Muʿasir* (Beirut: Dar al-Manhal al-Lubnani, 2009), part I。Nuʿayma的名姓以各种各样的方式进行音译；偶尔可以发现诸如Naimy这样的拼写方式。

29. Mikhaʾil Nuʿayma, "Saʿat al- Kuku," in Mikhaʾil Nuʿayma, Kan ma Kan (Beirut: Matbaʿa Sadir, 1968), 7–38, here 25–26.

30. 关于时钟的故事，参见Akram Khater, "A History of Time in Mount Lebanon, 1860–1914," *Chronos: Revue d'histoire de l'Université de Balamand* 2 (1999): 131–155, here 151.

31. Joseph Harfouch, *Le Drogman Arabe ou guide pratique de l'Arabe parlé en charactères figurés pour la Syrie, la Palestine et l'Egypte* (Beirut: al-Matbaʿa alKathulikiyya, 1894), 205, 208, 243.

32. "Al-Hisaban al-Gharbi wa-l-Sharqi," *al-Hilal* 4, no. 16 (April 15, 1896): 618–620; Yussuf Ibrahim Khayr Allah, "Al-Hisaban al-Sharqi wa-l-

Gharbi," *al-Hilal* 14, no. 2 (April 1, 1905): 422–423; Elias Estephan, "Al-Hisaban al-Sharqi wa-lGharbi wa-l-Farq Baynahuma," *al-Hilal* 2, no. 3 (October 1, 1893): 69–75; 还可参看Ahmad Mukhtar Pasha, "Islah al-Taqwim," *al-Muqtataf* 14, no. 7 (April 1, 1890): 488–490; 参见Edward Van Dyck, "Al-Taqwim: Fi Tatbiq Mawaqit al-Bashar ʿala Dawran al-Shams wa-l-Qamr," *al-Muqtataf* 14, no. 10 (July 1, 1890): 660–667; Edward Van Dyck, "Al-Taqwim: Fi Tatbiq Mawaqit al-Bashar ʿala Dawran al- Shams wa-l-Qamr," *al-Muqtataf* 14, no. 11 (August 1, 1890), 735–743; Edward Van Dyck, "Al- Taqwim: Fi Mabadiʾ Ihtisab al-Sinnin," *al-Muqtataf* 14, no. 12 (September 1, 1890): 810–815. 范戴克（Van Dyck）是美国在开罗的一名领事馆员。

33. Jurji Zaydan, "Mahmud Pasha al-Falaki, al-ʿAlim al-Riadi al-Falaki al-Masri," in Jurji Zaydan, *Tarajim Mashahir al-Sharq fi al-Qarn al-Tasiʿ ʿAshar*, vol. 2 (Beirut: Dar Maktabat al-Hayat, 1967), 148–151; Mahmoud Effendi, *Memoire sur le calendrier arabe avant l'Islamisme, et sur la naissance et l'age du prophete Mohammad* (Paris: Imprimerie Impériale, 1858); 马哈茂德帕夏还撰写过一本关于古代和当代埃及的度量衡的著作。关于马哈茂德帕夏，参见Stolz, *Lighthouse,* ch. 2.

34. Ghazi Ahmed Moukhtar Pacha, *La Reforme du Calendrier* (Leiden: Brill, 1893). 这本书首先是以奥斯曼土耳其语出版，随后译成了阿拉伯语和法语。

35. "Shuruq al-Shams," *Thamarat al-Funun*, January 11, 1892, 2.

36. Ibid., and "Jawab al-Bashir," *Thamarat al-Funun*, January 18, 1892, 2.

37. "Shuruq al-Shams," *Thamarat al-Funun*, January 11, 1892, 2; " ʾIdhah Masʾala," *al-Bashir*, January 6, 1892, 3; the Arabic original says "mukh ā lif li-l-maḥs ū s"; " ʾIdhah Masʾala," *al-Bashir*, January 6, 1892, 3.

38. "Jawab al-Bashir," *Thamarat al-Funun*, January 18, 1892, 2.

39. 参见 Şükrü Hanioglu, *A Brief History of the Late Ottoman Empire* (Princeton, NJ: Princeton University Press, 2008), ch. 4; Fawaz, *Merchants and Migrants*, 107.

40. Juan Cole, *Colonialism and Revolution in the Middle East: Social and Cultural Origins of Egypt's 'Urabi movement* (Princeton, NJ: Princeton University Press, 1993); Alexander Schölch, *Egypt for the Egyptians! The Socio-Political Crisis in Egypt, 1878–1882* (London: Ithaca Press, 1981).

41. 在埃及，人们对英国人的态度更加多样化。很少有人直接发声反对英国作为保护国，许多人公开拥抱外国的统治，甚至基于英国是被迫以这种方式保护苏伊士运河的理由为其辩护。Elshakry, *Reading Darwin*, 95.

42. Ilham Khuri-Makdisi, *The Eastern Mediterranean and the Making of Global Radicalism, 1860–1914* (Berkeley: University of California Press, 2010). 关于Nahḍa的早先起源，尤其参见Abdulrazzak Patel, *The Arab Nahḍa: The Making of the Intellectual and Humanist Movement* (Edinburgh: Edinburgh University Press, 2013).

43. Elshakry, Reading Darwin, 47; on Butrus al-Bustani, 参见Butrus Abou Manneh, "The Christians Between Ottomanism and Syrian Nationalism: The Ideas of Butrus al-Bustani," *International Journal of Middle East Studies*, 11 (1980): 287–304; 还可参看Zaydan, *Tarajim*, 35–44; Ami Ayalon, *The Press in the Arab Middle East: A History* (Oxford: Oxford University Press, 1995), 35.

44. Ayalon, *Press*, 34; on Khalil Sarkis, 参见Ami Ayalon, "Private Publishing in the Nahda," *International Journal of Middle East Studies* 40, no. 4 (2008): 561–577, here 565–566.

45. Elshakry, *Reading Darwin*, 25, 72; Ayalon, *Press*, 53; 参见Anne-Laure

Dupont, *Gurgi Zaydan (1861–1914): Ecrivain réformiste et témoin de la renaissance Arabe* (Damascus: IFPO, 2006), esp. ch. 10; Ayalon, Press, 53.

46. 我的论点来自Elshakry, *Reading Darwin*, 9. 关于中东地区的共济会制，参见Johann Büssow, *Hamidian Palestine: Politics and Society in the District of Jerusalem, 1872–1908* (Leiden: Brill, 2011); Elshakry, *Reading Darwin*, 22.

47. Archives de la Compagnie de Jésus à Beyrouth, fol. 12 A6, "Al-Bashir." Excerpts from "Le Jésuite en Syrie," here 27: 在特定的村庄只存在一名订阅者——比方说学校的负责人。当地所有人都会通过一名订阅者来阅读报纸。大体上还可参看Elshakry, *Reading Darwin*, 22.

48. 对一位倡导西方化的阿拉伯人最有名的漫画式描述和批评，可能是埃及政治活动家、记者'Abd Allah al-Nadim所说的"'Arabi Tafarnaj"。参见Samah Selim, *The Novel and the Rural Imaginary in Egypt* (New York: RoutledgeCurzon, 2004), 50; Jubran Massuh, "Kayfa naqtul al-waqt," *Lisan al-Hal*, August 14, 1909, 3.

49. Massuh, "Kayfa naqtul al-waqt," 3.

50. Ibid.

51. "Awqat al-Taʿam," *al-Muqtabas* 1 (1906): 31–32, here 31.

52. Ibid., 32.

53. Ibid

54. Salim Diyab, "Mulaqat al-Zaman," al-Jinan, no. 19 (October 1, 1875): 665-669, here 669.

55. Seema Alavi, "'Fugitive Mullahs and Outlawed Fanatics'": Indian Muslims in Nineteenth-Century Trans-Asiatic Imperial Rivalries, *Modern Asian Studies* 45, no. 6 (November 2011): 1337–1382. 凯兰维的姓氏并不总是音译

成这种形式；拼写方式更是五花八门。

56. Hanssen, *Fin de siècle*, 166, 170, 174–175; Elshakry, *Reading Darwin*, 136.

57. "Qimat al-Waqt," *Thamarat al-Funun*, April 29, 1908, 2–3, here 2.

58. Ibid., 3.

59. 关于每一个体在生命中依其能力被分配的角色的相似想法，参见Musa Saydah, "Al-Waqt," *al- Hilal* 4, no. 3 (October 1, 1895): 93–95, here 94.

60. "Qimat al-Waqt," *Thamarat al-Funun*, April 29, 1908, 3.

61. 关于dahr, 参见Dalya Cohen Mor, *A Matter of Fate: The Concept of Fate in the Arab World as Reflected in Modern Arabic Literature* (Oxford: Oxford University Press, 2001); W. Montgomery Watt, "Dahr," EI2, Brill Online, July 12, 2014, http://referenceworks.brillonline.com/entries/encyclopaedia-of-islam-2/dahr-SIM_1665?s.num=0&s.f.s2_parent=s.f.book.encyclopaedia-of-islam-2&s.q=dahr+montgomery+watt.Dahr is not identical with Dahriyya, which is often translated as "materialism." Jamal al-Din al-Afghani himself wrote a famous tract against materialist philosophy, his *Refutation of the Materialists*. 参见Ignaz Goldziher and A. M. Goichon, "Dahriyya," EI2, Brill Online, July 12, 2014, http://referenceworks.brillonline.com/entries/encyclopaedia-of-islam-2/dahriyya-SIM_1666?s.num=0&s.f.s2_parent=s.f.book.encyclopaedia-of-islam-2&s.q=goldziher+dahriyya. On the meaning of *dahr and zamān* in Islamic philosophy, 参见Muhammad al-Rahmuni, *Mafhum al- Dahr fi al-ʿAlaqa Bayn al-Makan wa-l-Zaman fi al-Fadaʾ al-ʿArabi al-Qadim* (Beirut: al-Shabaka al- ʿArabiyya Li-l- ʿAbhath wa al-Nashr, 2009).

62. Cohen Mor, *Matter of Fate*, 47; Albert Hourani, *Arabic Thought in the Liberal Age, 1798–1939* (Cambridge: Cambridge University Press, 1983), 183.

63. Asʿad Daghir, "Al-Shabab wa-l-Waqt," *al-Muqtataf* 14, no. 6 (March 1, 1890): 384–385, here 384.

64. 参见Asʿad Daghir, "Al- Shabab wa-l-Waqt: Tabiʾ ma Qablahu," *al-Muqtataf* 14,

no. 10 (July 1, 1890): 668–670, here 668.

65. Ibid., 669.

66. Ibid., 670.

67. Asʿad Daghir, "Al-Shabab wa-l-Waqt: Tabiʾ ma Qablahu," *al-Muqtataf* 15, no. 6 (March 1, 1891): 384–386, here 385.

68. Ibid.

69. Ibid.

70. Ibid., 386.

71. Maʿruf al-Rusaf, "Al-Saʿa," *al-Muqtabas* 3, no. 6 (May 1908): 279.

72. S. Moreh, "Maʿruf al-Rusaf," EI2, Brill Online, July 12, 2014, http://referenceworks . brillonline.com/entries/encyclopaedia-of-islam-2/maruf-al-rusafi-SIM_4976?s.num=0&s.f.s2_parent=s.f.book.encyclopaedia-of-islam-2&s.q=moreh+rusafi.

73. Al-Rusafi, "Al-Saʿa," 279.

74. Salim Diyab, "Mulaqat al-Zaman," *al-Jinan*, no. 19 (October 1, 1875): 665–669, here 666.

75. Ibid., 677.

76. Ibid.

77. Both "progress" and "backwardness" and "setting forward" and "setting backward" are derived from the same root in Arabic: taqaddum and taʾakhkhur, and taqdīm and taʾkhīr. On Arab historiography in the late nineteenth and

early twentieth century, 参见Yoav Di-Capua, *Gatekeepers of the Arab Past: Historians and History Writing in Twentieth-Century Egypt* (Berkeley: University of California Press, 2009), ch. 1; Werner Ende, *Arabische Nation und Islamische Geschichte. Die Umayyaden im Urteil arabischer Autoren des 20. Jahrhunderts* (Wiesbaden: Franz Steiner Verlag, 1977), esp. ch. Ⅲ.

78. Diyab, "Mulaqat al-Zaman," 668.

79. Elshakry, *Reading Darwin*, 11–12.

80. "Akhbar Wataniyya," *al- Muqtataf* 5, no. 1 (June 1880): 29–30.

81. "Shahhada fi Thuraya Falakiyya Tushakhkhis Nizam Dawrat al-ʿArd, Ikhtaraʿaha al- Khawaja Ilyas Ajiya," *Thamarat al-Funun*, January 26, 1881, 3.

82. Ibid.; on Ajiya's visit to Paris, see "Al-Saʿa al-Falakiya," *Al-Tabib* (June 15, 1884): 2; "Séance du 6 juillet 1883," Comptes rendus des séances de la Société de Géographie et de la commission centrale, anné 1882 (Paris: Société de Géographie, 1883): 371–373.

83. 关于斯迈尔斯，参见Adrian Jarvis, *Samuel Smiles and the Construction of Victorian Values* (Thrupp, Gloucestershire: Sutton, 1997); Tim Travers, *Samuel Smiles, and the Victorian Work Ethic* (New York: Garland, 1987).

84. Samuel Smiles, *Self-Help*. With Illustrations of Character and Conduct (London, 1859), 199–200.

85. Smiles, *Self-Help*, 1–2. At the top of the page, Smiles provided the reference to his own source for this quote, John Stuart Mill, who wrote, "the worth of the state, in the long run, is the worth of the individuals composing it." 参见John Stuart Mill, *On Liberty*, 2nd ed. (London: John W. Parker and Son, 1859), 207.

86. Samuel Smiles, *The Autobiography of Samuel Smiles* (London: J. Murray, 1905), 230; Timothy Mitchell, *Colonizing Egypt* (Berkeley: University of California Press, 1988), 108.

87. Jurji Zaydan, *Mudhakkirat Jurji Zaydan* (Beirut, 1968). The translation is Thomas Philipp's from *The Autobiography of Jurji Zaidan* (Washington, DC: Three Continents Press, 1990), 44, 69.

88. National Library of Scotland, John Murray Archives (此后缩写为NLS), Acc12927/285/H8 Samuel Smiles, general file, letter, Smiles, February 29, 1912. 部分译本是在20世纪20年代稍晚时候才完成的，也有特殊情况，比如1933年的波斯文译本，但大部分似乎是在19世纪后半叶翻译的。

89. NLS Acc12927/285/H8 Samuel Smiles, general file, letter, Raj Kumar to John Murray, Dacca, March 4, 1903; Samuel Smiles, general file, letter, B. Banerjee of Banerjee & Co. Booksellers and Publishers to John Murray, Calcutta, November 23, 1911; NLS John Murray, MS 41099, Folio 173, letter, Samuel Smiles to John Murray, March 8, 1869; see also MS 42203, letter, Smiles to Murray, May 11, 1877; see also Acc12927/285/H8 Samuel Smiles, general file, letter, Smiles, February 29, 1912, with a list of existing translations authorized by Smiles or Murray by 1912. 除了几个得到授权的全译本和摘译本，存在大量没有得到授权的译本。

90. Donald M. Reid, "Syrian Christians, the Rags-to-Riches Story, and Free Enterprise," *International Journal of Middle East Studies* 1, no. 4 (1970): 358-367, esp. 362.

91. 关于日本白手起家的男人的观念，参见Earl H. Kinmonth, *The Self-Made Man in Japanese Thought: From Samurai to Salary Man* (Berkeley: University of California Press, 1981); 还可参看Earl H. Kinmonth, "Nakamura

Keiu and Samuel Smiles: A Victorian Confucian and a Confucian Victorian," *American Historical Review* 85, no. 3 (1980): 535–556. 最近，Sheldon Garon 将包括教育在内的事物与斯迈尔斯提倡的，并为此在英国、日本与美国之间做跨国研究的节俭加以比较：Sheldon Garon, *Beyond Our Means: Why America Spends While the World Saves* (Princeton, NJ: Princeton University Press, 2012). 将《自助》译成日语的Fukuzawa Yukichi也撰文一篇，为格里高利历法辩护，后者于1873年被引入日本。在那篇文章中，Yukichi进一步解释了一块西方的、以12个小时记数的、拥有两根指针的手表何以应当从右往左"顺时针"来看；Florian Coulmas, *Japanische Zeiten: Eine Ethnographie der Vergänglichkeit* (Reinbek/Hamburg: Kinder, 2000), 122. See also Nishimoto Ikuko, "The 'Civilization' of Time: Japan and the Adoption of the Western Time System," *Time and Society* 6 (1997): 237–259; and Stefan Tanaka, *New Times in Modern Japan* (Princeton, NJ: Princeton University Press, 2004).

92. 在一本杰作中，On Barak基于对数不胜数的来自埃及的报纸、杂志，以及其他出版物的细读，分析了此类对欧洲时间的批判和偶尔的颠覆；参见Barak, *On Time: Technology and Temporality in Modern Egypt* (Berkeley: University of California Press, 2013).

93. Ibrahim Ramzi, *Kitab Asrar al-Najah* (Cairo, 1911), 比如第32、35、63—84页，特别是贸易那部分。

# 第六章　伊斯兰教的历法时间

1910年秋,从大马士革到阿尔及尔的宗教界饱学人士,都比平常更加关注当时的媒体。穆夫提(muftis)\*、法官,以及学者们,因为在确定斋月的精确结束时间上的一系列失误而震惊不已;随后的争论则突显出,在技术、科学,以及宗教之间,人们试图进行复杂而微妙的平衡。这些讨论是更为广泛的关于伊斯兰教之阐释的斗争的一部分,在整个伊斯兰世界,它们让改革者与保守派在诸多问题上相互竞争;当此类讨论涉及宗教崇拜的问题时,人们会情绪激动。19世纪末和20世纪初,这些争端加大了采纳欧美生活方式和创新的支持者与反对者之间日益严重的分歧。黎凡特地区的改革者和知识分子可能提倡有针对性地采纳欧美在时间、物质,以及其他方面的某些要素。对一些更加笃信宗教的思想家来说,此类和其他效仿和改变并不是毫无争议的。在阿拉伯世界的作家们劝诫与其同时代的人要重视时间价值的同一时期,时间的另一个方面,伊斯兰教的历法,在东地中海和伊斯兰世界的其他地方成为激烈辩论的焦点。虽然关于1910年斋月的冲突绝不是此类事件的第一例,但是该事件影响的范围表明,公众对这一话题的看法呈现出不同寻常的两极分化,而在此以前,该话题只激起了少数学者的兴趣。[1]发生了什么?在这个特殊的例子中,对抗的核心是一起关于裁决宗教历法时间的争议。[2]

---

\*　穆夫提,解释伊斯兰教法典的神职人员。——译者注

第六章　伊斯兰教的历法时间

这个争议的焦点在于，使用电报来报告看见新月的消息是否符合伊斯兰教的律法，以及根据这样一则电报消息来判定斋月的开始和结束，是否是被允许的。在把电报纳入判定历法时间的法律框架方面，穆斯林学者们认为最难接受的是设备和机器可疑的准确度和可靠性，因此，这也就是对现代技术的信任问题。是否相信以及为何相信电报传播的是已经得到证实的真相，而非错误和谎言，成为分歧的焦点。此外，关于电报和斋月的时间测定的讨论，必然会提出类似同一时期欧美改革者关注到的一些问题。一个更加显著、愈发带有征兆意味地笼罩着电报争议的话题，是关于宗教计时实践的统一性问题。对穆斯林来说，是否有可能赞成同一份历法，以及电报能否协助促成这样的统一性？最重要的是，在一个电报、蒸汽船，以及铁路似乎让距离消失的时代，"伊斯兰教的时间"还意味着什么？是全世界所有穆斯林的时间，或者是生活在单一国家或地区的那些穆斯林的时间？因此，围绕伊斯兰教历法的争论提出了通用时间如何可能的问题。正如有些人或许会辩称的那样，计时实践的统一性可能会为当代穆斯林提供统一的表象。在一个宗教思想家尤其认为他们的生活方式会因为现代性而毁灭的年代，统一、共识，以及团结的问题变得愈发重要起来。

从东地中海地区到北非，那一代人中最知名的部分学者对电报的问题给出了自己的裁决，或是写了相关的法律小册子，很多人反复进行这些行动，还有不少以整本专著论述该话题的形式出现。其中包括中东和伊斯兰教历史上的著名人物，比方说大马士革人贾马尔丁·卡西米（Jamal al-Din al-Qasimi）和开罗的拉希德·里达（Rashid Rida）。他们，以及其他们不那么知名的人物推动的论点，构成了伊斯兰教如何逐步吸收了诸如电报、现代钟表这类新技术的典例。他们阐明了伊斯兰教使自身与变化兼容、适应不断变化的环境的能力。

\*\*\*

1910年漫长而炎热的夏季过后，斋月，伊斯兰世界全体穆斯林心目中的圣月即将结束。根据伊斯兰教的传统，在那个月里，真主向先知穆罕默德揭示了《古兰经》，而穆罕默德则命令他的追随者从黎明到日落进行斋戒。开斋节（'Īd al-Fitr），是中止斋戒的节日，庆祝斋月的结束以及下一个月的开始。1910年的斋月像任何一年的节日那样：人们因白天缺乏营养摄入而放慢了生活的节奏；各行各业都缩短了营业时间；在这一天的末尾，穆斯林与亲友欢聚一堂，享用庆祝开斋的盛宴。

在斋月的第29天，埃及的首席法官"在伊斯兰教法院"召集"埃及的饱学之士"，其中包括埃及的首席穆夫提与开罗著名的爱资哈尔大学（al-Azhar University）的主要学者。就在这天及接下来的夜晚，很有可能会目击到新月，开斋节也将随即开始。人们一直等到傍晚时分——但是没有证人出现，报告说看到了新月。次日，开罗总督——埃及政治领导人[赫迪夫（Khedive）\*总督（viceroy）]的代表——收到一份来自埃及南部阿斯旺省行政首脑的电报：那里的伊斯兰教法院确认目击了新月。阿斯旺一位目击者作证看到了新月，于是当地地方法官裁决开斋节从那天开始。[3] 在亚历山大，穆罕默德·巴希特（Muhammad Bakhit），时任该地中海城市伊斯兰教法院的法官，后来成了一位重要学者，也基于阿斯旺那儿的目击证词宣布节日开始了。[4] 他甚至下令发射礼炮，并且点燃宣礼塔上的蜡烛，因而正式宣布开斋节的开始。[5]

但是问题立刻浮现出来，甚至是在行政人员和学者他们自己当中也是如此。[6] 聚在开罗高等伊斯兰教法院的宗教权威们继续等待着，并没有

---

\* 赫迪夫，首先为埃及的统治者穆罕默德·阿里帕夏非正式采用的制度，地位相当于总督。——译者注

做出裁决或行动；开罗的总督送来了电报，把阿斯旺目击新月的消息告知埃及的卡迪\*。根据传统，埃及的首席法官应发电报给全国各地的法官，宣布斋戒的开始和结束。[7]然而，如今，埃及的卡迪声称在这种情况下，自己没有做出裁决的权威。[8]开罗总督（一个政治人物而非宗教领袖）冒头，没有等待首席法官的裁决就下令全埃及的礼炮发射，正式标志着节日的开始。[9]那个决定，也是一宣布就遭到了挑战。"对许多备受尊敬的观察家来说，通过电报传达法官的裁定并据此行动，看起来令人生疑"，正如巴希特自己后来观察到的那样。[10]电报往返着，突显了国家官员和宗教学者之间的争执，促使许多穆斯林法学思想家提出了针对在宗教仪式中使用技术的根本问题。单单是发送关于某人目击新月的电报，并据此正式采取行动——也即裁决斋月或开斋节的开始，这样的做法是否符合伊斯兰教律法的规定？

可以为解答这些问题提供方向的文本证据非常有限。得到最广泛认同的相关资料，来源仅仅是大多数专家认为可信的大量文本中的几行。根据这些文本，先知穆罕默德曾说过这样的话："一看见它就开始斋戒，[再]看见它就停止斋戒。如果多云，当斋戒满三十天。""它"指的是新月的月牙。这一切意味着，穆斯林应当在目击到九月（Ramadan）的新月时开始斋戒，在下一个月，也就是闪瓦鲁月（Shawwal）\*\*的新月变得可见时停止斋戒。如果天气条件让目击行为变得复杂，便从首次看到九月的新月那刻开始算起，斋戒必须在三十天满以后结束。但学者们无法就穆罕默德指示的确切含义完全达成一致；此外，就像在其他许多事例中的那样，有些人就文本证据省略掉的内容，以及不属于公元7世纪穆斯林日常生活中的那部分提出质疑。

---

\* 卡迪（qadi），伊斯兰国家的统治者委派的法官，主要依据伊斯兰教的律法进行裁决。——译者注

\*\* 闪瓦鲁月，伊斯兰教历法中的第十个月份。——译者注

后来，在20世纪前后，宗教界学者发现自己卷入了诸多关于如何对待报告目击新月的电报的讨论当中。在这些辩论当中，最要紧的，并不仅仅是采用新技术处理宗教事务的问题，而且还涉及政治与宗教及司法权威之间的关系的问题。在19、20世纪之交的奥斯曼帝国和埃及，国家任命首席法官，或卡迪。[11]除卡迪之外，还有穆夫提，其字面意思是"颁布法律裁决的人"，兴许最好理解成顾问法理学家。当卡迪需要对一个格外棘手或史无前例的问题作出裁决时，他会向穆夫提（他接受过法律理论的教育）寻求建议，而建议通常以法律意见书（legal opinion）或法律裁决（fatwa）的形式呈现。[12]

在确定斋月的宗教历法时间方面，一些法务人员会与国家官僚机构进行互动。当目击者见到新月时，他有义务在法官面前作证，然后法官据此裁定斋戒的开始或结束时间。穆夫提可能此前已经做出了关于斋月和开斋节时间的裁决，而卡迪可在该决定中给出咨询意见。最终，政治机构会宣布斋月的开始或结束，当地或地区的统治者则下令发射礼炮、点燃蜡烛，宣布这一消息。国家官员和宗教人员之间的这些交流，有时可能不太顺畅。1882年，英国开始占领埃及，但是部分保留了赫迪夫政权（Khedival regime）的政治结构。允许使用电报裁定斋月的时间可以被看作欧化的一个例子。在迅速变化的政治环境下，人们自然会把关于宗教历法的任何冲突都视为争夺权威的斗争。[13]

围绕测定斋月的时间的争议还是一场复杂的认识论冲突，它事关伊斯兰教律法的基础，以及在历史上和在当下建立与派生法律的方法。核心问题在于，使用电报交流目击新月的消息是一个涉及信任和确定性的问题。对精通传统律法理论（'Uṣūl al-Fiqh）的穆斯林学者来说，讨论信任、确定性，以及可靠性，与另一个长期以来在不同语境下讨论过的问题存在共鸣。只要真主的先知，穆罕默德行走在大地上，他的示范，也即逊奈\*，便会在穆斯林的信仰和实践方面指引着他们。当穆罕默德在7世纪去世之后，讲故事的人开始非正式地传播起各种被归到这位先知身上的言行（《哈底斯》\*\*）的报告，突然之间，建立合理有效的标准来调查、评估这些说法的起源变得必要起来。截至8世纪与9世纪，一门日益复杂的证明圣训的"科学"建立起来。[14]

在阿拉伯语中，意指关于穆罕默德言行的这些信息的词汇是 *khabar*。今时今日，*khabar* 最常用来表示消息，通常与新闻报道有关。当阿拉伯的电视频道发布相当于美国电视频道的"突发新闻"的消息时，它们通常会展示一面红色的旗帜，上书 *khabar ājil*——紧急信息。对19世纪末和20世纪初的穆斯林法学家和穆夫提来说，适用于此的类比则是另外一种：电报或电报消息（*khabar*）的法律地位与有关穆罕默德言行的信息相类似。因此，是否允许使用电报传递目击新月的消息，并据此做出裁决，需要对属于伊斯兰经文传统的先知式报道进行分类和评估。据那些赞成使用电报，并认为它们值得信赖而可靠的学者所言，一份电报式报道的地位等同于法学家所说的"孤立信息"（solitary message），即仅由单一渠道传播的单一文本，而非许多人提供的反复出现的报道。[15]这就意味着此类孤立信息或多或少缺乏确定性和价值，其提供的是或然的而非绝对的知识。[16]有些分歧仍没有得到解决，但总而言之，对那些宣扬电报在确定伊斯兰教历法方面既可靠又值得信任的人来说，电报在法律上类似有关穆罕默德生平的真实报道。关于诸如电报这样的新技术用于测定宗教仪式时间的争论，已经被纳入了既定的法律术语系统，最终融入了伊斯兰教。

---

\* 逊奈（sunna），意为"圣行"，据称是基于穆罕默德的言行记录而成，规范着穆斯林的日常生活。——译者注
\*\* 《哈底斯》（hadith），记录先知穆罕默德言行的书，《古兰经》的补充，被奉为伊斯兰教的圣训。——译者注

***

1910年秋,黎凡特地区和埃及的各家报纸报道了被许多人视为搞砸的1910年斋月裁决事件。一篇此类文章引起了贾马尔丁·卡西米,大马士革杰出的宗教界学者、改革者的注意。他对这个问题的调查以及后来关于这个话题的著述,引发了他所说的"律法复兴",即一系列以通过电报确定斋月时间为中心的法理裁决、争论短文,以及报纸文章。卡西米(1866—1914)是一位饱学之士,或所谓的穆斯林学者"阿利姆"('ālim,复数形式则为 'ulamā'),当地赛莱菲耶(salafiyya)改革运动的领导者之一。[17] 在奥斯曼帝国晚期的叙利亚和埃及进行的伊斯兰教改革主张重返"虔诚的祖先"的实践——这在阿拉伯语中被写作al-salaf al-ṣaliḥ,因此被称为赛莱菲耶。事实上,这些改革者采取的是经文主义(scripturalism)态度,即强调《古兰经》和逊奈在决定正统信仰和实践方面是权威文本。[18]

两个更广泛的关切推动了赛莱菲耶运动。欧洲的蚕食和帝国主义加诸穆斯林统治者身上的压力似乎表明,对伊斯兰教信仰来源的惯常解释,已经不再是能为穆斯林提供灵感和活力的储备。长达数世纪之久的律法与阐释实践,现在被视为扭曲的模仿(taqlīd),真实而原创的宗教教义掩埋其下。此外,欧洲的征服和殖民的威胁表明,在面对欧洲帝国的威胁时,穆斯林需要克服他们的分歧,团结一致。一个独创的、未掺杂任何水分的宗教中的质朴,才会从源头上削弱不团结的因素。[19] 在19世纪的穆斯林赛莱菲耶改革者眼里,一个更加质朴的伊斯兰教能够令这个宗教适用于任何地方,任何时刻。正如卡西米和其他人倡导的那样,在经典教法框架内使用现代电报,支撑了这一普遍性宗教的观念,并成为证明伊斯兰教能与任何时间、任何年代相兼容的论据。当贾马尔丁·卡西米写到使用电报确定斋月时间这一话题时,他说,在教法构架内使用电报这样的新科技,"证

第六章　伊斯兰教的历法时间

明伊斯兰教是支持文明并与之同行的宗教"。在这个方面，卡西米承诺会表明，"［伊斯兰教教法的］能力和规则流传于世，普遍适用于所有时代的需要"。[20]在卡西米和其他穆斯林知识分子看来，这有可能既是穆斯林的，又是"现代的"。

＊＊＊

1910年，贾马尔丁·卡西米撰写了一篇文章，题为"科学的好消息"。在这篇文章中，他解释说，自己此前曾对电报问题进行过研究，受到最近关于埃及的争议的激励，决定分享自己的发现。他的调查表明，过去已经有其他知名学者给出了同意在涉及宗教仪式的语境下使用电报的主张，因此这是个"好消息"。保守派则强烈反对贾马尔丁·卡西米及其改革派同仁。卡西米和他的反对者针锋相对地展开了激烈辩论，都想胜过对方，他们或是揭露电报存在缺陷和错误的性质，或是赞扬其正式的、经受过政府审查的属性。不同的伊斯兰教法学院都为传播确证有效的先知式报道建立起严格的标准；其中最核心也最重要的特质是：值得信赖、可靠，以及"操守端正"（'adl）。如今必须确定的是，电报是否可以被认为符合这些要求。[21]

大马士革的保守派创办了他们自己的报纸——《真理》（al-Haqa'iq），它同时对赛莱菲耶和西化人士发起抨击，常常把赛莱菲耶改革者描绘成不过是又一个欧化人士的群体而已，他们为改革布道，其实他们的意思是采纳欧洲的科学与生活方式。[22]对活跃在《真理》的保守派来说，依赖电报是一种"堕落的"做法。"我们怎么可能依据电报信息采取行动呢？它不过是一行可疑的文字和一条含糊不明的线路。"该报询问道。它使用的阿拉伯语词"āya"表示行（line），用以描述《古兰经》中的一行经文，在字面上可理解成是真主的"信号"。"sābil"一词指的是线路（path），它也有宗教含义。《真理》批评道，"āya"和"sābil"的宗教意义因电报频繁出现的拼写错误而遭到腐蚀。这份保守派的报纸问道："鉴于有许多人因为电报的问题产生困惑，鉴于他们是何等经常地把原意理解成相反的意思，我们能够将我们的宗教裁决基于电报之上吗？"[23]

对《真理》来说，电报是不可信赖的，"说电报是证据[bayyina]这一主张"是错误的，因为电报"与真理相反"。[24]伊斯兰教和伊斯兰教教法的裁决不能建立在"空洞的类比"之上，这里指的是改革派将关于先知生平的"孤立信息"这一法理范畴与电报信息并置。此外，接受发自诸如电报这样的"无声装置"的信息意味着放弃先知的圣行，那就是听取一位证人的声音，听此人走上前来，他的声音亲口作证目击到了新月。[25]对《真理》的保守派来说，总督没有等待宗教法庭的裁决就单方面下令发射礼炮，这一行为表现出了宗教与政府各自声称占据权威地位的做法之间存在的张力。《真理》的保守派作者们认为，这进一步证实了他们的怀疑，也即欧化的政治当局在诋毁宗教的作用，差不多快把他们的信仰都出卖给了西方。《真理》警告说，如果在没有伊斯兰教教法裁决的情况下就宣布斋戒尚未到来的结束，如果与此相反，这"仅仅是省长官的意见及其所获批准，那么，我们担心……宗教的裁决将会落入无知的政治（jāhilīn）统治者手中"。[26]

贾马尔丁·卡西米因保守的对手的频繁反驳而斗志盎然，他开始更加透彻地调查该问题。他必定会感到诧异：刨根问底之后，他还是发现了一名又一名学者、法官，以及穆夫提在裁定伊斯兰教的宗教时间方面时是基于电报给出了裁决。当他同活跃于《真理》上的各位作者进行激烈交锋时，卡西米就表明了要把这些材料编纂成一本书的意图。[27]其结果是一本100来页的小册子，题为《引导人类根据电报信息行事》（*Guiding Mankind on Acting Upon the Telegraphic Message*），出版于1911年。它详述了不同的法律传统对所谓的孤立的和反复出现的先知信息、可信赖的传达人、伊斯兰教律法中的适当证据，以及诸如此类的事项究竟说了些什么。一个关乎历史的章节介绍了传递信息的传统方式，例如使用信鸽或骆驼。在书的结尾处，这位大马士革学者兼改革者附上了其他人写下的关于电报学的材料。附录的开篇是两首关于电报的诗，以阿拉伯诗歌的古典形式，即所谓的"卡色达"\*写成，随后是十二份来自东地中海地区同时代人的决议，他们都支持在与确定斋月的历法时间上使用电报。[28]

贾马尔丁·卡西米明确表示，这不是伊斯兰教第一次接纳最近的创新。伊斯兰教是一种灵活的生活方式，是为了适应不断变化的环境而建立起来的。"没有对［它的］所有实际运用进行详细的规定，正是法律系统的智慧所在，因为各种事情会发生变化"，卡西米解释道。[29]"电报的引入"与先知的"同伴和继承人在他们那个时代做出的当时尚未出现的早期发明的情况类似"，其中就包括宣布斋戒和祈祷时间的礼炮和时钟。[30]卡西米甚至引用了《古兰经》的一段经文来支持自己的观点："将会出现你所不知道的创新。"[31]如果有什么会阻碍利用技术确定宗教时间的话，那绝不是伊斯兰教或伊斯兰教的律法。

\*\*\*

卡西米的著作《引导人类》（*Guiding Mankind*）强调了政府运作电报系统的官方性质，以及它长期为统治者提供着服务，以此来作为技术可靠

---

\* 卡色达（*qasīda*），也译作格西特，阿拉伯诗歌蒙昧时期（5世纪下半叶至610年）的基本体裁，少则七行，多则数百行，尾韵一押到底，后成为阿拉伯诗歌的主要形式之一。——译者注

性的证明。这部分是电报技术传播的结果。随着奥斯曼的电报线延伸至帝国愈发偏远的地方,以及英国和其他国家的线路运营商在埃及的存在感增强,发送和接收电报成为越来越多的穆斯林官僚和法官们的日常操作和体验。自1853—1856年的克里米亚战争以来,电报便进入了奥斯曼帝国,随后电报网络迅速扩张,到1869年前后已经囊括了将近320个办事处。在黎凡特地区,1861年,贝鲁特和大马士革之间便引入了第一条电报线,很快这些大城市又连通至伊斯坦布尔、安纳托利亚、巴勒斯坦、巴格达,以及波斯湾。19世纪60年代,埃及也逐渐发展成为一个电报中心,彼时一条稳定的线路连接了马耳他(因此,也即欧洲)与亚历山大,而一条红海电报线从苏伊士延伸至英属印度的卡拉奇。[32]

卡西米辩称,统治者只有在关系到国家福祉的严肃事务上才进行沟通,而且由于他们必须署上自己的名字,所以电文中错位的变音符号或拼写有误,以及曲解原意这样的错事,发生的可能性极小。[33]为支持他的论点,贾马尔丁·卡西米列出了奥斯曼帝国对在其境内运营的电报公司的既定法律要求和标准:电报必须由发送人亲自送达电报局,签字且注明日期;[34]由身份不明的人,以及没有证明身份的文件的人送来的电报,将不予受理;当电报由代办人提交时,此人的身份也必须得到核实;电报必须包含清晰明了的内容。甚至还存在一个任命电报业务员的审批程序:需要两人确认一名电报员职位的申请者头脑健全,而且没有遭到任何犯罪指控。他还必须展示自己的技能。而且一旦得到任命,如果发现有伪造或其他类似行为,报务员将面临严厉的惩罚和降级处分。[35]

根据卡西米的说法,这一"重大的责任"代表了一项不许办公人员修改文本的保证。[36]奥斯曼管制电报的全部法律涉及70多条规定,而这样的控制和审查使电报成为国王和苏丹的重要盟友。但更重要的是:商人,甚至是虔诚的教徒,同样依赖电报。他们对用电报进行交易毫无疑虑——

事实上，他们大部分的购买、销售，以及捐赠行为都"建立在来自其合作伙伴和［外国］代理商的电报之上"。电报是"当今贸易和交易的支柱"。[37]更有利的情况是，众所周知，就连宗教当局也发送电报。卡西米问道：奥斯曼帝国的最高宗教官员，伊斯兰教谢赫（shaykh al-Islam），多久向帝国各省发出一则电报信息，宣布对伊斯兰教法院法官的解职或任命？电报没有止步于当地宗教官员这一级别：奥斯曼帝国的苏丹同时是全世界穆斯林的最高宗教领袖哈里发。哈里发就任的消息本身即通过电报向边远地区公布，而且一收到这样的消息，奥斯曼帝国各地的信众就立刻开展庆祝活动。根据卡西米的说法，政府官员，同样还有普通民众对电报的普遍接受，构成了某种形式的"共识"，根据伊斯兰教的法律理论，它就是一个无可争议的事实。[38]官员和个人还会通过发电报来宣告某人死亡的消息；一收到这样的信息，人们便为逝者祈祷。因此，在宗教仪式的问题上，电报同样是可靠的。[39]

在列举出成功的电报用户的长串名单方面，其他专家追随着贾马尔丁·卡西米。"侯赛因"穆罕默德·伊本·阿齐勒·哈德拉米（Muhammad Ibn 'Aqil al-Hadrami "al-Hussayni"），一位常驻新加坡的法律理论家，显然也像卡西米那样通过阿拉伯语媒体密切关注着1910年的埃及事件。他两次致信卡西米，欢迎后者对该问题做出评论，因为电报和斋月时间的确定是"频繁重复发生的事情"。[40]伊本·阿齐勒·哈德拉米联想到了新加坡的情况，伊斯兰联盟（Islamic Union），很可能是一个当地的宗教与政治饱学人士组成的学会，已经着手讨论确定斋月的开始和结束这一话题。他出席会议表达了自己的意见，声称通过官方政府的电报发送出去的信息应该充当斋月时间裁决和据此行动的基础。他说，埃及人民已经依赖电报确定斋月的事实，应是一种鼓励。伊本·阿齐勒自己的观点非常明确，他认为，鉴于"人们依赖电报进行民事交易，宣布死亡，断绝外交关系,宣战,任命和解雇人员"的程度,毫无疑问,电报是值得信赖的。[41]

\*\*\*

经过政府审查的电报系统或许令很多人信服这项技术的可信度,但并非当时的所有人。针对那些依旧心存疑虑的人,贾马尔丁·卡西米及其改革派同仁还炮制出了另一套视电报为媒介(medium)的抽象理解。把电报归类为"纯粹的"媒介,允许电报的倡导者可以抛开伊斯兰教法院对报告称目击新月的证人做出的种种要求。在他们对卡西米等人的谩骂中,在《真理》上叫嚣的保守派对电报的拒斥态度建立在一种观念之上,即一份电报在法律上曾是所谓的"萨哈达"(shahāda),即针对目击新月给出的证词,这份证词接下来应交给法官,法官对斋月的开始或结束进行裁决。在伊斯兰教的律法中,萨哈达与给出证词的目击者会受到高度尊重,并充当在各种各样的争端出现时确立真相的关键工具。贾马尔丁·卡西米和其他电报支持者辩称,电报本身与证词无关,它只是媒介,而非证词,而且在某种程度上甚至不是一则信息。电报是信息的载体,而不是证词,电报也不是目击者。[42]因此,伊斯兰法院针对作证的规定及针对目击者本人的标准对电报来说是无效的。

卡西米强调,在过去的许多世纪当中,穆斯林统治者同样依靠信鸽和邮道骆驼发送紧急信息,而电报不过是另一种加速交流的工具。显然,没有人会声称骆驼就是证词。[43]实际上,卡西米热切地想要证明,依据电报信息采取行动甚至与比证词或萨哈达更广泛的法律语境无关——"电报线路本身既不是目击新月的证人,也法官的裁决",他澄清道。它是关于某个人给出目击到新月的证词的可以信赖的信息。[44]正如卡西米指出的那样，先知穆罕默德自己都收到并接受了别人递送或交给他的信件——这些信件甚至是充当使节或诸如此类的职位的非穆斯林发出或传递的。[45]

卷入了埃及1910年的争议事件中的那名法官，穆罕默德·巴希特也有一个类似的电报作为媒介的理论。就像贾马尔丁·卡西米，他写了整本关于电报的书，出版于差不多同一时间。[46]当穆罕默德·巴希特得知卡西米也完成了关于同一主题的一本著作时，他将自己的书赠予了这位大马士革的同时代人，二人还交换了意见。[47]巴希特于1854年出生在埃及城市艾斯尤特*，后来在开罗的爱资哈尔大学学习。巴希特讲述了大量事件，它们促使其写一本关于在电报的帮助下确定斋月时间的书。其一是1910年发生在埃及的这场争议；另一件是他从一位朋友的朋友那里听说的，此人来自沙特阿拉伯城市麦地那，当时他正在印度旅行。在那里，这位朋友遇到了一位来自印度、被称为"阿布德·哈伊（'Abd al-Hayy）谢赫"的伊斯兰教学者，他可能就是阿布德·哈伊·鲁克纳维（'Abd al-Hayy al-Luknawi）。[48]这位印度谢赫请正在旅行的朋友转交一封信给穆罕默德·巴希特，并向这位知名学者讲述了以下情况：在整个次大陆上，已经发生了好几起"因为信任电报信息来裁决斋戒时间而引发的混乱和争执"的事件。问题在于，宣布新月在一个地区得到证实的电报是否能够作为另一个地区采取行动的基础，以及针对在印度的实际情况，也即电报员大多数都是非穆斯林，应当如何作为。

就像贾马尔丁·卡西米，巴希特将电报定义为一种媒介，它不得不在其他媒介的法律和物质语境下进行理解。[49]例如，在这个时期慢慢地进入东地中海地区的留声机，它以说话人的声音重复了所说的内容，因此该信息的来源是毋庸置疑的。电报则不同，但它也具有防止伪造身份和伪造内

---

\* 艾斯尤特（Asyut），也译作阿斯尤特，艾斯尤特（或阿斯尤特）省的首府，位于尼罗河西岸。——译者注

容的手段，其中最重要的就是起初送往电报局的信息上的名字以及发件人在电报上的签名。邮递员和电报员都是"发送来自发信人消息的中间人，二者都不是发信人"，穆罕默德·巴希特·穆提伊（Muhammad Bakhit al-Muti'i）写道。当然，互相发送电报的国王、亲王、显要，以及商人不会把报务员当作信息的实际发送者。因此，报务员是否为穆斯林其实无关紧要。统治者通过电报任命亲王和法官；没有人会愚蠢到认为，任命这些官员的是那些在电报局收到电文并发出它的电报员。[50]

\*\*\*

另一位通过撰写一本更长篇幅的小册子参与讨论宗教时间的作者，是"阿富汗人"穆罕默德·阿布德·巴齐（Muhammad 'Abd al-Baqi "al-Afghani"，1905年去世）。他生于喀布尔，在白沙瓦\*长大，移居到印度的兰布尔\*\*，并在那里从事了四分之一个世纪的教学工作，此后他动身前往阿拉伯半岛和叙利亚，在黎凡特地区度过了生命中的最后20年。他往返于大马士革和其他叙利亚城市之间，最终定居在霍姆斯\*\*\*。1897年，阿布德·巴齐出版了《论关于电报与时钟的观点的有益经验》（*The Book on the Useful Lessons in Opinions on the Wire and Clocks*）。[51]不像其他大多数评论家，阿布德·巴齐认为确定斋月的时间与使用钟表来确定伊斯兰教的祷告时间密切相关。在伊斯兰教的律法当中，时钟没有现成的类比范畴，这一点与电报消息类似于对先知圣行的报道不同。因此，阿布德·巴齐的思路转而聚焦于有关"创新"（bid'a，伊斯兰教律法当中的一个重要概

---

\* 白沙瓦（Peshawar），巴基斯坦西北边境一省会。——译者注

\*\* 兰布尔（Rampur），也译作兰普尔，印度北方邦一城市，在德里以东约170千米。——译者注

\*\*\* 霍姆斯（Homs），位于叙利亚西部，为该国第三大城市。——译者注

念）的话题，另一个让伊斯兰教适应不断变化的环境的关键工具。

穆罕默德·阿布德·巴齐承认，时钟有可能不得不被看作有害的创新。毕竟，"使用它们及依赖它们的频繁程度仿佛是我们这个时代的习惯，成了不必在中午望向天空的原因"，而这违背了经文中的规定。[52]严守教规的穆斯林每日所做的五次祷告，是由太阳和月亮在天空中的位置决定的。在历史上，祈祷时间是以白天的阴影长度和夜间的暮光现象来进行衡量和定义的，它们全都随着经度和纬度的不同而发生变化。[53]一天始于 *maghrib*，或曰日落祷告，随后是夜间祷告（*'ishā'*）。*Fajr*是在黎明时分进行的祷告。当太阳越过了子午线，也即在天文学意义上的正午过后不久，就是*ẓuhr*，正午祷告时间。*'Aṣr*，午后祷告，则始于某物的影子比投下影子的物体的长度更长之际。每一次祷告都要在有限的时间间隔内完成，尽管越早进行的祷告会带来越多福报。[54]

穆罕默德\*向教众传授正确的祷告做法，并清楚地下达了他那用裸眼观察天空的指令。阿布德·巴齐想知道，是否存在任何理由让借助时钟辅助祷告不会被视为无效。[55]但是，再次对有关祷告时间的经文证据予以评估过后，他总结道，手表兴许可以被归为一次"习俗的创新"，这并不一定意味着法律上规定的做法（比如观测太阳的位置）会被取代。[56]要让每日做的五次祷告有效，穆斯林必须遵循特定的净化和实践标准，例如，祷告时对着麦加的方向。此外，他们还有义务知晓祷告时间何时到来，或至少是假定知晓。对"宣礼"（*adhān*，宣礼员宣布祷告的呼声）的依赖类似于"知晓"。运用正确的日晷和可靠的（"测试过的"）手表亦是如此，正如这位阿富汗人所发现的那样。"测试过的"等同于重复，这通常被理解为在假设中增加确定性的程度。在这个例子中，时钟就像发射礼炮和点燃蜡烛在表示开斋节开始方面扮演的角色。这位阿富汗人声称，此

---

\* 此处指先知穆罕默德。——译者注

类"标志"提供了确定无疑的证据——恰如烟表示了火的存在。[57]总而言之，这位阿富汗人发现，利用时钟来确定正确的祷告时间可以在伊斯兰教教法的框架内实现，而且，只要时钟不会削弱伊斯兰教教法规定的日常实践，比如观察阴影和天光，它们就不算是有害的创新。[58]

阿布德·巴齐接着讨论了电报。电报已然成为处理世俗信息的"一般习惯"。作为当时的一项新发明，电报"从宗教的律法的角度来说，却是完全未知的"，阿布德·巴齐承认。之后他勇敢地宣称，就他而言，电报"与书写当中记录下的任何事物一样……可靠"。作为证据，他举出一例，先知穆罕默德本人曾经托他的一位同伴送信给拜占庭皇帝赫拉克利乌斯（Heraclius）和萨珊王朝的皇帝霍斯鲁（Khusraw），呼吁他们改宗伊斯兰教。当然，如果伊斯兰教的律法认为信件是不可靠的，那么，穆罕默德肯定不会依赖一份文字记录。[59]因此，电报就像时钟：二者都是人造的发明，假设它们都通过了准确性的测试，允许使用其中一个而不允许使用另外一个就毫无道理可言。[60]

\*\*\*

20世纪伊始，确定斋月时间的合法实践已经在不止一个方面成为一个有争议的问题。在讨论电报及其在宗教计时中的作用时，可信度（Trustworthiness）和可靠性（reliability）成了当时的争论点。除电报之外，祷告时间和阴历月份的天文学计算，也一直受到饱学之士和法律学者的审查。天文学家长久以来一直可以相当准确地计算出太阳和月亮升起的时间。从数理天文学的角度来看，新月一旦达了连接点（point of conjunction）——当太阳和月亮在地球的两头相对时——就会被看作已经升起。虽然连接点可以用天文学的方法予以确定，但能见度是一个完全不同的问题。能见度取决于天气条件，以及天光的质量，后者随着经度和纬度的变化而有所差异。因此，天文学家过去能够（现在也能）计算出连接点，并指出在月亮到达该连接点后最早的时间，在此期间，世界不同地区很有可能可以瞧见月亮。但实际的能见度仍然因情况而异，至少是在很大范围内是这样。

为了处理伊斯兰教对宗教时间的关注，穆斯林天文学家很早便发展出一整套计时科学，即"指定时间的知识"（'ilm al-mīqāt）。结果，"从9世纪中叶到16世纪中叶，是那些在伊斯法罕（Isfahan）、马拉加（Maragha）和撒马尔罕的天文台的伊斯兰教天文学家，而非巴黎、伦敦或罗马的天文学家，在科学上取得了重大进展"。只是到了16世纪晚期，欧洲的设备、精密性，以及数学方才比肩伊斯兰教的天文学家。[61] 在13世纪左右，作为伊斯兰教天文学专门知识的一部分，多数清真寺和宗教学校普遍设有专业计时员（timekeeper）一职。[62] 所谓的"穆瓦齐特"（muwaqqit），正如其阿拉伯名字所表明的那样，负责确定宗教仪式的"指定"时间，以及"装配仪器，写作关于球面天文学（spherical astronomy）的论文，并指导学生"。[63] 结合诸如星盘（astrolabes）、象限（quadrants）这类工具，祷告表（prayer tables）允许计时员不必完全精通数理天文学就可以确定每日5次的祷告时间。穆瓦齐特继续履行其职业技能直到20世纪初，当时，机械手表的传播和宗教人员与国家的合作逐渐导致宗教计时的终结。在许多后殖民地国家，新的调查部门接管了在天文学上确定时间的任务，它们被转交给了现在已经成为国家雇员的宗教界领袖们。

除了列出太阳和月亮升起时间的表格外，必然还有些不太准确的关于目击月亮的表格。根据对太阳和月球相对于彼此，以及相对于当地地平线的位置这些知识，天文学家可确定在给定的一天观测到新月的可能性。他们知道，日落后，如果阴历新月距太阳足够远，从地平线上升得足够高，不至于为背景霞光遮蔽，那么就可以看见它。[64]自大约9世纪以来，穆斯林天文学家就开始编制各种表格，给出每月第一个晚上新月能见度的预测。各种计算允许天文学家做出"将能清楚瞧见"，"困难重重却可看到"，或者"根本不可见"的结论。[65]由于先知穆罕默德曾明确指示其追随者"目击"而非算出新月，数理天文学和裸眼观测之间的对立在19世纪和20世纪初并不是什么新鲜事物。发生的改变是，计算表格更容易获取了。

印刷品在黎凡特地区的扩散，不仅使报纸、杂志，以及改革主义的思想得以广泛流传，它还意味着，关于祷告和目击月亮的表格，其生产要比以往任何时候都来得更加容易，也更加便宜。随着往往包含这类信息的日历和年历获得传播，越来越多的人能够获取这些涉及计算宗教时间的数学知识。1912年在开罗出版的艾哈迈德·穆萨·扎卡维（Ahmad Musa al-Zarqawi）所写的《指定时间之书》（*The Book of the Appointed Times*），就是这类表格集的一个突出的例子。扎卡维是爱资哈尔大学的伊斯兰教天文学教师，他把本书题献给自己的学生，以及那些有兴趣自己计算宗教仪式时间的人。[66]由于掌握了这类知识，那么人们会意识到天文学和肉眼观测之间存在的明显矛盾，也就不足为奇了。在数学计算上结果显示不可能的时刻，人们不止一次声称目击到了新月。

当时的学者并没有忽视这种差异，反过来，他们感觉有必要在另一个重要的问题，也即统一的实践与穆斯林的团结这一问题上表明立场。穆罕默德·拉希德·里达（Muhammad Rashid Rida，1865—1935），此人兴许是当时占据核心地位的宗教改革家、知识分子，以及该时期的宣传家，也是广为流传的期刊《灯塔》（*al-Manar*）的主编。里达把《灯塔》变成一个论坛，在那里，他发表的不仅有自己和其他作者的文章，而且他还回答了远在东南亚和拉丁美洲、寻求指导的穆斯林寄给他的问题。他将这些答复以裁决的形式,连带着最初的问题印了出来。里达出生在今黎巴嫩境内,后来,当奥斯曼帝国的审查制度在黎凡特地区变得过于僵硬时,他动身前往开罗。就像赛莱菲耶改革者,他也倡导重返伊斯兰教的经文,并且效仿先知及其同伴的做法。贾马尔丁·卡西米在1903年至1904年之交的冬天到开罗旅行了几周,他和他的旅伴,另一位写到了电报的作者阿布德·拉扎克·比塔尔('Abd al-Razzaq al-Bitar),同里达会面并进行了广泛的讨论。[67]

里达在许多裁决形式的文章中表达了自己的信念,即伊斯兰教的经文强制要求"目击",而非"计算者的计算和天文学家的历法"。[68]伊斯兰教是一种"大众的宗教",同样适用于游牧的贝都因人和定居的城市居民。因此,它强制要求宗教义务履行的时间对大众来说应该是明白易懂的,能为其所知的,而非专属于少数经过挑选的计算者群体。[69]里达认为,永远不该单独允许上层人物出于自己排他主义的阐释就对宗教仪式的规则及宗教本身进行改动。[70]在对1904年一起事件进行评论时,他更加明确地表达了自己的看法。那年,在舍尔邦月(Sha'ban,斋月前一个月)第30天的夜晚,埃及的卡迪、伊斯兰教法院的成员和大量学者聚集一堂,听取那些设法目击新月的人的证词。但是他们当中没有任何一人能证实目击到新月,因为根据天文学的计算,在那个时候是不可能看到新月的。每个了解这种情况的人都认为,出现目击证词是不可能的,而且无论是谁,只要给出证词就会被视为说谎者。然而,那晚的迟些时候,埃及的卡迪收到法尤姆(Fayyum,开罗以南)镇的法官发来的电报,电报上说有两名目击者看到了新月,而且他据此已经裁定了斋月的开始。但是埃及更高级别的卡迪说,他无法以电报为基础做出决定。然而,尽管现存的天文学计算结果不同,他并未质疑目击者其实已经给出了有效的证词,因此他建议两位目击者前往开罗,在他面前重复证词。他们依命行事,于是乎埃及的卡迪正式宣布斋戒开始。对相当多的人来说,这一公布来得太迟:他们错过了斋戒的一天。

了解这一情况的很多人都出于两个原因而感到困惑。首先,他们显然遵循了一份不准确的历法或其他祷告表。由于证词在法律上已经得到核实,所以它必然是正确的。因此,年历或表格中的计算结果必然是错误的。其次,从理论上讲,埃及的卡迪和法尤姆的法官在法律上的权威上并无不同。故而,里达带有煽动意味地问道:"难道遵守伊斯兰教的教规现在要依靠某个特定的领导人,在别人那里是不正确的事情,到他手上就能够变得正确了吗?"里达说,斋戒这一宗教义务并不依赖于某位政治领导人的命令,或这位领导人给出的不同寻常的解释,甚至不依赖于法律裁决。[71]对里达来说,方法上的分歧和对宗教事务中等级之重要性的错误假设,导致了穆斯林社区的不团结现象。不准确的数据加重了这一问题。

里达并未止步于对宗教精英与政治精英进行批评。相反,他把平等主义的论点与对穆斯林统一的呼吁融合在了一起。然而,统一的伊斯兰教时间却无法通过计算找到。正如不同出版物上展现出不同的信息所表明的那样,祷告表格和印刷日历上的数字信息往往是错误的。[72]有些出版物说,本月始于某个工作日,有些出版物则指向另一天。原因之一就是天文学上的一天与法律意义上的一天不同,就像连接点与能见度并不一致那样。根据伊斯兰教的律法,一个月的第一天始于新月首次可见的那个夜晚,而这可能是该月在天文学意义上的第二天。部分印出来的表格和年历没有清楚表明它们用的是其中哪个标准。对里达来说,这种想象中的计算方法的统一是难以达到的。[73]

在另一次论述中,里达详细表达了他对容易出错的计算的指责,这次论述涉及的是祷告时间,而非历法时间。他声称,众所周知的是,所有伊斯兰教城市中的宣礼员依靠的都是根据计算得出祷告时间的日历以及钟表,而非根据伊斯兰教的律法就阴影的长度或天光的颜色给出的说法。这一实践方面的改变,造成了某些近乎自相矛盾的不和谐时刻。接着,里达回忆起他与爱资哈尔大学一些最为出色学者所作的一次乡间旅行。[74]在那里,这位埃及的穆夫提看到暮光已经消失,准备进行晚祷。然而,一些学者告诉他现在还不到时间,5分钟后才是祷告时间——里达暗示,这些学者定是依赖他们的手表和印制的祷告时间表,而非遵循他们亲眼所见的一切。这一群人最后还是在那个时刻进行了祷告,但里达报告说,祷告之后,他看到他们打开怀表,互相说道:"[祷告的]时间现在才到来。"因此,在一个认知失调的例子当中,他们在祷告时心里清楚这是正确的祷告时间,但同时还是留有某种印象,也即认为自己偏离了根据机械手表而非观测天光来进行祷告的习惯性做法。[75]

在他的期刊《灯塔》上,拉希德·里达频频回复那些报告确定宗教时间的方法存在分歧的读者来信。1907年,苏丹萨瓦金镇(Suakin)的一位作者描述了确定斋月开端这个问题是如何将一个社区的成员分成三派的。其中一派遵守人所共知的圣训,"看见新月就开始斋戒",并练习观测,或是在天气条件妨碍视觉验证时,30天满即斋戒。第二派则留心着将要点燃的蜡烛,只有在奥斯曼帝国的最高宗教官员,伊斯兰教谢赫宣布斋月开始,而且这一消息通过电报传至各省过后,方可做出这一举动。[76]而第三派遵循贾法尔·萨迪克(Jaʿfar al-Sadiq)的做法,此人主要因为被看作什叶派伊玛目(shiʿite imams)之一而为人所知。这最后一派将去年斋月开始日往后数上5天那日确定为斋月的开始,这条经验法则兴许实用,但在数学和天文学的层面上并不准确。

1909年,在突尼斯,关于如何查明伊斯兰教历法的不确定性,以及电报的合法性问题,造成了不团结的另一例。根据《灯塔》的一封读者来信,据报道,目击新月在该国某些地区得到证实之后,这些地区的居民于周四开始斋戒。然而，正如这位读者解释的那样，突尼斯人民在一天之后才开始斋戒，因为向首都传递目击到新月的消息出现了延迟，而这是由于"突尼斯的法律学者制定的法律，不允许这些地区的穆斯林依赖……通过电报或电话接收到的关于证实看到斋戒和开斋的新月的信息，因为电报掌握在非穆斯林的手中"。[77]拉希德·里达的回答再次强调了返归伊斯兰教信仰的质朴这一需要。"关于这件事，我们不得不说的话很是简单，"里达开门见山道，"只不过大多数穆斯林已经不再理解宗教的质朴与简洁（brevity），尽管据经书［《古兰经》］所载，这是伊斯兰教的源泉。"[78]在他看来，电报强化了这一质朴，进而促进了团结。里达反对计算，支持目击和电报传输，他号召关注作为穆斯林力量源泉的简洁。

十几年过后，1922年，拉希德·里达收到了另一个问题，它抱怨计时做法缺乏统一性。信件的作者是来自暹罗（今泰国）曼谷市的阿布德·阿拉·伊本·穆罕默德·马苏迪（Abd Allah Ibn Muhammad al-Mas'udi）。"每年，各清真寺的伊玛目们都会在证实目击新月的问题上出现分歧和不团结的情况。"马苏迪对此表示遗憾。在这些伊玛目中，有的依靠祷告时间表；其他的则遵从前面提及的贾法尔·萨迪克的做法，即从上一年斋月开始的那一天往后面数5天。还有一群人遵循"看见新月就开始斋戒"这一基于圣训的、既定的目击实践。总而言之，"每座清真寺都根据其伊玛目的意见开始斋戒"。里达再次强烈倡导目击，反对为了解决这种争端而进行的任何形式的计算。[79]后来他写道，宗教时间是"依靠诸感官证明的事情，这样，穆斯林就不会分裂，也不需要领导人和学者为他们的宗教确定时间"。[80]

在另一个场合，里达的期刊《灯塔》收到了一位定居俄罗斯帝国的穆斯林的询问。拉达丁（Rada' al-Din）是乌法（Ufa）伊斯兰教法院的一位法官，而乌法则位于今日伏尔加河与乌拉尔山之间的俄罗斯巴什科尔托斯坦共和国（Russian Republic Bashkortostan），住在那里的巴什基尔（Bashkir）族群主要是逊尼派穆斯林。这位法官致信里达时援引了"看见新月就开始斋戒"这一关乎斋月的圣训，但是他想知道，如何才能获得除斋月和闪瓦鲁月之外的月份的开始日期；因为斋月和闪瓦鲁月都与宗教节日相关，所以受到了特殊规则的约束。毕竟，拉达丁发现，如今广泛使用的印刷日历包含了各种各样的信息，这些信息是由那些具备适当技能与知识的人士积累起来并予以出版的，不受目击新月和法院裁决的支配。作为北半球的居民，对俄罗斯帝国的穆斯林来说，在正确的时间看到新月几乎是不可能的，拉达丁写道。结果，这位来自俄国的学者担心，如果将相同的会引起争议的目击规则运用于所有月份，而不仅仅是斋月和闪瓦鲁月，只那会加剧穆斯林中间的不团结。[81]

拉达丁声称，他的担忧在日益加重。关于何时开始、何时结束斋戒的分歧已经扩散开来，而这样的差异"在生活在我们当中的其他宗教群体里头业已沦为笑柄。常常出现的情况是，一个地方的人在斋戒，而另一个地方的人已经结束了斋戒"。这两处的空间距离小到多半可以忽略不计，甚至可能出现同一座清真寺里的两个伊玛目或同一个家庭的成员彼此争执的情况。[82]里达的回答强调了宗教实践统一的必要，因为所有地区的穆斯林就宗教仪式的时间达成一致是有可能的，正如他发现的那般。在邻近地区的人当中，他本人甚至都没有在宗教时间的问题上发现太多不和谐，除非是有人就目击新月撒了谎，或是基于某种想象作证。真正危害团结的，是"每年在埃及（据其暗示，还有其他地方）印刷的日历，它们在证实这些月份方面存在差异"。[83]

里达对错误计算的担忧并非完全没有根据，然而造成了最大混乱的是祷告时间，而不是历法时间。埃及最终介入了，并试图结束在像开罗和亚历山大这样的城市里出售的各式年历的专栏和页面上印着大量错误时钟时

267

间的情形。1923年，埃及的虔诚捐赠部（Mnistry of Pious Endowments）向开罗所有清真寺的领导者颁布了一条法令。该部门要求所有呼吁或发起祷告者在中午大炮发射的时候把他们的手表校调至12点钟，并按照"政府年历的计算"遵守祷告时间。[84]

这一切的背景是，当调查部（Survey Department）受到了正好位于开罗以外的赫勒万天文台（Helwan Observatory）的英国天文学家的劝诱，于1902年将标准时间引入埃及时，几家独立的、私人年历制造商没有改变他们的计算方式。为传播新的时间，该部门指示现存的午炮在UTC+2时间发射。因为当地时间与UTC+2时间存在5分钟的差异，午炮发射的时间比过去遵守的当地时间时晚了5分钟。然而，穆斯林还是根据当地的太阳时来进行祷告，而并非标准的平均时间。但是在计算祷告时间时，年历的制造商没能把午炮的时间变化计算在内，继续把炮声作为当地时间的12点到来的标志——实际上宣布的时间则是12点05分。因此，一听到正午的炮声，年历制造商就把手表设为12点，其实是当地时间12点05分。由于计算者对该细节的疏忽导致了"信众出现骚动，在确定祷告时间的问题上出现混乱"，调查部于1923年进一步将祷告时间统一于其支持的时间，并让政府发行的年历成为唯一有效的标准。[85]这一举措反映出国家要把宗教事务严格控制在伊斯兰教时间惯例之内的决心日益坚定。

学者里达认为，自穆罕默德去世后许多世纪以来，像他自己这样的博学精英积累而成的精细而复杂的法律论证信条大厦，已经让该宗教的真正意义变得模糊起来。普通穆斯林无法理解种种技术的、往往复杂到了吹毛求疵的地步的论证和规定造成的混乱。里达没有跟随他们的扭曲做法，反而呼吁回归一个更简单的伊斯兰教，它将免于法律的推测和推理的滥用。[86]因此，在里达眼中，穆斯林的团结并非源自追随复杂的（而且常常是错误的）伊斯兰教历法的计算，而是依赖于所有人都具备的感官能力。

伊斯兰教的时间和全体穆斯林社区（'umma）的统一和一致，在宗教仪式的可操作性中才能实现。伊斯兰教的历法时间的标准化应该强制实行，以便整顿伊斯兰教，使之回归质朴的统一。[87]

\*\*\*

正如这些关于伊斯兰教的时间和空间的种种争论所示，在电报的帮助下，确定斋月时间的问题已经激发了对距离和位置、相互关联性和隔绝性这些空间范畴概念的重建。电报本身似乎将诸穆斯林社群之间的距离缩短了，只不过数十年之前，它就让确定斋月时间成了一项当地事务。这一对时间和空间的重新布局在关于所谓上升点（rising points）/地平线方面的"差异"中尤显突出。在这个方面，历法争端聚焦的是，经度不同的地点是否应当遵循不同的斋月和开斋节起始日期，鉴于天文学家们已经知晓，根据当地的地平线不同，月亮的可见度有异。如果新月在一个社群得到证实，并且该社群关于斋月开始的裁决通过电报传至另一个社群，那么，鉴于"地平线的差异"，第二个社群距能有多远？多长的距离算远呢？

"阿富汗人"阿布德·巴齐，那本论及时钟和祷告时间之书的作者，宣称他不为"地平线的差异"这一论据所动，因为"如果它［新月］在西方得到证实，那么在东方也可得到证实"。[88]另一位学者声称，关键的宗教文本都不曾提及不同地平线的问题，除非是各地之间的距离非常远，就像是"从安达卢西亚到呼罗珊地区（Khurasan，位于今天的伊朗）\*那么远"。[89]但另一方面，贾马尔丁·卡西米则带有冒险意味地说道，"任何略具星座科学、时间科学和地理科学知识的人"都明白，有着不同地平

---

\* 呼罗珊地区，历史上的地理概念，"霍拉桑"（Khorasan）的旧名，意为"太阳升起的地方"，大致包括今伊朗东北部、阿富汗北部，以及土库曼斯坦南部。——译者注

线的国家并不共享同一斋月开始时间。每一个更大的地区都有自己的裁决。[90]正如拉希德·里达详细论述的那样，一些学者认为，要一个国家的人民根据另一个国家的人民目击的结果行事是没有必要的；其他人坚称，如果国家之间彼此距离很近，那么，它们的裁决应该是统一的；如果它们相距甚远，则每个国家都应该遵照它自己的目击结果。里达本人不愿意依据天文学关于不同上升点的论据驳回一个有效的裁决：如果新月在一个地区适当地得到验证，又在不同的时间在附近某地看到了它，那么没有理由就此否定第一个裁决，因为从理论上讲，邻近性（proximity）与随之而来的天文学结果都认为这两者完全相同。[91]

另一方面，在存在地区间"混合"和协作的国家里，就像埃及的例子那样，这些国家的部分居民进入斋戒期，其他人结束了斋戒，这是不合逻辑的。然而，对那些彼此间除移民之外不存在有力的纽带和联系的国家来说，确定斋月的时间只能是地方性的。[92]因此，总体来说，在1900年前后声名鹊起的这一代学者中间，围绕经度差异的问题有着各式各样的观点。然而，无论一位学者是公然支持还是反对把地理学和天文学考虑在内，关于距离和电报传送的种种讨论都提出了归属（belonging）和从属关系（affiliation）的新问题，在此前的年代里，它们从未以这个形式被提出过。

只是到了20世纪二三十年代，新一代穆斯林学者才把跨越广阔空间的伊斯兰教的历法时间的标准化问题往前推了一步。上一代人已经逐渐认可电报是迅速传达目击新月消息的可信而可靠的手段，从而标志着在许多世纪里团结了全世界的穆斯林的伊斯兰教与伊斯兰教教法（shariʿa）的普遍性。然而，他们回避了对计算的坚定支持。就连在"上升点/地平线差异"的问题上，各种各样的意见也同时存在。如今，二三十年后，里达在那种遵从质朴的、经文主义的新月目击实践中看见的统一性，注定了不

第六章 伊斯兰教的历法时间

再是充分的。已经在1923年和1924年目睹了奥斯曼帝国的终结和哈里发政权的废除,以及欧洲殖民地国家,或后来在埃及、黎凡特地区和伊拉克被委婉地称为"托管"国家的建立,穆斯林共同体比一战前几十年中的任何时候更加迫切地需要团结一致。此时,计算受人欢迎,被视作一个解决方案,它将见证全世界的穆斯林依赖同样的天文手段来确定伊斯兰教的历法和斋月的开始与结束时间,它也被视为解决穆斯林不团结问题的灵丹妙药。计算不仅会取代目击,而且也可以忽略经纬度的变化,从而撇开"地平线差异"这一论据。并不让人意外的是,这类对改革的呼声遭到了批评。但是,自19世纪末和20世纪初以来,各种想要统一全世界穆斯林的宗教时间的计划每隔一段时间就会浮出水面,直到今天。

在这种情况下,并不是政府在设法消除时间上的不规律情形,就像埃及的祷告时间一例,而是一群穆斯林饱学人士中的某位成员。第一位发出对一个通用伊斯兰教历法呼吁的,很可能是一位名叫艾哈迈德·沙基尔(Ahmad Shakir, 1892—1958)的学者。他出生在开罗一个卓越的学者家庭,本人则成了《古兰经》里的先知报道方面的著名专家,《古兰经》的评论家,同时还是一位法理学家。沙基尔曾进入爱资哈尔大学就读,与知名改革派人士拉希德·里达和塔哈·贾扎里(Taha al-Jaza'iri)一起学习。但是就像其他在某一领域——在这个例子中,是关于伊斯兰教的计时方法——倡导改革的人那样,艾哈迈德·沙基尔强烈反对其他形式的变更,并狂热地攻击其他领域的西化。后来,沙基尔在司法体系中步步高升,最终成为埃及伊斯兰教法院的首席法官。[93]艾哈迈德·沙基尔承认,他也是慢慢才对计算演练而非目击的想法感兴趣的。不久前,他还激烈反对在一项目击新月的规则方面的细微变化的提议:另一位知名的爱资哈尔大学的学者,改革派人士穆罕默德·伊本·穆斯塔法·马拉吉(Muhammad Ibn Mustafa al-Maraghi)提出,任何裸眼目击新月的证据都不应该被接受,如果科学知识,也就是计算,与这一证词相矛盾的话。对马拉吉提议的裁决激起另一场激烈的辩论,并招致大多数有影响力的学者们的反对。[94]

1939年,沙基尔撰写了一篇更为激进的小册子。书名《阿拉伯月份的开端》(*Beginnings of the Arabic Months*)看似无冒犯之意,但是这部作品阐述了沙基尔采纳统一的、基于科学的伊斯兰教农历的计划。计算得出的历法将避开不稳定和混乱的陷阱,这些不稳定和混乱源自通过目击而非计算得以确定每个月份〔以及斋月和穆斯林前往麦加朝圣的时间,特别是哈吉(Hajj)[*]〕的开始。正如其他很多例子中的情形,沙基尔对改革的呼声始于对一个特别糟糕的宗教时间差异的例子的描述。1939年,埃及最高伊斯兰教法院确定,都尔黑哲月[**]始于1月20日星期六,因此,"宰牲节"(*'īd al-aḍḥā*)在1月30日。几天后,一家杂志报道说,沙特阿拉伯政府已经宣布,该月的第一天应该是第21日星期日,而非星期六。所以宰牲节应在1月31日星期二。当月晚些时候,另一家报纸的孟买记者报道说,印度西部大都会的穆斯林已经在周三庆祝了宰牲节,这意味着,在印度,都尔黑哲月的第一天是星期一。[95]此外,在沙基尔写作这本小册子的那年,另一场关于确定阿拉法日[***]时间的辩论愈发激烈,对穆斯林来说这是朝圣季至高无上的日子。[96]

艾哈迈德·沙基尔敏锐地意识到了前几代人在将目击新月的消息从一个地区传送至另一地区时利用电报和电话的审慎态度。"由于能收到来自世界各地的消息,伊斯兰国家实际上变成了一体",他声称。在一年前,就有一份详细的询问书寄给了爱资哈尔大学的资深学者们,请求就确定诸

---

[*] 哈吉,一年一度的麦加朝圣,对穆斯林来说,一生中至少要有一次。——译者注
[**] 都尔黑哲月(Dhu al-Hijja),伊斯兰教历法中的第十二个月,也是一年中的最后一个月,极为神圣。——译者注
[***] 阿拉法日(*'arafa*),穆斯林祈祷、祈求宽恕和忏悔的日子,是纪念真主和加强与真主精神联系的日子。——译者注

第六章　伊斯兰教的历法时间

月开始日期的问题提供指导。这份请求随后在一群杰出的学者中流传,其中一名成员是艾哈迈德·沙基尔的父亲。沙基尔把穆斯林当中这类广布的纽带和交流看作伊斯兰教日益全球化的又一个象征。艾哈迈德·沙基尔承认,地平线差异一直是伊斯兰教的学者和不同的法律传统中间饱受争议的问题。在什么构成了国家间"远"和"近"距离的问题上,在一个国家见到了新月一般来说是否应该标志着其他国家该月的开始的问题上,饱学者们看法各异。每个国家都有自己的地平线吗?

沙基尔反对严格遵从"地平线差异"的论证,与桑福德·弗莱明这样把当地时间转化为平均时间的改革者提出的观点类似。艾哈迈德·沙基尔指出,根据其逻辑推导得出的结论是,遵从地平线差异意味着,严格来说,每个地方都有自己的月份或历法,因为这些地方都有着自己细微不同的新月能见度。早些时候,欧美关于采纳平均时间与每个地方都遵循自己的时间所进行的讨论,已经令美洲大陆,同样还有欧洲的标准时间的倡导者感到厌倦。沙基尔及其志同道合的穆斯林历法改革者,避开了重提"标准"历法时间的概念以取代多样化的地方时间的说法。沙基尔解释道,从天文学的角度来看,"真正的月份"始于连接点。由于只有一个月亮升起,所以全体穆斯林只应该有唯一一份历法。[97]

在宣传计算的过程中,沙基尔关注的是早期的穆斯林与20世纪30年代的穆斯林社群在需求和技能方面的差异:在一个主要为部落式的,一开始大多数人口都不识字的环境中,观察天体、阴影和天光是唯一适当的计时方式。现在,按照沙基尔的说法,大多数穆斯林都已经接受过教育,那么对穆斯林来说,依赖更为稳定、更为肯定的手段确定宗教时间不单单是可能的,而且还是强制性的。在无法获得计算专家提供的真实而准确时间的遥远乡村地区,应当保留目击这种方式。[98]沙克尔援引伊斯兰教律法理论称,计算增加了确定性,而在履行宗教责任(obligations)方面取得最大

273

程度的确定性是一种义务（duty）。沙基尔注意到，社会环境改变后，规则也发生了变化，这种观点与同样赞扬伊斯兰教适应性的贾马尔丁·卡西米的看法是相似的。

艾哈迈德·沙基尔建议，应选择麦加为计算连接点时刻的通用参照点。他对经典文本给出了一种非正统的、复杂的阐释，充当该选择的理由。据沙基尔所言，从历史上看，当麦加的人们斋戒时，穆斯林社群都开始斋戒了。因此，在现代世界，麦加将会逐渐成为一家伊斯兰教时间研究所的东道主，科学地为全体信徒确立时间和日期。"在确认农历月份的问题上，穆斯林将团结一致"，而麦加，"伊斯兰教的根源和摇篮"，将成为伊斯兰教计时的中心。[99]在某种程度上，拉希德·里达在大约30年前的举动是艾哈迈德·沙基尔选择一所伊斯兰教机构负责计时的先声。1903年，里达曾设想，如果有一天，全世界所有地区都可以通过电报相互沟通，如果穆斯林有个大伊玛目（Great Imam，当时仍为奥斯曼帝国的哈里发），此人的裁决能在其掌控下的所有领土执行，如果这位领袖能轻易地通过电报通知所有穆斯林在法律上得到证实的新月目击情况，那么，所有穆斯林社群，全球的穆斯林社群（global 'umma）都将受益匪浅。[100]里达那以奥斯曼帝国主导的、穆斯林团结的广阔设想并未持续下去。随着奥斯曼帝国的解体和哈里发制度的废除，伊斯兰国际主义（Islamic internationalism）丧失了它往昔的泛伊斯兰光彩，并变得愈发如同沙特阿拉伯般僵化而保守，哪怕仅仅是利用现代技术确定伊斯兰教历法时间的想法，都会遭到其领袖的蔑视。[101]

艾哈迈德·沙基尔的提议一公之于众就遭到了保守派的反对，但是从长期来看，他的批评者没能压制对穆斯林历法统一的呼吁。[102]在20世纪下半叶，阴历不可预测和非标准化的性质，被列入了几家国际机构的议事日程。1955年，约旦敦促阿拉伯联盟（Arab League）设法解决伊斯兰教的节日问题。1961年，阿拉伯联盟向爱资哈尔大学发出一项请求，希望学者们在原则上对统一的农历和祷告时间表进行调查。像以沙特为基地的伊斯兰教法学院［Islamic Fiqh Academy，隶属于伊斯兰教会议组织（Organization of the Islamic Conference，OIC），最高级别的国际伊斯兰教组织］这样的国际机构，也在处理统一历法的问题。但是，保守的、由沙特主导的伊斯兰教法学院仅仅让步说，天文学层面的计算可能会对强制性的目击新月的做法有所助益。[103]20世纪下半叶，伊斯兰世界向欧洲和北美的移民，不过是加剧了围绕斋戒时遵从哪种时间的争端。因此，尽管存在这些倡议，但要在伊斯兰教的历法统一问题上达成共识仍然不易实现。

正如诸多有关伊斯兰教的历法和时钟时间的辩论的大范围影响所示，这个问题，在过去、如今都是学者、公众，同样还有政府官员感兴趣并表示关切的话题。穆罕默德·拉希德·里达和其他人发现，当自己与别的学者和法律界人士共处时，谈话总是习惯性地转向电报、计算，以及斋月的确定。报纸和期刊帮助当时的人们紧跟这些辩论的进展，彼时他们报道了诸多有关圣月和开斋节计时方面的不规律现象和分歧。就方法论而言，学者、法学家，以及法官在电报与先知生平报告之间所做的类比是个教科书级别的案例，它涉及改革主义思想如何发挥作用，以及伊斯兰教如何适应瞬息万变的技术与政治环境。

就像在欧洲和北美的情形那样，印刷、电报，以及相互关联性使得穆斯林以全新的方式体验时间、空间，以及归属感。反过来，就像欧美的同时代人，穆斯林也质疑起传统的社群观念。利用电报传递目击新月的消息敏锐地提出一个问题：仍然可以遵从同样的阴历月份以及相关宗教仪式的社群，最多可以相隔多远？电报从一开就让确定历法时间出现了越来越多的分歧情形，彼时，对电报合法性的怀疑可谓盛行。此外，电报的使用首先且最主要的影响是把不同的历法计时的证据完全带到了阳光下，并首次将这个问题转变为一种关切和一个议题。在一个相互关联的世界里，差异会急剧消解。然而，一旦得到法律学者和饱学人士的背书，电报技术便被誉为不仅能克服有关电报合法性的不同观点，而且还会带来许多确定历法时间的其他不同操作。

"印刷资本主义"，在其标题位置向分散在各个地方的人们显示同一个日期的、载有连续报道的日报，允许读者把自己想象成民族共同体的成员。日历和年历，时钟和电报，都可以被看作类似的、"工业的"、序列化的时间的一部分。[104]但是，与本尼迪克特·安德森对欧洲的假设相反，想象的共同体不单单是民族的。在欧洲和北美洲，时间和空间的变革激励着科学家、铁路工作者，以及其他精英改革者，使其绘制出一幅世界图景，世界正在变得更小。他们绘制的世界的模样是相互关联的，在其中，旅行者能够轻松而快捷地移动，它主要是基于欧洲和北美洲的情况。当欧洲人在描述时间和空间的湮灭，或是作为国际社会一部分的预示着国际主义的机构与协定时，他们会谈及"相互关联性"，并暗中设想一个由欧洲人、北美人，可能还有他们在澳大利亚的后代构成的共同体，它把世界其他地区和社会排除在外了。

对全球空间进行类似的本质化重构，与西方以外的19世纪的全球化同时出现。当然，它出现在中东的伊斯兰世界，但就连遥远的俄罗斯帝国和东南亚都有其身影，电报、印刷品，以及不断变化的对时间和空间的体验，都在激励19世纪晚期和20世纪初的穆斯林重新思考穆斯林社群，但并非在民族层面，而是在全球层面。泛亚洲主义（Pan-Asianism）和泛非洲主义（Pan-Africanism）具有相似的特征。这就是欧美对一个相互关联的世界的愿景表现出的特权，以至于这种世界观在普遍性的主张中得到表达，并躲在"世界"标准时间那包罗万象的语言背后，正如我们将看到的那样，其指的是一份"世界"历法。[105]

## 第六章 伊斯兰教的历法时间

伊斯兰教思想家们最终还是提出了一种历法国际主义（calendar internationalism），即使一份通用的伊斯兰教历法避开了"世界"这个全面性的概念，但它还是像极了同一时期发生在欧美的各场运动。尽管如此，这种伊斯兰教历法时间的通用化，其所具有的功能，以及其与伊斯兰教律法和伊斯兰教传统紧密关联的范畴与术语，都不能被说成是对欧美规范和概念的模仿。穆斯林出于他们自己的意图，基于他们自己的术语，对用电报让伊斯兰教的历法时间机械化，以及通过计算将历法确定加以标准化的问题进行了探讨。[106]然而，正当艾哈迈德·沙基尔逐渐接受并开始提倡全球性的伊斯兰教历法这个观念时，在日内瓦辉煌的万国宫（League of Nations Palace）里漫步的官员们则在权衡引入一个通用的世界历法，以替代全球范围内的用于特殊宗教和社会的历法。国际联盟内外推崇世界历法的积极分子和穆斯林历法改革者，都对这个在愈发彼此相互联系的世界当中都极端重要的、同一项政治、经济，以及社会发展有所回应。但是，尽管在形式上相似（全球统一的历法），欧美历法改革提案的具体功能和目的，以及它们背后的动机，都与穆斯林的努力相去甚远。同时性并不必然意味着同一性。事实上，思想和观念从世界的某一部分流动至另一部分的过程，甚至不一定会产生出大致相似的兴趣和关注。在某些情况下，比如在英属印度、法国和德国发生的那样，地方性的身份认同与政治形势的特殊性对通用时间进行了非常特殊化的构造。但是，全球化也可以启发源自有广泛差异的社会中的各个不同地方出现对时间的惊人相似的反思。

# 注释

1. 关于涉及达尔文的理论和哥白尼主义的科学事项上其他臭名昭著的争议；比如，参见Elshakry, *Reading Darwin*; Stolz, *Lighthouse*, esp. 233。关于科学思想在埃及的采纳，参见Pascal Crozet, *Les sciences modernes en Egypte: Transfert et appropriation 1805–1902* (Paris: Geuthner, 2008)。在伊斯兰世界高等教育的最高机构，开罗的爱资哈尔大学中教授的课程引起的斗争，部分反映了这些争议。参见Jakob Skovgaard-Petersen, *Defining Islam for the Egyptian State: Muftis and Fatwas of the Dār al-Iftāʾ* (Leiden: Brill, 1997), 49.

2. 关于伊斯兰教的历法，参见Stowasser, *Day Begins at Sunset*, ch. 2.

3. Jamal al-Din al-Qasimi, "Bushra ʿIlmiyya," *al-Muqtabas*, October 18, 1910/12 Shawwal 1328, 1; Skovgaard-Petersen, *Defining Islam*, 87.

4. Jamal al-Din al-Qasimi, *Irshad al-Khalq Ila al-ʿAmal bi- Khabar al-Barq* (Damascus: Matbaʿa al- Muqtabas, 1911), 93.

5. Muhammad ʿArif al- Munayyir al-Husayni, "Munazara Bayn ʿAlimayn (pt. II)," *al- Haqaʾiq* 1 (1910): 264–267, here 265. 关于巴希特，参见Junaid Quadri, "Transformations of Tradition: Modernity in the Thought of Muhammad Bakhit al- Mutiʿi" (PhD diss., McGill University, 2013).

6. Al-Qasimi, *Irshad al-Khalq*, 93.

7. Ibid., 71.

8. Al-Munayyir, "Munazara (pt. II)," 265.

9. Ibid.

10. Bakhit al-Mutiʿi, *Irshad ʾAhl al-Milla*, 16.

11. Wael Hallaq, *An Introduction to Islamic Law* (Cambridge: Cambridge

University Press, 2009), 8.

12. Ibid., 10–11; Skovgaard-Petersen, *Defining Islam*, 7.

13. 此外，这个时期，伊斯兰法院和国家司法人员与此同时正在进行改革，有时会在阿利姆中间招致坚定的反对，从而引起冲突。参见 Skovgaard-Petersen, *Defining Islam*, 60–63.

14. Wael Hallaq, *A History of Islamic Legal Theory: An Introduction to Sunnī ʾUṣūl al-Fiqh* (Cambridge: Cambridge University Press, 1997), 14.

15. Ibid., 27.

16. 仍然有待争论的在于，基于一则孤立信息行动并进而给出裁决是否是强制的，抑或是否仅仅是允许如此行事而已。本章讨论的多数作者在行动与允许的准确含义上观点不一。关于伊斯兰教法律理论中的认识论，参见Aron Zysow, *The Economy of Certainty: An Introduction to the Typology of Islamic Legal Theory* (Atlanta: Lockwood Press, 2013)。笔者感谢艾哈迈德·沙姆西（Ahmed El Shamsy）提到的这本参考文献。

17. Skovgaard-Petersen, *Defining Islam*, 84.

18. David Dean Commins, *Islamic Reform: Politics and Social Change in Late Ottoman Syria* (New York: Oxford University Press, 1990), 4. 还可参看 Itzchak Weismann, *Taste of Modernity: Sufsm, Salafyya, and Arabism in Late Ottoman Damascus* (Leiden: Brill, 2001).

19. Commins, *Islamic Reform*, 3.

20. Al-Qasimi, *Irshad al-Khalq*, 12.

21. 关于在逊尼派伊斯兰中那四个主要学派（ḥanbalī, ḥanafī, mālikī, shāfʿī）的形成，参见Ahmed El Shamsy, *The Canonization of Islamic Law: A Social and Intellectual History* (Cambridge: Cambridge University Press, 2013).

22. Commins, *Islamic Reform*, 119.

23. "Masʾalat al- Tilighraf wa Khulasat al- Qawl Fiha," *al- Haqaʾiq* 1 (1910): 171–182, here 174.

24. Ibid., 175.

25. Ibid.

26. Al-Munayyir, "Munazara Bayn ʿAlimayn (pt. II)," 265. 另一已知的对电报的拒斥情形并未详细说明使用电报确定农历月份的法律内涵,而是宣称电报一般缺乏法律效力。参见Rudolph Peters, "Religious Attitudes towards Modernization in the Ottoman Empire: A Nineteenth-Century Pious Text on Steamships, Factories, and the Telegraph," *Die Welt des Islam* 26, no. 1/4 (1986): 76–105, here 93.

27. Al-Munayyir, "Munazara Bayn ʿAlimayn (pt. II)," 267.《真理》还刊登了两篇攻击卡西米的文章:Muhammad ʿArif al-Munayyir al-Husayni, "Munazara Bayn ʿAlimayn," *al-Haqaʾiq* 1 (1910): 211–216, and Mukhtar alMuʾayyad [al-ʿAzm], "ʿAwd ʿala Bud," *al-Haqaʾiq* 1 (1910): 310–313. 还可参考Commins, *Islamic Reform*, 173.

28. 这些裁决的作者是穆罕默德·萨义德(Muhammad Saʿid),彼时阿尔及尔的穆夫提;"穆提伊"穆罕默德·巴希特;巴勒斯坦的"卢迪",哈利勒·哈马德(Khalil Hammad "al- Luddi");穆罕默德·巴希特·里达;"阿富汗人"阿布德·巴齐;大马士革的"沙提"("al-Shatti")穆罕默德·萨迪克(1889年去世);大马士革的阿布德·拉扎克·比塔尔(1837–1917);开罗的萨利姆·比什里(Salim al-Bishri);开罗的"马赫迪"穆罕默德·阿巴希(Muhammad ʿAbbasi "al-Mahdi", 1827–1897, 关于阿巴希, 参见Skovgaard-Petersen, Defining Islam, 106–111);利比亚的黎波里的"特拉布希"穆罕默德·卡米勒(Muhammad Kamil "al- Trabulsi");开罗的穆罕默德·伊本·艾哈迈德·乌拉什［Muhammad Ibn Ahmad ʿUllaysh，1802–1882；有时直译为伊利什（ʿIllish）］。这些诗歌由一位黎巴嫩历史学家所作，此人名为伊萨·伊斯坎迪尔·马卢夫（Issa Iskandir Maʾluf），另一首是由一位来自黎巴嫩南部地区，贾巴尔阿米尔（Jabal ʿAmil）的什叶派神职人员阿布德·侯赛因·萨迪克（ʿAbd al-Hussayn Sadiq），南部城市纳巴泰（Nabatiyya）"一位杰出的宗教人物"所作。Max Weiss, *In the Shadow of Sectarianism: Law, Shiʿism, and the Making of Modern Lebanon* (Cambridge, MA: Harvard University Press, 2010), 74. 另一位受电报启发对计时发表观点的萨拉夫（salaf）改革者是马哈茂德·舒克里·阿卢西（Mahmud Shukri al-Alusi）。参见Mahmud Shukri al-Alusi, *Ma Dalla ʿalayhi al-Qurʾan mimma Yaʿdud al-Hayʾa al- Jadida al-Qawimat-al-Burhan* (Damascus: al-Maktab al-Islami, 1960). 关于阿卢西，参见Itzchak Weismann, "Genealogies of Fundamentalism: Salaf Discourse in Nineteenth-Century Baghdad," *British Journal of Middle Eastern Studies* 36, no. 2 (2009): 267–280.

29. Al-Qasimi, *Irshad al-Khalq*, 72.

30. 戴维·康明斯（David Commins）翻译了卡西米的著作的前10页，这包含在查尔斯·库兹曼（Charles Kurzman）关于中东史的原始资料汇编当中。参见 "Jamal al-Din al-Qasimi: Guiding Mankind to Act on the Basis of Telegraphic Messages," in *Modernist Islam, 1840–1940: A Sourcebook*, ed. Charles Kurzman (Oxford: Oxford University Press, 2002): 181–187, here 182–183.

31. Sura 16, verse 8; 转引自Commins, "Jamal al-Din al-Qasimi," 183.

32. Eugene Rogan, "Instant Communication: The Impact of the Telegraph Network in Ottoman Syria," in *The Syrian Land: Processes of Integration and Fragmentation: Bilād al-Shām from the 18th to the 20th Century*, ed. Thomas

Philipp and Birgit Schäbler (Stuttgart: Steiner, 1998), 113–118, here 115–116; Yakup Bektas, "The Sultan's Messenger: Cultural Constructions of Ottoman Telegraphy, 1847–1880," *Technology and Culture* 41, no. 4 (2000): 669–696; Barak, *On Time*, 44–45.

33. Al-Qasimi, *Irshad al-Khalq*, 22.

34. Ibid., 67.

35. Ibid., 55. 另一位学者此前按照同样的方式进行了论说，并主张这样的措施充当的是反对伪造的保证。参见"Al-ʿAmal Bi Khabar al-Tilighraf wa-l- Tilifun," *al-Manar* 7, no. 18 (16 Ramadan 1322/November 24, 1904): 697.

36. Al-Qasimi, *Irshad al-Khalq*, 68.

37. Ibid., 57

38. Ibid., 23, 24, 提供了一个不同的解释, 31。

39. Ibid., 24.

40. Ibid., 99.

41. Ibid.

42. Ibid., 52.

43. Ibid., 19.

44. Ibid., 59, 64; Bakhit al-Mutiʿi, *Irshad Ahl al-Milla*, 151.

45. Al-Qasimi, *Irshad al Khalq*, 67; Bakhit al-Mutiʿi, *Irshad Ahl al-Milla*, 152.

46. Bakhit al-Mutiʿi, *Irshad Ahl al-Milla*, 17. 当它付诸印刷，由塔基丁·苏布齐（Taqi al-Din al-Subki）写下的、15世纪一份有名的关于目击新月和数理天文学的小册子被附在巴希特的书上。苏布齐在天文学上所持观点在20世纪初的穆斯林天文学家当中仍然流行。

47. Al-Qasimi, *Irshad al-Khalq*, 93.

48. Bakhit al-Muti'i, *Irshad Ahl al-Milla*, 17. 通常，这位谢赫应当是大毛拉（Maulana）阿布德·哈伊·"鲁克纳维"（1848—1886），但是鉴于他在巴希特写下他对那些事件的描述很久之前就已经去世，故不能确定他是否为那位朋友在旅途上邂逅的沙特友人。

49. Bakhit al-Muti'i, *Irshad Ahl al-Milla*, 17.

50. Al-Qasimi, *Irshad al-Khalq*, 95; Bakhit al-Muti'i, *Irshad Ahl al-Milla*, 162–163; Skovgaard-Petersen, *Defining Islam*, 88.

51. Commins, *Islamic Reform*, 47.

52. Muhammad 'Abd al-Baqi al-Afghani, *Kitab al-Fawa'id al-Naf'at Fi Ahkam alSilk wa-l-Sa'at* (Damascus? s.n., 1897/1898), 5.

53. David A. King, "Science in the Service of Religion: The Case of Islam," in *Astronomy in the Service of Islam, ed. David A. King* (Aldershot, UK: Ashgate, 1993), 245–262, here 249.

54. Ibid., 250; Stowasser, *Day Begins at Sunset*, 148.

55. 'Abd al-Baqi, *Kitab al-Fawa'id*, 6.

56. Ibid., 7.

57. Ibid., 8.

58. Ibid., 9.

59. Ibid., 10.

60. Ibid., 11.

61. Stephen Blake, *Time in Early Modern Islam: Calendar, Ceremony, and Chronology in the Safavid, Mughal, and Ottoman Empires* (Cambridge: Cambridge University Press, 2013), viii.

62. A. J. Wensinck, "Mikat," EI2, BrillOnline, http://referenceworks.

brillonline.com/entries/ encyclopaedia-of-islam-2/mikat-COM_0735?s. num=0&s.f.s2_parent=s.f.book.encyclopaedia-of-islam-2&s. q=mikat+wensinck.

63. King, "Science in the Service of Religion," 252; Stowasser, *Day Begins at Sunset*, 155.

64. King, "Science in the Service of Religion," 247.

65. Ibid., 249.

66. Ahmad Musa al-Zarqawi, *Kitab ʿIlm al-Miqat: Muqarrar Talabat al-Azhar wa-l-Maʿahid al-Ilmiyya ʿala Muqtada al-Namuzaj alladhi Qarrarahu Majlis alAzhar al-ʿAli* (Cairo: Matbaʿat al- Hilal, 1912).

67. Commins, *Islamic Reform*, 61.

68. "Fasl fma Yuthbat bihi al-Sawm wa-l-Fitr," *al-Manar* 6, no. 17 (1 Ramadan 1321/November 20, 1903): 814–816, here 814. 本参考文献中的页码来自期刊的首次印刷品。

69. Ibid., 814–815.

70. Ibid., 815.

71. "Ithbat Ramadanina hadha fi Misr," *al-Manar* 7, no. 18 (16 Ramadan 1322/November 24, 1904): 697–698, here 698.

72. Ibid.

73. "Raʾy Mashayikh al-ʿAsr fi Dhalik," *al-Manar* 7, no. 18 (16 Ramadan 1322/November 24, 1904): 699–701, here 699. 还可参看题为 "Tariqat Ithbat Ramadan fi Amsar al-Muslimin," 的部分 *al-Manar* 7, no. 18 (16 Ramadan 1322/ November 24, 1904): 695–696; and "Al-ʿAmal bi Hisab al-Hasibin fi al-Ibada," *al-Manar* 7, no. 18 (16 Ramadan 1322/November 24, 1904): 698–699.

74. "Raʾy Mashayikh al-ʿAsr fi Dhalik," *al-Manar* 7, no. 18 (16 Ramadan

1322/November 24, 1904): 699–701, here 699.

75. Ibid. 关于乡村地区戏剧性场景的模棱两可，参见Stolz, *Lighthouse*, 308-309.

76. "Fatawa al-Manar: Suʾal 44 ʿan Hilal al- Sawm wa-l-Fitr min Suakin (al-Sudan)," *al-Manar* 10, no. 7 (30 Rajab 1325/September 8, 1907): 530–531, here 530. 里达的回复如下："Fasl fma Yuthbat bihi al-Sawm wa-l- Fitr," *al-Manar* 10, no. 7 (30 Rajab 1325/September 8,1907): 531–534.

77. "Fatawa al-Manar: Al-ʿAmal bi-Khabar al-Tilifun wa-l-Tilighraf fi al-Sawm wa-l-Fitr," *al-Manar* 13, no. 3 (30 Rabiʿ al- Awwal 1329/April 10, 1910): 187-190, here 188.

78. Ibid. 里达印了一份由萨利姆·比什里给出的法律裁决，上面有他的回答。

79. "Fatawa al-Manar: Asʾila min Madinat Bankuk (Siyam)," *al-Manar* 23, no. 8 (29 Safar 1341/October 20, 1922): 584–585, here 584; and Rida's answer: "Jawab al-Manar: Ithbat Hilal Ramadan wa-l-ʿIdayn," *al-Manar* 23, no. 8 (29 Safar 1341/October 20, 1922): 585–588.

80. "Masʾalat Hilal Ramadan," *al-Manar* 31, no. 4 (30 Jumada al-Uwla 1349/October 22, 1930): 278.

81. "Iʿtibar Ruʾyat al- Hilal fi al-Shuhur al-ʿArabiyya: Min Radaʾ al- Din Effendi, Qadi al-Qudaʾ fi Ufa (al-Rusiya)," *al-Manar* 6, no. 18 (16 Ramadan 1321/December 5, 1903): 705–707, here 706.

82. Ibid.

83. Ibid., 707.

84. 参见Ordinance #8 dating from 1923 quoted in Mahmud Naji, *Natijat alDawla al-Misriyya li- Sanat 1354 Hijriyya* (Cairo: al-Matbaʿa al-ʾAmiriyya,

1935), 13.

85. Stolz, *Lighthouse*, 293.

86. Hallaq, *History*, 216

87. 至少在一个例子中，里达似乎同意计算，不过是在非常特殊的情况下：欲知分析，参见Stolz, *Lighthouse*, 330–331.

88. ʿAbd al- Baqi al-Afghani, *Kitab al-Fawaʾid*, 12.

89. Al-Qasimi, *Irshad al-Khalq*, 87. 有关裁决是萨利姆·比什里做出的。

90. Ibid., 49.

91. "Fasl fma Yuthbat bihi al-Sawm wa-l-Fitr," 815.

92. Ibid., 816.

93. Moosa, "Shaykh Ahmad Shākir," 59.

94. Ibid., 65, 77. 关于马拉吉，参见Skovgaard-Petersen, *Defining Islam*, 160-161.

95. Moosa, "Shaykh Ahmad Shākir," 69.

96. Ibid., 70.

97. Ibid., 70, 81.

98. Ibid., 81.

99. Ibid., 86。

100. "Fasl fma Yuthbat bihi al-Sawm wa-l-Fitr," 816. "大伊玛目"，尤其是最伟大的伊玛目［al- Imām al-Aʿẓam］，也可能指的是艾布·哈尼法（Abu Hanifa），伊斯兰律法哈乃斐派（ḥanafī school）的奠基人。但是鉴于里达给出的背景信息，哈里发更有可能是一个译名。

101. 关于伊斯兰教国际主义，参见Martin Kramer, *Islam Assembled: The Advent of the Muslim Congresses* (New York: Columbia University Press,

1986); Reinhard Schulze, *Islamischer Internationalismus im 20. Jahrhundert: Untersuchungen zur Geschichte der Islamischen Weltliga (Rābiṭat al-'Ālam al-Islāmī) Mekka* (Leiden: Brill, 1990).

102. 20世纪中叶数十年，呼吁进行计算的有塔兹拉（Tazra，如今在哈萨克斯坦）的Abu al-Nasr Mubashshir al-Tirazi，他曾短暂停留在布哈拉（Bukhara，如今在乌兹别克斯坦）。参见 Moosa, "Shaykh Ahmad Shakir," 65, and Bakr Ibn 'Abd Allah Abu Zayd, "Tawhid Bidayat al-Shuhur al-Qamariya," *Majallat Majma' al-Fiqh al-Islami: al-Dawra al-Thalitha li-Mu'tamar Majma' al-Fiqh al-Islami* 3, no. 2 (1408/1987): 820–841, here 827.

103. Moosa, "Shaykh Ahmad Shakir," 66–67. 沙特阿拉伯现在运用的是在天文学意义上进行计算的乌姆库拉（'umm al-qurā）历法，它用于行政目的，但是仍然保留了派出成团的新月目击者去真正地目睹新月这一做法。

104. Anderson, *Imagined Communities*; Nile Green, "Spacetime and the Muslim Journey West: Industrial Communications in the Makings of the 'Muslim World,'" *American Historical Review* 118, no. 2 (April 2013): 401–429.

105. 关于想象一个全球的穆斯林共同体，参见Cemil Aydin, "Globalizing the Intellectual History of the Idea of the 'Muslim World,'" in *Global Intellectual History*, ed. Samuel Moyn and Andrew Sartori (New York: Columbia University Press, 2013), 159–186.

106. 关于西方科学在中国"以他们自己的术语"的采纳与重构，参见Benjamin A. Elman, *On Their Own Terms: Science in China, 1550-1900* (Cambridge, MA: Harvard University Press, 2005).

# 第七章 给所有人的一份历法

1884年的一天,法国天文学家卡米耶·弗拉马里翁迎来一位访客。同一年,在华盛顿特区,一场会议将通过有关采纳一条本初子午线的决议,而弗拉马里翁和其他天文学家很有可能对这些进展知情,因为他们都在热切地关注着科学与科普报刊。弗拉马里翁(其兄弟后来创建了广为人知的同名出版社)是法国第一个天文学学会的创办者,也是该领域法国主要期刊的出版商。[1]弗拉马里翁的访客是一位监狱神父,此人刚刚结束罗马之旅归来,在罗马,他对梵蒂冈提供通过把复活节的日期稳定下来以改革格里高利历法。罗马教廷命令这位神父回巴黎寻求著名天文学家们的反馈,这最终促使神父敲响了弗拉马里翁的大门。在他们谈话期间,神父突然之间从口袋里变出5 000法郎来,"这是从一位匿名的捐赠者那儿得来的",此人渴望为历法改革捐出一笔奖金。[2]

神父又拜访了三次,弗拉马里翁才被说服收下这笔钱,又过了几个月时间计划才成熟,那是在1884年秋,华盛顿会议召开前正好一个月,卡米耶·弗拉马里翁的天文期刊呼吁人们提交历法改革的计划。[3]改革历法应具有的特征具体如下:新历法必得准许每个日期(date)总是对应每周的同一天(day),每个月的长度要尽可能相等。弗拉马里翁和3名同事一起裁决了种种方案。基于弗拉马里翁和匿名捐赠者提出的各项要求,6份获奖提议在1887年得到了宣布,它们详述了一项在接下来的几十年中将要占据历法讨论核心的计划。[4]

在19世纪晚期,首次提及历法改革的并非这场法国历法竞赛。但它特别有趣,因为它揭示出了在这些年里逐渐展现的历法改革与时钟时间改革,在发生时间和重要人物上都有着紧密联系。亨利·庞加莱(Henri Poincaré),著名数学家兼物理学家,他的工作与采纳平均时间和时钟的电报同质化(telegraphic synchronization)有关[*],后来他主持了天文学学会的一场会议,期间,弗拉马里翁回顾了历法改革竞赛的这段历史;据报道,在同一场会议上,那位在19世纪90年代晚期起草了在法国采纳通用时间的诸多议案之一的法国立法者,如今参与了同梵蒂冈的多次讨论,其主题关乎把复活节的日期稳定下来,并改革历法。[5]

随后数十年里头,国会议员罗伯特·皮尔斯(Robert Pearce),1908年英国夏令时法案的倡导者,在同一年把一份历法改革议案带到下议院。在德国,威廉·福斯特(Wilhelm Förster),柏林天文台的主管,德国有关欧洲中部时间的诸多讨论当中的主要声音,同时也为德国政府提供历法改革方面的专家意见,并撰写了好几本关于该话题的出版物。[6]在20世纪20年代,历法改革在国际联盟刚刚取得成功,法国天文学的核心人物,曾经在19世纪八九十年代,以及在20世纪前十年积极参与了法国采纳平均时间和时间分发系统的纪尧姆·比古尔当,就被任命为国际联盟下属一个负责研究历法改革的委员会的成员。[7]20世纪50年代,哈罗德·斯潘塞·琼斯(Harold Spencer Jones),格林尼治天文台的皇家天文学家,仍然就历法改革发表意见。[8]

时钟时间和历法时间相互交织的性质甚至存在物质性的一面:19世纪晚期,在钟表匠群体里,最新的时尚之一就是所谓的历法钟(calendar

---

[*] 时钟的电报同质化,当指前述通过发送、接收电报的形式实现时钟时间的同质化。——译者注

clocks），后者被宣传成了办公和校园用品。这样的时钟，其刻度盘上显示的不仅有小时和分钟，而且有日、月，以及年。[9]被克服世界各地历法差异的图景所吸引，立法者和行政人员加入了科学家和钟表匠的行列，参与历法改革。在第一次世界大战爆发前，三个欧洲国家的议会讨论过确定复活节的日期和更一般的历法改革。鉴于时钟时间与历法时间存在的这些密切联系，那么统一历法的尝试完全在19世纪晚些时候和20世纪初时间改革背后的科学史中缺席，就更让人感到意外了，因为时人显然认为，时钟时间和历法的统一附属于同一个全面的问题：改革"时间"。

经济的和资本主义的利益热切地集结在历法改革背后，情况甚于时钟时间的改革。除了科学家、大量自我标榜的改革者，以及政府官员之外，企业主、经济学家，以及统计学家是促进统一历法最突出的行动者。正是在此处，而不是在平均时间的采纳过程中，资本主义和同质时间之间出现了一种联系。但是，这种联系并不像E. P. 汤普森及其追随者假定的那样。统一的时间单位（units of time）对经济学家和资本家来说逐渐重要起来，重要的不是时间规训的灌输，而是生产经济知识的语境，以及让国家在经济方面条理清晰，就像蒂莫西·米切尔（Timothy Mitchell）在其作《专家的统治》（*Rule of Experts*）中用到的分析埃及的方式。[10]

总的来说，历法改革可以说是时间统一得到的最广泛的共鸣，同时也激起了最白热化的争议的那个方面。数不胜数的小册子和其他专门讨论该话题的出版物，国际联盟的不少行动及其同样有组织的反对者在不同教会和宗教界发起的旋风般的宣传攻势，几个私人性质的国际非政府组织的游说，以及经济和商业偏好，全都证明了历法时间引起的兴趣范围何等广泛。然而，一旦政府发现了它们对历法改革的兴趣，通用的历法时间很快就会获得国家的和民族主义的含义及功能。在生机勃勃的国际公共领域，历法改革可以说引起了时钟时间从未有过的关注。但因为从长期来看历法改革是失败的，而时钟时间的统一在20世纪中期几十年里大部分都得以完成，所以科学史学家们在数十年里一直忽视了历法改革的重要性。

历法与日期确定系统（dating system）是另一类通过激发对不同系统之间的比较与换算而在历史时间中为社会和国家提供定位的工具。历法时间，以及它承载的历史和宗教含义，都在迫使时人们把这些历史置于同他者的关系当中进行理解。在欧洲和北美以外的地区，历法改革得到了充分讨论。特别是20世纪初，这段在此前后非西方世界进行了大量革命的岁月中，历法改革占据了中心位置：在一年前的辛亥革命的背景下，中国于1912年至少在部分地区、在名义上引入了格里高利历法。1908年的青年土耳其党革命之后，一份计划被提交到重新恢复的奥斯曼议会\*，希望为了一些特定目的采纳格林尼治时间，然而它暂时没能获得通过。[11]1906年的伊朗立宪革命（Iranian Constitutional Revolution）之后，人们试图进一步在财政事务上使用太阳年（solar year），然而伊朗的阳历（solar calendar）要随着1925年新王朝的即位方才正式被引入。存在的努力，历法改革集中突显了各种统一和改进时间测量手段的努力所具有的同时性和全球性本质。欧美人对统一的世界历法的设计，仅仅是这个更广泛趋势的一个表现。

那些致力于让历法时间统一的积极进取的人们，他们的故事证实了个体在全球史中的重要性。像国际联盟这样的国际组织，通过它们与各种非政府组织之间的合作，为男人，也为越来越多的女人参与较低层级的外交活动开辟了新机遇。在两次世界大战之间的日内瓦，普通政治行动者的角色在许多方面变得更多样化了。这类自学成才的外交官充当着国际组织、国家政府，以及地区民间协会之间的调解者。日历改革有赖于像世

---

\* 1878年，奥斯曼苏丹阿卜杜勒·哈米德二世认为，与俄国交战战败的原因在于议会中的立宪派，因此他解散了奥斯曼议会，此后，奥斯曼议会长达30多年没有召开。——译者注

界历法组织（World Calendar Organization）的创始人伊丽莎白·阿基利斯（Elisabeth Achelis）这样的女性，她斡旋于外交界、国际联盟官员，以及从美国到南亚数不胜数的"改革"俱乐部和协会之间。

***

历法改革一开始就是个双管齐下的项目。在19世纪七八十年代早期，它就常常包括了敦促俄国和其他东正教社会采纳格里高利历法的种种计划。从19世纪八九十年代起，这类针对东正教的观点偶尔还会有所耳闻，但是总的来说，争论转向了改善格里高利历法，并使其可通用方面。[12]最直言不讳的要将格里高利历法引至俄国的早期活动家之一，就是切萨里奥·通迪尼·德·夸伦吉（Cesario Tondini de Quarenghi）。作为一名圣保罗修士会会士（Barnabite monk）*兼天主教的推动者，他于19世纪六七十年代曾经在巴黎待过几年，在那里，他与俄国侨民建立了联系。回到意大利后，他成功说服了博洛尼亚的科学院（Academy of Sciences）支持他的计划。19世纪80年代，带有国际主义色彩的各类讨论时间统一的会议层出不穷的时期，博洛尼亚的科学院就在出版了大量材料以推动将耶路撒冷的子午线作为世界本初子午线的方案。这些观点背后经常是通迪尼·德·夸伦吉的身影。同时，这位意大利人还把自己对统一时钟时间的提倡与他和其他人所说的历法的"统一"联系起来。[13]

19世纪80年代，通迪尼·德·夸伦吉致信伊斯坦布尔的土耳其宫廷（Porte），请求奥斯曼政府正式遵循格里高利历法。根据报道，他还造访过索菲亚（Sofia）**，最终涉足俄国。在那里，由于在与东正教神职人

---

\* 圣保罗修士会（Clerics Regular of St. Paul），隶属于天主教，过去曾用简单的"B"表示身份。——译者注

\*\* 索非亚，今保加利亚首都。——译者注

员及帝国政府的互动中表现出的传教热情，他成功地让自己遭到了驱逐，因为"他对既定外交方式完全不了解"，德国天文学家威廉·福斯特如此形容。1888年，定居伦敦的他出席了英国科学促进会（British Association for the Advancement of Science）的年会，并发表了一篇关于俄国对待历法改革的态度的论文。新一代自学成才的"大使们"出现在两次世界大战之间的日内瓦，他们将在国际行动主义的水域上愈发熟练地领航，但通迪尼·德·夸伦吉预示着一批非官方但富有影响力的外交官型活动家（diplomat-activists）的出现。[14]

对俄国的痴迷可能一直都是通迪尼·德·夸伦吉个人的问题，但他并非唯一一个对俄国东部的各种时间系统感兴趣的人。俄国当局自己也开始考虑会导致问题的东正教历法的某些方面。随着新千禧年和1900年的临近，在俄国，有关采纳格里高利历法的讨论声音变得愈发响亮起来，而帝国政府和圣彼得堡的科学院现在正考虑采取这一举措。1910年，根据报道，沙皇政府完成了一项对东正教庆祝的数量异常之多的节日的调查。在部分地区，节日的数量超过了一年中工作日的数量；在其他地区，节日仍然占据一年中三分之一的时间。在5月、6月和7月这样主要的收获月份，节日的频繁程度难以维持。在不同的地区和城镇，习俗可谓天差地别。一些官方机构庆祝了大量的政府假日，尽管并非全部如此。[15]但是，俄国政府从未全心全意地推行历法改革，而最重要的是，不同的东正教教派在这个问题上保持着分裂的状态。截至第一次世界大战爆发，东正教还在反复权衡是否要在多数人反对这一举措的情况下采纳格里高利历法。东正教的神职人员宣布，他们的同意取决于天主教徒和新教徒停止"对抗"东正教。基督教各教派之间的关系充满了不愉快。[16]

在这种氛围里，历法改革辩论的条件出现了变换。与东正教东部的商业性联系不再引人注意。历法改革的焦点，从俄国和东正教转向格里

293

高利历法中复活节假期,以及统一的月份和季度的稳定化。如今,世界范围内的可比较性和稳定性成了目标。正如一家德国报纸所说的那样,"今日文明化生活的不断国际化,将区分不同文明的形式上的差异以前所未有的程度凸显了出来"。正如尼采总结的那样,正是相互关联性让差异无所遁形。"形式上的国际一致性"是生活许多方面的要求,而这种追求一致性的一个领域即历法时间。[17]就像是在翻阅贝鲁特发行的一份年历,时人意识到了在不同社群共处的地方,历法多元化的情况有所增强。文章解释说,居住在黎凡特地区的人们通常不得不同时用上所有不同的历法,有时甚至还要加上科普特语\*的历法。在波兰,人们会庆祝希腊天主教\*\*、罗马天主教、新教和犹太教的各种节日,这导致共有的工作日数量减少。但是,与在不同时间系统之间来回进行转换和计算的阿拉伯观察家相反,欧美的历法改革者梦想的是把一份世界范围内统一的计时方案作为这种异质性的解决之道。[18]

无论是闰年解决方案,还是逐年积累太阳年与"新的"改革版格里高利历法之间的差异,都未被贴上改革的标签。如今,历法中被视为最不利的因素是其"不规律"的分段——事实上,不同月份的天数在28天到31天之间,而天数被分配到各月这一做法背后并没有系统的规则,而每年中的日历与周历也不对应。复活节的日期最早可能是3月25日,最晚可能是4月22日,这是另一个需要更多的稳定性和一致性的对象。[19]早在卡米耶·弗拉马里翁依照其匿名捐助者的要求在法国举办历法竞赛时,其中一些要点就已经被提出来了;截至世纪之交,它们已经占据了历法问题的前沿和中心位置。一些过分激进的改革方案总是会浮出水面,但很快就会被认为太过剧烈,不能被认真对待,因为它们通常涉及全面放弃年或月这样的单

---

\* 科普特语,古埃及语发展的最后阶段,属于阿非罗-亚细亚语系,埃及-科普特语族,与古埃及语近似,包含许多希腊语词汇。——译者注

\*\* 希腊天主教,也即东正教。——译者注

位。20世纪50年代，印度北部的一名瑜伽修行者给格林尼治的皇家天文学家写了超过24封信，意在说服他考虑使用源自印度瑜伽的"加强节奏历法"（Improved Rhythmic Calendar）。[20]能够引来更加严肃的关注的方案主要分为两类。

第一类方案脱胎于法国实证主义哲学家奥古斯特·孔德在19世纪初推广的一种设计，尽管在大多数情况下，这种方案的倡导者并没有与孔德的历法建立起明确的联系，并可能是没有意识到这一先例的存在。孔德的实证主义历法遵循的是每年13个月的做法。在19世纪末和20世纪初，这类13个月的计划获得了相当的人气，因为它们提供的是每个月28天这种月份长度最为均等的方案。第二类改革方案通常会避开增加第13个月这种更为剧烈的干预措施，转而建议把每年的天数减少到364天，这样可以将其等分成4个季度，每个季度各91天，同时增加一个额外的"空出日"（blank day），它不属于任何一周。插入的空出日确保日历将总是对应相同的周历（例如，每年的1月1日都对应星期日），从而让历法永久有效。19世纪八九十年代，在日内瓦大学任教的数学教授L. A. 格罗克洛德（L. A. Groschlaude）推广了后一种方案的变体，法国、比利时，以及英国都有其支持者。[21]1895年，一位名叫伊格纳茨·海辛（Ignatz Heising）的宾夕法尼亚州匹兹堡市工程师兼德国移民，致信德国外交部，旨在通过采纳与格罗克洛德的方案极为相似的万年历（perpetual calendar），让整个世界知晓他的新关于"时代"的计划。[22]通过各类期刊和其他出版物，一些钻进了更具科学思维的圈子中的自诩的改革者，对该领域的其他活动了然于胸。但更多时候的情形则是，分散在全球的许多个体同时对历法时间的不规则单位这一"问题"提出了具有惊人相似性的解决之道。

***

为讨论历法时间设定早期参数，主要是有组织的商业利益所达成的成就。19世纪晚些时候，大量来自各国的全国性商会组成了一个国际协会，致力于打击这数十年里盛行的保护主义政治，同时促进国家的经济利益。[23]1906年，当这个国际商会协会在米兰会面，举行其第一次代表大会时，它讨论的是不均等的季度、月份长度和复活节日期对经济产生的影响。随后，该组织还分别于1908年、1910年、1912年依次在布拉格、伦敦，以及波士顿举行会议着手更新历法的问题。[24]

大量关于历法改革议题的出版物和会议，很快便获得了国家立法者们的赞同。各个商会现在组织起协调一致的游说活动，努力让政府参与其中，瑞士政府就同意在瑞士上议院召开会议，讨论历法改革和确定复活节的日期的可能性。每个人都意识到，确保梵蒂冈出席这一活动至关重要。由于瑞士在梵蒂冈没有外交代表，故它转而坚持让比利时，一个很大程度上信仰天主教的国家临时充当代理人。两年后的1912年，再清楚不过的是，梵蒂冈不同意出席这次会议，而致力于一次国际代表大会的活动也逐渐消失。但是，立法者和各国政府的利益都已经受到了伤害。[25]

在瑞士政府与其他欧洲国家的政府接触，讨论召开一次会议之后，英国的贸易委员会（Board of Trade）于1908年开始调查更改历法的影响。同年，在其关于夏令时的议案墨迹未干之时，英国国会议员罗伯特·皮尔斯便发起了另一项议案，提议既一劳永逸地确定复活节的日期，又对格里高利历法进行修正，解决其有害的不规律问题。[26]皮尔斯的计划需要一个空出日，它将插在12月31日和1月1日之间，称作"新年日"（New Year's Day），不算作一个规律的工作日。其余的日子分成4个季度，每个季度91天，每个季度再各自分为3个月，分别有30天、30天，以及31天。复活节星期日将永远固定下来，对应4月7日，星期日。他的努力暂时徒劳无功。英国政府没有对皮尔斯的议案表示支持，而当稍作修改的历法改革议案于1911年和1912年再次提出时，亦复如是。[27]在德国，新教教会宣布自己支持某个让复活节的日期稳定下来的措施，并向政府官员逐步灌输历法改革和复活节的问题有可能会被接受的希望。然而，当市民们向德国议会递交请愿书，请求考虑历法的问题时，这些材料只不过是被递交至级别更高的机构供其参考，而当局并未采取任何行动。从一开始，由于混合了宗教的和民族主义的不安情绪，历法改革被理解成是比时钟时间的统一问题更为敏感的事务。[28]

第一次世界大战让历法改革暂时停止。在20世纪20年代初，改革格里高利历法的各种计划再度焕发新生，并得到了新的支持。国际商会协会意识到，进一步的改革需要各国政府联合起来的力量，以及由国际联盟提供的国际合法性。在瑞士政府的再次帮助下，协会成功地说服国际联盟研究组织一次历法改革代表大会的可能性，以便让"宗教界、科学界，以及商界"围绕这个话题聚在一起。[29]于是，改革历法的问题来到了国际联盟的通信与运输部（Communications and Transit Section），而该部门做出的决定是收集必要的文件，以便评估历法改革的要求和可能性。作为战后《凡尔赛和约》的一部分而在日内瓦宣告成立的国际联盟，其首要功能是一个国际交易清算所，一个规模庞大的官僚机器，负责收集信息和文件，宣传它的发现和所关心的事物，与此同时敏锐地关注着舆论。历法改革支持这一工作方式。[30]

日内瓦方面收集有关历法和它承担的其他事业之信息的方法包括将调查问卷寄给不同成员国的联络员，并请求成员方自行调查舆论对历法问题的看法。基于各国政府和不同协会的回复，国际联盟在1922年发布了第一份关于历法改革的报告，列出了目前的历法安排中存在的大量需要改革的缺陷：日期和周历对应的情况每年都不相同；月份长度不一；西欧和东欧，信奉罗马天主教和东正教的国家，使用的是不同的日历。鉴于这些不足，国际联盟的官员们表达了他们对改革的支持，以及他们进一步致力于研究历法问题的意图，只要改革"完全符合舆论对改善公共生活和经济关系的要求"。从一开始，国际联盟就避而不谈宗教利益。它宣称，诸如复活节日期的稳定化这样的问题最好留给宗教当局，而且大体来说，至于哪种历法改革的具体形式最值得推荐，国际联盟委员会通常没有"责任"发表任何看法。[31]

国际联盟下属行政机构的成员非常清楚，一个国际组织的能力往往不会超过其各成员国的总和。没有各国政府的肯定，没有它们的同意，国际联盟不敢触及历法改革的敏感问题。1927年，通过敦促各成员国组建起研究历法改革的国家机构、调查委员会，国际联盟再次将历法改革推回至国家层面上的行动。[32] 1931年，国际联盟下属通信与运输部举行了第四次国际会议，作为那场活动的一个组成部分，他们终于组织了一次关于历法改革的会议。国际联盟的官僚体系行动迟缓，而且尤为强调共识和多边主义，因此做出任何决定都需要谨慎和时间。然而时机很不走运，因为在世界萧条的大背景下，1931年会议的结论是，历法改革必须暂缓一步，让位于更紧迫的关切。

20世纪30年代，国际联盟进入了一个新的阶段。1933年，纳粹在德国掌权，并离开了国际联盟，日本如法炮制；1937年，墨索里尼治下的意大利也效仿之。20世纪20年代中期的乐观情绪正在迅速消退，随之而来的，是人们对国际主义和国际联盟能够阻止另一场欧洲战争的希望也渐渐枯萎。[33]国际联盟保留了负责历法改革的下属委员会，继续与各国委员会进行沟通，同时收集有关历法的文献，直到20世纪30年代晚期，彼时，面对成员国不温不火的反馈及亚洲和欧洲日益紧张的国际局势，它暂时将历法改革从其日程中剔除了。[34]

***

两次世界大战之间的岁月里，那些支持改革历法的人们动用了各种修辞策略。"秩序"与"和谐"频繁在与历法改革的联系之中得到表达，"稳定性"也是如此，在很多方面，它都是20世纪二三十年代的一个流行词。[35] "理性的"是很多自诩为改革者的人偏爱用来描述他们的方案的一个形容词。历法改革者还颂扬起在日益复杂的世界中经过重新整理的历法拥有的"简朴"特征。[36] 在其他情况下，世界正在变得更小这个如今显得有点老调重弹的说法在继续充当论据。一位日本驻美大使发现，"进步文明的特点之一"一直是"增强人们从一个地方迅速移动到另一个地方的能力，从而让他的空间感最小化"。在这样一个不断缩小的世界里，一份所有人共同的历法是唯一明智的选择。[37]

在国际联盟官员当中最不绝于耳的说法是，共同的历法是世界和平的手段。其他人也有这种观点。在一份致国际联盟1931年的历法会议的电报中，圣雄甘地宣布了他对统一历法的支持，"就像我赞成所有国家使用统一的货币，支持所有民族都运用补充性的语言——比方说世界语"，他解释道。他要求，各民族的嫉妒和短视不得妨碍改革活动。德国历法改革的主要发言人之一在新的历法中指定了一天为"世界和平日"，以便提醒人人皆兄弟。1938年和1939年，在战争的炮火声再次威胁要在欧洲出现时，"全世界一份历法"的措辞变得格外响亮起来。[38]

但世界和平的说法被其他声音的合唱轻易地淹没了，后者兜售的是一份具有的经济优势的改革版历法。从20世纪初到20世纪二三十年代，关于可比较的数字具有的价值产生的大量争论，此前仅限于会计师和统计人员之中，此时慢慢进入了政治的主流，以及舆论的视野。19世纪下半叶，随着复杂的多部门企业的成长，成本核算已经成为企业界的一个重要因素。[39]就会计工作的目的来说，使用工作日天数相同的的季度至关重要，这些时间单位可在无需冗长的数据重组的情况下直接进行比较。以商会、制造业协会等组织形式出现的，或是独立出现的各种商业利益集团，如今在敦促着历法改革者们处理当前历法甚为不便的细分安排。

在那些盛赞统一的历法对商界裨益良多的人士当中，就有柯达公司的乔治·伊斯特曼（George Eastman）。19世纪晚期，伊斯特曼发明了一种制作照相底片的方法，即在胶片上而非玻璃板上使用明胶乳剂，并开发出一种大批量生产、对业余摄影师来说易于上手的相机，柯达。为方便销售和配送，总部设在纽约州的罗切斯特（Rochester）的柯达，创造了遍布全球的分支机构营销网络，同时还在英国建起了生产和服务设施。[40]或许是因为长期置身于各个国家不同的商业环境当中，伊斯特曼对历法改革的兴趣不断增长。在1928年美国全国工业委员会（National Industrial Council，一个制造商协会）的会议上，柯达公司的一名代表重申了伊斯特曼本人的观点："现代企业管理……会用放大镜仔细检查各个操作的每一处细节，在生产、销售、节约费用等可能涉及的方面都需要帮助。但是，全部这些操作的基础，即时间的要素，却被当前的历法这般不科学地测量着，以至于它成了一种障碍，而非帮助。"这名代表滔滔不绝地说，"企业管理试图通过精确的设计来建立其经济结构，但它不得不在不断变化的基础之上进行这项工作。"[41]

哥伦比亚大学银行学教授赫伯特·帕克·威利斯（Herbert Parker Willis），在1931年的一篇文章中写下了相似的看法，"近年来，统计学在为商业提供有用服务的方面取得了巨大的发展，今天很少有行业不采取统计学的方法"。伊斯特曼本人曾经谈到，一个"新的经济时代"，

"必须能够控制自己的活动,而为了做到这一点,它必须以时间为单位衡量过去的和未来的表现"。[42]国际铁路协会(International Association of Railways)通过其会计和货币委员会同样指出,"把一年更为统一地划分成相同长度(月份,季度)这种做法的主要优点是累积统计资料。在今天,如果没有真正可靠、可比较的统计数据,要对企业进行有效的监督、领导和控制是不可想象的"。[43]国际商会(International Chamber of Commerce)派往国际联盟的代表坚持认为,"现代世界的经验似乎表明,工商业的发展在呼吁出现一个系统,它能使人们更容易对每周与每月的数据进行比较"。比较可谓是最重要的。历法改革的经济论点充分利用了以图表形式呈现的可视化数据,近些年来,在经济学专家、经济学教科书,以及特定政府部门那里,这是一个全新的、不过越来越常见的特点。陡峭来回的线段、上下拉锯着沿时间轴所作的之字形运动,展示出了不同月份在工作日天数上的变化,其表达的现有历法包含的令人厌恶的"不规律"和不可比性,甚至比光用言辞更让人印象深刻。[44]

事实上,美国的许多公司已经在遵循一种独立的经济历法(economic calendar)。截至20世纪30年代,在各知名企业中,出于会计工作的需要,一份有着13个长度相等的月份的历法已经为人所用,其中就有伊斯特曼自己的柯达公司和西尔斯—罗巴克公司(Sears, Roebuck and Company)。[45]在美国历法改革委员会(American Committee on Calendar Reform)的众多成员里,大型企业和银行业占据着显著地位,为的是确保这种做法会变得更加普遍。委员会成员包括:杰勒德·斯沃普(Gerard Swope,通用电气的董事长);阿尔弗雷德·P.斯隆(Alfred P. Sloan,通用汽车的董事长);亨利·福特(Henry Ford,福特汽车的董事长);以及乔治·罗伯茨(George Roberts,纽约花旗银行的副董事长)。委员会规模很大,除企业和银行业的利益集团之外,还包括政府部门〔财政部、标准局（Bureau of Standards），海军天文台（Naval Observatory）、农业部与劳工部（Department of Labor）]的代表，以及其他随机入选但是富有影响力的人物，比方说《纽约时报》的出版人阿道夫·奥克斯（Adolph S. Ochs），还有哈佛大学法学院院长，以及麻省理工学院的校长。[46]

20世纪20年代晚期，在对历法问题进行了一次大规模调查之后，该委员会确定，超过98%的回收调查问卷选择的是有13个月的方案，这足以说服美国历法改革委员会正式认可这一方案，而非其他。[47]这个选择并不完全让人意外，因为13个月的选择方案得到了乔治·伊斯特曼本人的支持；伊斯特曼正是美国历法改革委员会的赞助者。或许更令人意外的是，各个商业群体当中存在的一个信念，即公民们不会对增加第13个月这样重大的改变心存疑虑，而且会适应所涉及的习惯的重大改变。对有组织的资本主义来说，让不可比较的日期变得可以比较这一前景，胜过了对可行性的担忧。

如果没有政府的支持，资本主义以改革的方式取得的成就会相当有限。只有当对历法时间上的政治兴趣达到顶峰时，各个商业团体才突然找到了可以倾听他们对历法抱怨的渠道。在国际联盟的要求下，许多国家都成立了国家历法改革委员会，它们与政府，最重要的是与为政府服务的经济学专家有着密切的联系。这些年里，各国家政府也发现了可比较的数据所具有的价值。大范围的政府统计资料始于19世纪的人口普查数据和人口统计数据，但是后来，其内容远远不止于此——还包括有关犯罪、酗酒，以及其他"社会疾病"的数据，最终还有经济方面的统计资料。但是，从这些数据发展到今天政府使用的、以国内生产总值或消费者物价指数的形式呈现的数据是一条漫长的道路。统计学本身不得不作为一个学术领域出现。[48]并非偶然的是，19世纪最早的国际主义运动之一就发生在统计人员群体当中。他们的目的之一就在于建立能够让统计数据跨越不同民族传统、可以进行比较的标准。早在1853年就举办了一次国际统计代表大会，而在1885年，国际统计研究所（International Statistical Institute）成立于海牙。统计学成为比较的元科学。[49]第一次世界大战期间及战后，各国政府发现了有关营养的数据的重要性；更一般地来说，他们会使用数据进行经济预测和规划，并在国际层面上用于处理德国赔款和战争债务的问题。[50]美国的国家经济研究局（National Bureau of Economic Research）、英国的经济和社会研究所（Institute of Economic and Social Research），以及德国的商业周期研究所［Institute for Business Cycle Research，后更名为德国经济研究所（German Institute for Economic Research）］全都是在两次世界大战之间成立的。国际联盟自己的经济和金融部（Economic and Financial Section）也在数据的收集和处理方面做了大量工作。幸运的是，对历法改革的商界支持者来说，各国政府后来对可比较的国民经济数据的新关注给他们的努力带来了推动力，使其显得十分必要。与采纳统一的标准时间相比，历法改革被更广泛地视为一个经济问题，正如在美国和其他地方设立的国家委员会所示。1930年6月，德国的历法改革委员会宣告成立，位于德国商业周期研究所，而其所长同时也是帝国统计局（Imperial Office of Statistics）局长。[51]

\*\*\*

国际联盟、商业集团，以及各国历法改革委员会，当然是历法改革进程中最引人注目的发言人，但他们并非孤军奋战。早些时候，国际主义曾经为妇女提供了一个政治活动领域；19世纪最盛行的一些国际非政府组织就是各种为妇女争取投票权和主张推行禁酒令的妇女协会。数十年后，发端于20世纪20年代、同时有好几个非政府组织在日内瓦的湖边办公的"场景",让松散地隶属于这些组织的妇女得以从事外交活动。国际联盟本身就把妇女视为其工作人员,即便不是在领导层,至少是在略次要的职位上。埃西·凯·拉斯穆森(Essy Key Rasmussen),瑞典一位著名的女性主义者的千金,充当着国际联盟下属各非政府组织的联络员,同时还受雇于国际联盟的秘书处,在那儿工作了很多年。[52]

成立于欧美的数不胜数的历法改革学会当中,有许多仍然籍籍无名,从未在历法爱好者的有限圈子之外引起关注。由伊丽莎白·阿基利斯(Elisabeth Achelis)于1930年创立的世界历法协会却是一个例外。阿基利斯1880年出生于布鲁克林高地,是美国硬橡胶协会(American Hard Rubber Association)前任主席的女儿,并在父母死后继承了一大笔家产。阿基利斯从未上过大学,在富裕的家境中度过了青葱岁月,她热衷于舞蹈、派对、纸牌游戏、音乐会,以及钢琴课,这些构成了她在随后的人生中表现出的教养。在第一次世界大战期间,她把自己的时间(和她的车)交给了美国红十字民政事务处(American Red Cross Home Division),但除此之外,阿基利斯并没有任何做慈善或志愿服务的经验。1929年的夏天,阿基利斯与普莱西德湖俱乐部(Lake Placid Club)的其他社会名流交往起来,在那里,她参加了一场梅维尔·杜威(Melvil Dewey,以他的名字命名的图书馆分类系统的发明者)关于历法改革的讲座;杜威当时正在赞美有13个月的历法方案。[53]

根据她自己那风格化的自传性叙事,这是一种变革性的体验:阿基利斯决心投身一项事业,而该事业就是历法改革。在接下来的20年里,阿基利斯花费大量的时间和金钱,推广她的"世界历法",这是12个月方案的一个变种,通过重新安排月份的天数,插入一个空出日,使得各个季度能够更加均等。世界历法协会的主要成员是她自己和一位办公室助理,后来还加入了一名主任,此人的主要职责是接管通信和记账。协会为自己设定的主要任务，是持续与无数的企业、政府、职业协会，以及改革学会保持通信，敦促它们支持她的世界历法提议。截至1931年6月，阿基利斯声称，她的协会在全世界有大约2500名成员。除世界历法协会编写的丰富的宣传资料之外，阿基利斯还撰写了一本书，并且在1930年至1955年间出版了双月刊《历法改革期刊》（*Journal of Calendar Reform*）。[54]

20世纪30年代，当国际联盟的通信和运输部举行了历法会议，而历法激进主义达到其高峰之时，伊丽莎白·阿基利斯在日内瓦待了好几个月，她在宝里瓦奇酒店（Beau Rivage）下榻，徘徊在国际联盟各办公室的门前和万国宫的走廊，与外交官和政治家共进晚餐。从日内瓦出发，她数次在欧洲旅行。在那里，后来以绰号"历法女士"为人所知的她，与外交官和各国历法改革委员会的成员进行了会面。更冒险的是，她克服了自己对早期航空旅行条件的厌恶，把去伦敦、巴黎和罗马的行程变为造访亚洲和中东的长途旅行。[55]

男版的阿基利斯兼其偶尔的强硬对手是英国工程师摩西·B. 科茨沃斯（Moses B. Cotsworth）。这是另一位热情的改革者，后来将会担任一个关于历法的非政府组织的主事人，他此前曾经为伦敦和英国的北方东部铁路（North Eastern Railways）做统计。在这家铁路公司时，他设计了一套系统，通过该系统可以分析运输成本，用于编制铁路的运价和收费。科茨沃斯的工作经常要求他确定过去几个月的收入差，或与去年同期相比的收入差。正是在这种背景下，他发现了每个月都同样是28天的13个月的历法方案在商业统计方面的优势。早在1902年，他就把自己的想法整理成了一本书，但是直到20世纪20年代，科茨沃斯才辞了职，以便成为一名全职的历法改革者。他成立了国际固定历法联盟（International Fixed Calendar League）来宣传自己的想法，并很快发现了乔治·伊斯特曼这个有偿付能力的赞助人。[56]

只要像科茨沃斯和阿基利斯这类自给自足的个体分布得还是很松散，或仅仅被视为一个无需花费成本的机会，国际联盟便还会依靠他们。科茨沃斯以历法改革主要负责官员的身份，配合通信和运输部的主任一起出访外国，并定期向国际联盟的职员汇报自己的行踪。[57]1930年秋，科茨沃斯从东京写了封信，他在那里曾经与德国外交官会面，讨论了德国国家历法改革委员会的进展。这趟行程还包括其后在新加坡、加尔各答、孟买，以及开罗的停留。一趟穿过中欧和东南欧的旅程则将他带到了维也纳、布拉格、布达佩斯、贝尔格莱德、布加勒斯特、索非亚，以及伊斯坦布尔。国际联盟与它的志愿者之间的关系并非没有张力，因为与国际联盟仅仅存在松散联系的非政府组织会经常使用国际联盟的名字来宣传它们的事业，甚至是以它的名义行动。由于国际联盟的历法外交（calendar diplomacy）始终在教会与国家利益之间微妙地走钢丝，故日内瓦对过分积极的活动家精神并不赞赏。但是，只要科茨沃斯和阿基里斯将自己限制在观察的使命上，并将舆论的热度传播到国外，那他们在日内瓦就是最受欢迎的。[58]

除来自科茨沃斯和阿基利斯这样的个体的改革计划之外，还有许许多多个人和规模更小的协会提交的大量方案。在1924年到1931年间，日内瓦总共收到大约560份改革方案。[59]在联盟官员筛选过所有这些资料，删除重复的内容，并将提交的资料分成几类后，放在国际联盟历法改革委员会面前的还有足足三大摞。第一摞资料仅仅通过把某些天数从一个月移到下一个月来让一年中的各季度变得均等。第二摞资料中的有些历法则更进一步，并将每年的天数从365天减少到364天，这样可等分成四个季度，各91天。为了与年的天文学长度（astronomic length of the year）保持一致，这些计划在周的序列之外辟出了一个"补充日"（supplementary day）。第三摞是些加上了第13个月的历法，尽管从一开始它们被采纳的机会微乎其微——国际联盟下属委员会早就猜测说，"把每年分为13个月的计划预

第七章　给所有人的一份历法

先就被否定了"；由于对数字"13"的疑虑颇深<sup>*</sup>，这种评估很可能是正确的。<sup>60</sup>

\*\*\*

国际联盟官僚机构的成员一再强调他们的中立性，宣布不会为他们各自的原籍国发言。可是，一旦各国政府认真地考虑起历法改革的研究和实施，通用的历法就会突然间被包装成一种国家的努力。国际联盟提出的历法改革有赖于各国政府在本国的宣传，及其赋予之合法性的举措；除非国际主义得以转化成国内政治的需要，否则它没有任何具体的意义。

在美国，历法改革的可能性与"新政"相融合。在此之前，国会曾经两次处理历法改革的问题，但从未更有力地推动这样的计划。1922年，一份议案被带到了国会上，它建议采纳有13个月的历法方案，但关于这个主题的听证会并未催生出任何行动。1922年提出的种种论点大体上更多地集中于标准化考虑，而非经济优势和统计的敕律。明尼苏达州自由历法协会（Liberty Calendar Association）的负责人自诩是历法专家，他也在委员会前作证说，改革的最大好处就在于创造出一种标准的月份。"我们没有标准的月份，"他继续说道，"即便是在这个标准化的时代。"摩西·科茨沃斯也在委员会面前给出证词，他同样辩称，"目前，我们生活中几乎所有的方面都是标准化的，但我们仍然没有一种标准化的月份。我们挣钱和花钱的时间是并不均等的"。经济思维还没有占据主导地位。<sup>61</sup>

此外，标准化的历法改革还被当成了一项泛美计划得到了讨论。1915年，一次泛美金融代表大会称赞了美洲目前正在使用的商业法律法规的标

---

\*　由于在"最后的晚餐"上第13个出席者是后来背叛耶稣基督的犹大，故数字"13"在基督教中是个忌讳。——译者注

307

准化。这类政策建议促成了1924年在利马（Lima）举行的第一届泛美标准化会议（First Pan-American Standardization Conference）。标准化在美国是如此流行，以至于现在已经占据了"美国生活"中一个重要的"位置"，正如一份出版物所言。[62]在利马会议的推动下，1928年的哈瓦那泛美会议通过了一项决议，它呼吁南半球各成员国设立国家历法改革委员会。在哈瓦那的各项活动的作用下，1928年美国众议院又收到了一份议案，该议案呼吁美国总统针对历法问题召开国际会议，但没能得到支持。[63]

直到大萧条袭来和新政出台，政府官员们才突然发现更积极地考虑历法改革有不可抗拒的理由。当国家复兴管理局（National Recovery Administration，NRA）成立时，它的任务之一就是收集大范围的工业数据，并对过去提交的、但发现不可比较的数字进行重新分类。其目的是要为数据报告创建一个共同的基础，而这一共同基础的一个要素就是利用统一的时间跨度来报告和处理数据的可能性。1933年秋，M. B. 福尔瑟姆（M. B. Folsom），美国统计协会（American Statistical Association）下属历法改革委员会（Committee on Calendar Reform）主席，在一场关于"同复兴计划密切相关的行业以4周的时间跨度为一次报告周期"的演讲中建议，应当引入以4周的时间跨度作为报告工业和贸易信息的周期。福尔瑟姆解释说，每周、每2周，以及每4周的时间跨度已经被广泛用作工资单的基础，这种非正式的"历法"安排也应该运用到其他领域。[64]

这场演讲和美国统计协会的许多发现被提交给了中央统计局（Central Statistical Board），一个在新政中诞生的机构。1933年10月，中央统计局安排了几家组织和机构参加一场会议，讨论历法改革。结束该会议的决议认为，"提供数据的时间单位缺乏一致性，造成了很多混淆和误解"，这个情况让"频繁收集的关于就业、工资、生产，以及其他用以衡量交易额、确定经济趋势的系列数据的使用"变得复杂起来。正如该决议说明的那样,"当以历法月份为基础呈现时,这些商业统计资料失去了部分价值,容易招致误解,因为有几个月的工作日的天数并不相等,而且月份的天数并不是一周的几倍"。这一点特别令人遗憾,因为"目前,同复兴计划有关的是商业统计的范围正在显著扩张"。故而,如今正是"这类对以时间单位为基础的统计做法进行改善的有利时机"。中央统计局因此建议引入以4周为周期来报告工业和贸易信息的制度。整个20世纪30年代,历法改革及其在统计和经济复苏方面的优势,是新闻界,同样还有政府当局那儿反复出现的话题。[65]

\*\*\*

另一个将通用的历法时间进行国家化的例子发生在独立后的印度。只要次大陆在很大程度上由英国人统治,历法改革在印度就不会有多少听众。20世纪二三十年代,当国际联盟调查针对历法改革的舆论时,英国政府就对插手历法问题的企图持谨慎态度。大多数印度人遵循各种各样的天文历法,他们将会拒绝任何像所提议的那些无比激进的改革方案。因此,改革可能带来的好处都被当地人口肯定会对改革版历法所持的冷漠态度给抵消了。在与格林尼治时间有关的种种经历过后,或许已经在干预时间的问题上变得小心翼翼的英国官员则回避了历法的问题。[66]

然而印度在1947年获得独立后,对历法改革的态度就发生了变化。对次大陆上正在使用的几种历法进行统一,如今已经变成了贾瓦哈拉尔·尼赫鲁(Jawaharlal Nehru)治下印度新领导层追求的民族建设和现代化的一个方面。1952年,尼赫鲁政府指定了一个研究历法的委员会,它隶属于印度科学与工业研究委员会(India Council of Scientific and Industrial Research)。委员会负责的,不仅是研究印度的大量历法,而且还要建立一个"印度的格林尼治",即位于现有"印度标准时间"UTC+5:30所在的子午线的天文台,负责统一印度的时钟时间。当时,印度教教徒的"民用日"(civil day)从日出算起,而穆斯林认为一天始于日落时分。此外,在印度全境,一些历法测算的是阴历日(lunar days),一天是从一次月落到下一次月落。新的国家天文台应该融合这些有分歧的做法。"形成些许统一性的需要可谓再清楚不过了",正如科谢夫·德瓦·马尔维亚(Keshev Deva Malviya),印度首位石油部长所言,而他也参与了这项努力。政府面临着诸如确定公共假期的问题,因为在不同的地方,人们会在不同的日期庆祝相同的宗教节日。[67]

使历法得到统一,轻易就与通过国家现代化来消灭"数不胜数的凭借其与历法惯例的联系而损害了国家的文化统一与发展的神话、宗教教条、迷信和占星术"的这股动力混合在了一起。1955年,委员会发表了第一份报告,尼赫鲁亲自给委员会的发现撰写了导言式评论。这位印度领导人估计,当下正在使用的历法有30种,这种情况被他视为"我们过去的政治和文化历史的自然结果,部分表现出了国家内部以往的政治分歧"。尼赫鲁声称,"既然我们已经获得了独立,那么,出于民用和社会的目的,显然值得在历法中追求某种程度上的统一性"。[68]

\*\*\*

德国对历法改革进行的带有民族意味的再阐释,最为显著地揭示了国际主义和普遍主义的局限性。当国际联盟开始自己的调查时,德国的观察家们带着强烈的兴趣追随其后。1926年后,由于国际联盟的建议,德国国家历法委员会开始了自己调查舆论的工作。随着纳粹分子在1933年1月的成功掌权,历法改革仍然受到欢迎,然而赞助人完全不同了。

第七章　给所有人的一份历法

19世纪晚期以来，德国帝国统计局便出版了一种所谓的"基本历法"（Basic Calendar）。这类小册子列出每年新教和天主教各种假日的清单，教会年的历法清单，以及有着许多名字和圣徒日的清单。私人出版商然后使用官方数据编纂起他们自己的历法。1933年夏，这些出版商中的某些人找到了纳粹文学院（Nazi Chamber of Literature）和帝国统计局，表达了他们对德国历法上存在"犹太人的名字"这个情况的不满。德国基本历法中的名称列表包含诸如亚伯（Abel）和赛斯（Seth）这样的名字；他们提醒说，即便是常见的名字，如约瑟夫（Josef）、玛丽亚（Maria）、苏珊娜（Susanna）、伊丽莎白（Elisabeth）、加布里埃尔（Gabriel），以及约翰内斯（Johannes），都有"希伯来"始源。此外，在福音派教会（Evangelical church）的官方历法中，元旦还被标注为基督接受割礼的日子。

还是在1933年夏天，希特勒掌权几个月后，他收到了一位德国公民的来信，此人宣称"世界历史上从来不曾为施展德国的文化行动提供过当下你带来的这般有利的机会"，而历法改革正是这样的行动，因为"定义一些最重要的时间的竟然是非德国的名字"。[69]纳粹文学院的负责人很快就宣布，"从历法中剔除不常用的希伯来名字，并代之以德国名字"是"可取的"。数月后，内政部（Ministry of the Interior）下令，"犹太节日不再列入政府办事处使用的历法"。不安的出版商和有关人士提出的此类质询，引起了一场对历法和名单的检查，它由帝国统计局与新教及天主教教会合作进行。[70]

于是乎，纳粹的历法改革变成了一次把更多的德国圣徒的名字插入名单中的努力，导致加进了诸如"阿德尔哈德（Adelhard）"、"赫诺维瓦（Genoveva）"，以及"法希尔德（Farhilde）"这般听起来像日耳曼语的名字，使人联想起中世纪的德意志文学。对有些人来说，教会和纳粹

311

当局最初施行的清洗远远不够。1940年5月，奥地利出版社的阿道夫·卢泽（Adolf Luser）致信教会事务部（Ministry of Ecclesiastic Affairs），说命名日（name days）的储备是"巧妙地指导父母亲给他们的子女起德国名字"的一个手段。犹太人的名字——也就是那些自从1938年来一直被归入此类的——"当然在德国历法中没有一席之地"。一些尤为"外国的"（在这种情况下，"外国的"指的是斯拉夫人的）名字也应当剔除，比如"博吉斯拉夫（Bogislav）、拉迪斯劳斯（Ladislaus），以及卡西米尔（Kasimir）"。[71]

纳粹历法改革的倡导者无意止步于圣徒名单和命名日清单，而是希望最终还能改变月份的名称。在与纳粹创造出北欧－日耳曼的历史，并采用来自这段历史的类似党卫军标志（基于采纳拉丁字母以前的日耳曼字母表的神秘记号）的纳粹符号的企图保持一致的过程中，历法月（calendar months）如今要被带上诸如"哈通"（Hartung），"霍农"（Hornung），"伦茨蒙德"（Lenzmond）和"奥斯特蒙德"（Ostermond）这种日耳曼名称，它们暗示了与季节、土壤的状况，以及农业节奏的紧密关联，比如"春月之月（the month of the spring moon）"和"霜冻之月（the month of severe frost）"。[72]这种提议没能通过。但是，国际联盟在促进和平的、通用的世界历法的采纳方面做出的国际主义式的努力，已经演变成从历法中清除"犹太名字"，并使其变得更"日耳曼"的行动。

＊＊＊

从一开始，不同背景的宗教当局就一直对历法改革的观念心存疑虑，如果不是充满敌意的话。正是他们的坚决反对，才让改变历法沦为越来越

第七章　给所有人的一份历法

不现实的努力。1931年，国际联盟对宗教意见进行了调查。概括说来，比起天主教当局，新教教会更愿意讨论将复活节的日期固定化的问题，但是，通过增加一个空出日来重新安排天数，当然还包括创造出第13个月都遭到了禁止。东正教教会的支持通常取决于所有主要教派对改革版历法的集体赞成。[73]而从新教教会到各国政府，再到国际联盟，每个人都默默意识到，真正的关键在于梵蒂冈。没有来自罗马的赞同，历法改革就会被视为是不可能的，这证明了它的统治地位。哪怕是在一个据说更加世俗的年代里，天主教还是被认为掌控着人们的大脑和心灵。1931年，梵蒂冈官员告诉国际联盟，复活节问题完全在天主教的职权范围内，本质上是教会管辖的，因为哪怕仅仅是提出历法问题，国际联盟都显然越界了，故梵蒂冈拒绝派出观察家到日内瓦出席会议，或是参加委员会的工作。[74]

　　不同教派的宗教团体联合起来反对历法改革在周的节律之外插入一个空出日。各式各样的13个月方案也从未被视作一个严肃的选项，因为对历法进行这样的干预注定太过激进，太过偏离宗教经文与传统。但即便是对12个月方案提议的有限修正，也推翻了有些人视为其信仰之不可变更的教条。插入一个并没有周几之名的日子作为"空出日"或"世界节日"，意味着改变天数的顺序。因此，原来的周六或周日就不再是"真正的"周六或周日，而是会在一周内"移动"。从本质上说，这是数十年来对平均时间和夏令时的反对声音的一个变种。尽管"原来的"周日得到了一个新名字，但周日不会简单地移动到另一天。相反，"真正的"周日会是现在所谓的周一，然后依次类推，就像人类的睡眠与营养摄入的节奏不会随时间的推移发生改动，而总是保持不变的。正如宗教自由协会［Religious Liberty Association，隶属于基督复临安息日会（Seventh-Day Adventists）］在一份题为《历法变化会威胁宗教》的小册子中所解释的那样，在"这种得到了充分资助的、将会废除宗教日的诡计"下，"如果我们的历法变更者成功地实现了他们的设计",一个"完全不同的日子将会取代周日。它根本就不是周日。它实际上是周一。但它被赋予了周日的名字。那些如今视周日为神圣的一天\*的人们,会被要求接受取代周日的周一,重新把它命名为周日,遵循它,而非真正的周日"。[75]由于穆斯林、犹太教教徒,以及基督徒都坚持认为,一周当中有个特殊的日子是留给休息或祷告的,故这三个信奉同源经书的宗教在反对历法改革的问题上可谓相当统一。当基督徒和犹太教教徒说到周日或周六在他们自己的信仰中占据的核心地位时,他们往往参考的是星期五在伊斯兰教中的地位\*\*。[76]

在历法改革最直言不讳的批评者当中,就有约瑟夫·赫兹(Joseph Hertz),英帝国希伯来联合会(United Hebrew Congregations of the British Empire)的首席拉比。赫兹屡次强调了一周七天这个正则序列(regular sequence)之于犹太人的切身利益。这位英国拉比出版了好几本反对历法改革的小册子和专著,包括一部题为《在日内瓦为安息日而战》("The Battle for the Sabbath at Geneva")的作品,它呼吁每个犹太社区都参与到反对历法改革这件令人憎恶的事的"圣战"中。此外,赫兹明确抨击了那些出于经济和财政的原因支持改革的论点。赫兹发现,改革版的历法带有"美国的金融利益"的印记,并且得到了"美国延伸至世界各地、不吝投入、运作谨慎的宣传力量"的推动。用赫兹的话来说,这是一种"让生活美国化、机械化"的企图,兴许他是在影射两次世界大战之间的岁月里福特主义所具有的全球诱惑力。[77]

其他犹太人群体加入了赫兹的阵营。美国拉比中央会议(Central

---

\* 根据《圣经·旧约》,上帝创世用了六天,第七天休息,后来基督徒便往往在每周的第七天停止经营性活动,去教堂做礼拜。——译者注

\*\* 《古兰经》中真主有言:"信士们啊,主麻日(星期五)召唤人礼拜的时候,你们当去崇拜真主,放下买卖。"在伊斯兰教中,星期五也叫主麻日。而犹太教教徒则把上帝创世的最后一天,第六天称作安息日(Sabbath),奉其为圣日。——译者注

Conference of American Rabbis）就这个问题定期与英国和欧洲的犹太权威机构通信。试图说服各个工会和工厂遵循每星期五天工作日的制度，以便美国犹太安息日联盟的（Jewish Sabbath Alliance of America）工人遵守安息日规则，也谈到了每周的节奏被打断将给遵守教规的犹太人带来的"灾难性后果"。一个来自维也纳的犹太团体则叹息说，虽然秒、分、小时、天，甚至年这些时间单位都可以说是科学或习俗的结果，但一周七天是被正统派犹太教教徒视为"纯粹宗教的"；世俗当局毫无理由进行干涉。与罗马教廷相反，犹太团体在国际联盟的大会和较低级别的各种会议上积极争取认可。1930年，世界保卫安息日联盟（World Union for the Safeguarding of the Sabbath）在柏林召开了自己的代表大会，讨论了历法改革一事，为即将到来的1931年国际联盟的相关活动做准备。约瑟夫·赫兹和其他人建立了"犹太历法改革委员会"（"Jewish Committee on Calendar Reform"），计划在国际联盟的大会出席者面前发表一份声明。讨论的结果非常明确，"犹太人坚定不移地反对在测算时间的方式上做出任何改变"，否则会打乱七天一周的连续性，进而让安息日——"犹太教中的根本制度"在一周之内移动。这种"徘徊的"、"游动的安息日"是不可接受的。[78]

关于历法改革的通信大多源自欧洲和北美。但是，非西方观点偶尔也能够抵达日内瓦，这证明当时通信和智识交流的渠道非常广泛。缅甸仰光的"穆斯林学者协会"（"Association of Muslim Scholars"）曾经向日内瓦提交过一封抗议信，信中解释了从宗教的视角和伊斯兰的视角出发，缅甸的穆斯林为何会强烈反对任何对每周周期的改动。[79]印度德里一家文学社的成员G. A. 乔杜里（G. A. Chowdhury）也曾经撰文说明，星期五是穆斯林需要履行特殊义务的一天，因而任何空出日都将使穆斯林无法认可新历法的星期五是"他们的"星期五。从宗教的观点来看，更改过的历法规定的对星期五的变更是不能被允许的,而穆斯林将不得不保留一个单独的历法,因此反过来让改革的全部意义——简化——遭到了废弃。乔杜里预言,如果这样一种改革获得通过,那么穆斯林,以及基督教和犹太教教徒将会举行大规模抗议活动。[80]

\*\*\*

历法激进主义在20世纪30年代初期和中期抵达高峰之后就渐渐消退了。二战后,两个不那么富有影响力的国家(先是秘鲁,然后是巴拿马),试图将历法再次置于联合国的议程中。1953年,印度更进一步,要求在联合国经济与社会理事会(Economic and Social Council,ECOSOC)即将召开的会议期间就历法改革问题进行讨论,这显然是受到了其国内将众多历法同质化的种种努力的驱动。当这个问题终于在1955年被列入了经济与社会理事会的议程时,有人建议推迟讨论,因为各国政府的反应都是不温不火的,特别是美国,她以宗教关切表达了强烈的反对。1956年,国际联盟得出结论,由于会对宗教生活的许多方面产生不受欢迎的影响,任何此类改革议案想获得普遍接受几乎是不可能的。出席理事会会议的代表们投票表决,无限期推迟对该问题的进一步讨论。[81]

由于这些修正方案是以格里高利历法传统为基础的,历法改革的吸引力一直十分有限。在19、20世纪之交过后,非西方社会确实短暂地见证了对各种历法的高涨兴趣,部分倾向于格里高利历法,部分倾向各种本土历法,还有部分人对改革版"世界历法"兴致盎然,哪怕只是想表达反对意见。穆斯林学者们讨论确定斋月时间的问题。印度教教徒和印度的帕西人在考虑改革他们的历法。[82]一位自称约瑟夫·珀杰·夏(Joseph Pohjey Hsue)的男子,从中国天津的法租界向国际联盟投书,介绍了他设计的一种所谓永恒历法（eternal calendar），它在结构上与科茨沃斯的13个月方案或多或少是相同的。这位上海一家报纸的经理将100份有关历法改革的中文传单邮寄给了科茨沃斯，供后者分发。在中国，北京的儒学协会（Confucian Association of Beijing）于1918年向参议院呈交了一份议案，议案的内容是"为了世界各国的和谐"而建立一个全球政府。这个新的世界秩序需要一份通用的历法，它将以新政府的开创来标记一个新时代的开始。[83]

欧美的历法改革者几乎没有承认过这些来自其他地方的关于改变历法的对话。诸如日本、中国，以及1917年后的俄国这样的国家，已经采纳了格里高利历法，这个事实通常会被用来证明一个假设，也即非西方社会将"自愿放弃它们那些不太有用的历法"，正如摩西·B. 科茨沃斯所言。他详细阐述道，"迄今为止，已经有大约3.8亿文明程度较低的人由于使用当地粗糙的历法而受到妨碍，这些历法在太阳年中每年开始的日期都不同，这些人现在意识到了使用更固定的格里高利历法会带来的实际裨益"。科茨沃斯和其他有着同样想法的人都错了，因为在非西方世界，默认的解决方案一直是（并且仍然是）同时使用当地的历法与格里高利历法。[84]

然而，最终，历法改革之所以失败，并不是因为它对遵循非格里高利历法的人们缺乏吸引力。这场运动的中止，并不是因为非西方国家在抵制一种强加给他们的"外国的"历法时间。通用历法改革正是在它起源地，欧洲和北美失败的。宗教当局成功地将舆论转向对该计划的宗教反对意见；它们的抗议使得各国政府都不愿触及历法中隐含的宗教敏感性。在"现代的"通信技术和国际主义机构的帮助下，有组织的各大宗教最终成功地制造出了足够强大的舆论，吓跑了各国政府。宗教当局在国际联盟和有关历法问题的非政府组织自己的游戏中击败了它们。

在19世纪的全球化进程中，宗教自身也发生了变化。在各民族国家、帝国，以及殖民主义试图削减宗教影响力的压力之下，不同的教派都经历了一个引人注目的振兴与重组的过程。一般来说，这种复兴在相当程度上是由塑造了一个相互关联的世界的各种力量促成的：廉价印刷品的扩散允许零星住在各地的"散居者"（disporas）可以想象自己与相隔甚远的虔诚的宗教同仁紧密相连。铁路和蒸汽船向海外运送了越来越多的传教士，同时又给不同宗教的朝圣者提供了更快捷、也更便宜的旅行机会。通过诸如新教的世界传教士大会（World Missionary Conferences）、罗马天主教的教皇禧年（papal Jubilees），以及世界犹太人代表大会（World Jewish Congress）等事件，宗教的全球化强化了一种世界共同体的感觉。

此外，占据统治地位的世界性宗教还建立了诸多国际组织，这些组织的目的是在其成员间培养更自觉的全球认同。这往往会推动国际性的社会行动主义（social activism）。[85]普世教会运动（ecumencial movement）在19世纪末开始迅速发展，1893年，世界宗教议会（World Parliament of Religions）在芝加哥召开了会议，1910年，世界传教士大会（the World Missionary Conference）在爱丁堡召开。世界基督教协进会\*（World Council of Churches，1948年成立）的几个前身组织都是在一战后成立的。其中之一就是世界基督教生活与工作委员会（Universal Christian Council for Life and Work），它在日内瓦占有一席之地，在当时举办了几次国际主义基督教会议。很多带有国际主义色彩的宗教团体都隶属于国际联盟，他们在两次世界大战之间的国际主义活动都有所参与。宗教界的官员们用自己的武器有效地打击了历法国际主义。正如在全球运作的宗教自由协会（Religious Liberty Association，RLA）从不间断的行动所示，舆论和国际

---

\* 世界基督教协进会，也译为世界基督教联合会、普世教会协会或普世基督教协会，旨在推行普世教会合一运动，总部现设在日内瓦。——译者注

主义者之间的联系在这些努力当中最为重要。而在美国国内，宗教自由协会用数不胜数的小册子、广告，以及信件轰炸政府和国民，以增强他们的意识。基督复临安息日会的"国际分支机构"同样反对历法改革，认为它限制了宗教活动。1931年，宗教自由协会从它在印度浦那\*的总部致信国际联盟，提交了在次大陆收集的数十页签名反对采纳一份世界历法的请愿书。这份请愿书——宗教自由协会宣称总共有超过14000份类似的请愿书——用拉丁文、波斯－阿拉伯文字和印度字母写就，要求基督徒、穆斯林，以及犹太教教徒遵循"完好无损传承的……固定宗教日"的权利。[86]

此外，欧洲国际主义精神的萎缩也促成了历法改革的失败。在一战前的10年和20世纪20年代及30年代初，与一种全球心态相结合的国际主义，激发出对历法改革的极大热情。而当法西斯主义和纳粹主义相继兴起，1939年到1945年间规模和惨烈程度空前的战争肆虐全世界时，这种热情便蒸发殆尽。二战后，冷战很快出现在地平线上。借用奥地利小说家斯蒂芬·茨威格（Stefan Zweig）1942年写下的告别19世纪的话来说，国际主义和自觉的全球性已经是"昨日的世界"。[87]

单单靠经济方面的论证和资本主义利益，无法把历法改革带入一个19世纪的全球心态已经不再激励人心的新时代。当历法改革在20世纪30年代晚期消退，又于20世纪50年代再次出现时，商业团体和各国政府对历法时间可以比较的、同质性的时间单位的兴趣并未消失。在战后，对可以比较的统计资料，以及总体上对"经济"事物的可通约的定量化需求可以说是有所增加了。[88]到现在为止，国民收入核算，以及一个国家的全部经济活动可以进行衡量的观念，在很多国家都是一项颇为常见的操作。对可以比较的数字的兴趣源自新政时期确定经济表现与危机时期生活成本的一种努

---

\* 浦那（Poona），印度西部城市，位于孟买东南部140千米，马哈拉施特拉邦（Maharashtra）第二大城市。——译者注

力，随后它又在战争期间服务于同战争有关的规划，以及此后欧洲经济的重建。在欧洲，当战争还在持续时，欧洲关于经济和社会增长的数据和后来被称为"生活水平"的数据，就已经在对福利国家的构想中占据了核心地位。在新近成立的联合国，对来自如今被称作"发展中"国家的数据进行系统性的汇编已经成了当务之急。然而，尽管改进月度和季度账户有着持续的，甚至是不断增长的效用，重新安排历法不再是一个严肃的选择。在某种程度上，资本主义以一种灵活性和适应性的特征进行了调整，而这些特征在过去几个世纪中促进了资本主义在全球的传播：现在，很多企业，甚至政府都会出于会计目的而使用区别于历法年（calendar year）的财务年（fiscal year）。使用共存的时间多样而平行的秩序被证明是一条解决之道，它提供了经过重新安排的历法带来的在经济利益上的部分好处，同时还避免了围绕受人珍视的宗教与文化的时间标记所引起的社会冲突。对历法改革而言，相较时钟时间的改革，同质化时间的经济特质在改革进程中占据着更核心的地位。但是，在这两种情况下，带有资本主义色彩的经济组织形式所具有的灵活性和多样性都不应被低估。

历法改革的几近消失突显出效用和实际需求在统一的通用时间的意识形态中从来都是次要角色。迟至20世纪三四十年代，在这样一个时间分发系统仍然不可靠、不完全的世界中，令人倍感惋惜未曾实现的统一时钟时间，以及人们所说的在一个相互关联的年代里对精确性和规律性的需求，在现实中几乎没有什么基础。相互关联性不一定需要同质性才能蓬勃发展。相反，二战后，虽然可以比较的数字在各种各样的公共与私人语境下都比以往任何时候更加重要，但是历法改革已经变得不可持续，因为其他方面出了差错。冷战时期的世界不再信任19世纪国际主义的合作精神，无论它一直以来是多么有限，多么带有欧美色彩。相反，有力量这般行事者越来越把事情掌握在自己手中。美国尤其不愿意将它认为是最重要的问题托付给"国际共同体"。现在,美国青睐的解决方案是以一种能够维护美国利的益的方式来塑造国际主义,并以"美国的方式"统治世界。[89]但是,19世纪的国际主义与时间改革的智识成分——一种普遍主义的信条,一种对全球进步的通用解决方案所持的近乎乌托邦式的信念,一种认为一个具有可塑性的世界能够通过设计而成形的技术专家想象,一种有关通用时间和进步的观念(根据这种观念不同社会的成就和缺点得以衡量)——仍然活在数不胜数的"现代化"项目当中,而西方的社会科学家及其执行者如今便把它们赋予"发展中世界",那儿的人们由于历史、种族,以及地理方面的原因而处于弱势地位,愚昧无知,他们缺乏同西方人活在同一历史时间的运气。

# 注释

1. 作为一名科学普及者,弗拉马里翁体现了科学和如今所称的伪科学之间界线的流动性。除天文学之外,他还写到了地外生命。关于伪科学,参见Michael Gordin, *The Pseudoscience Wars: Immanuel Velikovsky and the Birth of the Modern Fringe* (Chicago: University of Chicago Press, 2012).

2. Camille Flammarion, "Les imperfections du calendrier, projet de réforme par M. Camille Flammarion," *Bulletin de la société astronomique de France et revue mensuelle d'astronomie, de météorologie et de physique du globe* 14 (1901): 311–327, here 311; "The Reform of the Calendar," *Nature*, December 25, 1919, 415–416.

3. Flammarion, "Les imperfections du calendrier," 313.

4. Ibid., 314; 还可参看Alexander Philip, *The Reform of the Calendar* (London: Kegan Paul, Trench, Truebner, & Co., 1914), 58–59; 以及Alexander Philip, *The Improvement of the Gregorian Calendar* (London: George Routledge & Sons, 1918).

5. "Société astronomique de France, séance du 5 juin 1901," *Bulletin de la société astronomique de France et revue mensuelle d'stronomie, de météorologie et de physique du globe* 14 (1901): 300–309, here 300, 305.

6. Wilhelm Förster, *Kalenderwesen und Kalenderreform* (Braunschweig: Friedrich Vieweg & Sohn, 1914).

7. Josef Jatsch, *Kalenderreform und Völkerbund, an Stelle der Feierlichen Inauguration des Rektors der Deutschen Universität in Prag für das Studienjahr 1923/1924* (Prague: Self-published by Deutsche Universität Prag, 1928), 21.

8. RGO 9/631, The Calendar and Its Reform, Text of Address by Sir

Harold Spencer Jones of London (Astronomer Royal) at the American Museum-Hayden Planetarium, December 4, 1953.

9. "A New Calendar Clock," *Nature*, May 8, 1879, 35–36.

10. Mitchell, *Rule of Experts*.

11. BArch R901/37729, "Kalenderreform in China," Tägliche Rundschau, September 15, 1911; "Time in Turkey," *Times of India*, February 20, 1909, 14.

12. Heinrich von Mädler, "Die Kalender-Reform mit spezieller Beziehung auf Russland (1864)," in von Mädler, *Reden und Abhandlungen über Gegenstände der Himmelskunde* (Berlin: Robert Oppenheim, 1870), 350–355.

13. 关于通迪尼的早年岁月，参见Luca Carboni, "Cesare Tondini, Gli anni della giovinezza: 1839–1871 (formazione, missione e primi scritti)," *Studi Barnabiti* 22 (2005): 95–195.

14. BArch R901/37725, letter, Rome, June 7, 1894; BArch R 901/37725, Wilhelm Förster, Schrift über Anregungen betreffend Reform des Osterfestes und Unifkation des Kalenders, Berlin, April 22, 1894; Tcheng-Ki-Tong, "La Turquie: Le Calendrier Universel et le Méridien Initial de Jerusalem," *La nouvelle revue* 10, no. 55 (November/December 1888): 440–443, here 443; "The British Association," *Times of London*, September 13, 1888; Cesario Tondini de Quarenghi,"The Gregorian Calendar and the Universal Hour," *Times of London*, October 2, 1888, 13; Russologus, "Le Calendrier Russe," *La nouvelle revue* 10, no. 54 (September/October 1888): 834–842, here 841.

15. BArch R901/37729, newspaper clipping "Russische Reformbestrebungen," *National Zeitung*, February 3, 1910.

16. "Diffculties of the Calendar," *Nature*, March 22, 1900, 493–494; BArch R 901/37729, draft letter, Berlin, January 23, 1911, 8–12; 关于大体上的

历法，参见Anthony Aveni, *Empires of Time: Calendars, Clocks, and Cultures* (New York: Basic Books, 2000); BArch R 901/37727, newspaper clipping "La Question des calendriers," *Levant Herald*, August 6, 1904.

17. BArch R901/37729, "Ein Welt-Kalender?," *Kölnische Zeitung*, October 10, 1910.

18. Ibid.

19. Ibid.

20. 参见RGO 9/631, International World Calendar Association to Harold Spencer Jones, April 3, 1956.

21. E. G. Büsching, *Die Kalenderreform: Einführung einer feststehenden, von Jahr zu Jahr gleichmässigen und möglichst regelmässigen Jahreseinteilung* (Halle: Verlag Rudolf Heller, 1911), 28.

22. BArch R901/37725, letter, Ignatz Heising to Ministry of Foreign Affairs, Pittsburg, received July 3, 1893.

23. Wilhelm Nehring, *Die internationale Handelskammer: Ihre Geschichte, Organisation und Tätigkeit* (Jena: G. Neuenhahn GmbH, 1929), 11.

24. "An International Movement to Change the Calendar," *New York Times*, October 6, 1912, 8.

25. Madeleine Herren, *Hintertüren zur Macht: Internationalismus und modernisierungsorientierte Aussenpolitik in Belgien, der Schweiz und den USA 1865-1914* (München: Oldenburg, 2000), 161–164.

26. BArch R901/37729, newspaper clipping "Kalender-Reform," *Frankfurter Zeitung*, July 17, 1910; BNA HO 45/10548/162178, draft, Calendar Reform Act 1908, An Act to Reform the Calendar Fixing Easter and Other and More Bank Holidays and for Other Purposes in Relation Thereto, 1.

27. BNA HO 45/10548/162178, draft, Calendar Reform Act 1908, An Act to Reform the Calendar Fixing Easter and Other and More Bank Holidays and for Other Purposes in Relation Thereto, 2; 还可参看Philip, *Reform of the Calendar*, 58; "Britain Asks Views on Calendar Reform," *New York Times*, March 31, 1911, 2.

28. BArch R901/37726, memorandum Aufzeichnung über die Frage der Einführung eines Normalkalenders und der Festlegung des Osterfestes, Berlin, January 23, 1911; "Proposals for the Reform of the Calendar," *Nature*, August 26, 1911, 281–283.

29. League of Nations Archives, Communications and Transit Section (此后引用时写作LNA CTS) Calendar Reform, 1919–1927, 14/22679/12478, Reform of the Calendar, Provisional Committee, Document 8, Note on the Experience of Reforming the Calendar, March 9, 1922, 1.

30. 关于国际联盟大体上的历史，以及其通讯与运输部的历史，参见Francis P. Walters, *A History of the League of Nations* (Oxford: Oxford University Press, 1960).

31. LNA CTS, Calendar Reform, 1919–1927, 14/22679/12478, Reform of the Calendar, Provisional Committee, Document 8, Note on the Experience of Reforming the Calendar, March 9, 1922, 2.

32. LNA CTS, 1919–1927, 14/52722/12478, Resolution 1926, Société des Nations, commission consultative et technique des communications et du transit, réforme du calendrier, projet de résolution, July 17, 1926, 1.

33. Sarah Steiner, *The Lights that Failed: European International History, 1919-1933* (Oxford: Oxford University Press, 2005).

34. Pamphlet, The World Calendar Association, Calendar before the United

Nations, Basic Facts, n.d., 4.

35. Charles S. Maier, *Recasting Bourgeois Europe: Stabilization in France, Germany, and Italy in the Decade after World War I* (Princeton, NJ: Princeton University Press, 1975).

36. BArch R1501/125214, Report of the National Committee on Calendar Simplification for the United States, Submitted to the Secretary of State (Rochester, NY: Office of the Chairman, 1929), 11.

37. Hirosi Saito, "Japan's Attitude," *Journal of Calendar Reform* 4, no. 4 (1934): 106. 还可参看Benjamin C. Gruenberg, "Time in Our Changing Time," *Journal of Calendar Reform* 8, no. 2 (1938): 87–90, here 87.

38. League of Nations Publication No. C.977.M.542, Organization for Communication and Transit, Records and Texts Relating to the Fourth General Conference on Communications and Transit, Geneva, October 12–24, 1931, vol. 1, annex 9, 71; Rudolf Blochmann, "Die Kalenderreform, ein Hilfsmittel zur Förderung des Völkerfriedens," *Friedens-Warte* 30, no. 3 (1930): n.p. 还可参看 the prewar volumes of the Journal of Calendar Reform from 1938 and 1939.

39. Alfred D. Chandler, *The Visible Hand: The Managerial Revolution in American Business* (Cambridge, MA: Belknap Press of Harvard University Press, 1977); on accountancy see also Jacob Soll, *The Reckoning: Financial Accountability and the Rise and Fall of Nations* (New York: Basic Books, 2014).

40. Chandler, *Visible Hand*, 297.

41. "Says Business Men Back 13-Month Year," *New York Times*, October 26, 1928, 28; see also "Business Men Urge Calendar Reform: George Eastman Tells House Committee that 1929 Is Year for Parley on 13-Month Plan," *New*

*York Times*, December 21, 1928, 9.

42. LNA CTS, 1919-1927, 14/36384x/12478, Reform of the Calendar, Advisory and Technical Committee for Communications and Transit, draft minutes of the first meeting of the committee, May 19, 1924, 4; H. Parker Willis, "Economic Aspects," *Journal of Calendar Reform* 1, no. 2 (1931): 34. 转引自 H. Parker Willis, "Another Financial Fallacy," *Journal of Calendar Reform* 3, no. 1 (1933): 19–26, here 20.

43. BArch R1501/125215, Annex, International Association of Railways, Committee for Accounting and Currencies, Subcommittee for International Railway Statistics, Calendar Reform, 5–6.

44. Ibid., 7.

45. Ibid., 12. Earlier, US and British railways were said to use thirteen-month accounting schemes; 参见 Jatsch, *Kalenderreform und Völkerbund*, 21.

46. BArch R1501/125214, American Committee on Calendar Reform: Present Status of the Special Committee, 1.

47. BArch R1501/125214, Report of the National Committee on Calendar Simplifcation for the United States, Submitted to the Secretary of State (Rochester, NY: Office of the Chairman, 1929), 21. 委员会收到了总计达1433份已经完成的问卷，其中有488份表明偏爱方案中的一种，这些里面有480份表明偏爱有13个月的那份方案。

48. Benedict Anderson, *The Specter of Comparison: Nationalism, Southeast Asia, and the World* (London: Verso, 1998), 36. 关于种种迹象, 参见 Zachary Karabell, *The Leading Indicators: A Short History of the Numbers that Rule Our World* (New York: Simon & Schuster, 2013).

49. F. L. S. Lyons, *Internationalism in Europe*, 1815–1914 (Leiden:

A. W. Sythoff), 125. On the early history of this "international congress of statisticians," 参见Jacques Dûpaquier and Michel Dûpaquier, eds., *Histoire de la démographie: la statistique de la population des origines à 1914* (Paris: Libr. Académique Perrin, 1985), esp. 309; Alain Désrosières, "Histoire de la statistique: styles d'ecriture et usages sociaux," in *The Age of Numbers: Statistical Systems and National Traditions*, ed. Jean-Pierre Beaud and Jean-Guy Prevost (Quebec: Presses de l'Université du Québec, 2000), 37–57; Marc-André Gagnon, "Les réseaux de l'internationalisme statistique (1885-1914)," in Beaud and Prevost, *Age of Numbers*, 189–219.

50. 关于会计、数据和一战，参见Anne Loft, *Understanding Accounting in Its Social and Historical Context: The Case of Cost Accounting in Britain, 1914-1925* (New York: Garland Publishing, 1988), 147. 关于预报，参见Walter Friedman, *Fortune Tellers: The Story of America's First Economic Forecasters* (Princeton, NJ: Princeton University Press, 2014).

51. Adam J. Tooze, *Statistics and the German State, 1900-1945: The Making of Modern Economic Knowledge* (Cambridge: Cambridge University Press, 2001); Daniel Speich Chassé, *Die Erfndung des Bruttosozialprodukts: Globale Ungleichheit in der Wissensgeschichte der Ökonomie* (Göttingen: Vandenhoeck & Ruprecht, 2013); 还可参看BArch R1501/125220, State of Calendar Reform (Result of the Inquiry by the Foreign Offce), November 25, 1929, 1; Patricia Clavin, *Securing the World Economy: The Reinvention of the League of Nations, 1920-1946* (Oxford: Oxford University Press, 2013); BArch R1501/125220, Ministry of the Interior to Institute for Business Cycle Research, June 30, 1930.

52. 关于家庭生活和陪同美国男性外交官的女性的角色，参见Molly

M. Wood, "Diplomatic Wives: The Politics of Domesticity and the 'Social Game' in the U.S. Foreign Service, 1905–1941," *Journal of Women's History* 12, no. 2 (2005): 142–165（感谢Kristin Hoganson提供的参考文献）; " Women in Fascist Ruled States Have Lost Even Normal Rights," *Montreal Gazette*, June 24, 1942, 1; Emma Gelders Sterne, *Blueprints for the World of Tomorrow: A Summary of Peace Plans Prepared for the International Federation of Business and Professional Women, By Emma Gelders Sterne in Collaboration with Marie Ginsberg and Essy Key Rasmussen* (New York: International Federation of Business and Professional Women, 1943).

53. Library of Congress Manuscript Division, World Calendar Association Records (此后写作LOC WCA), series 1: general files, 1931–1955, box 1, newspaper clipping, "She Leads a Crusade: Elisabeth Achelis Backs Calendar That Would Make Every Year Alike," *St. Petersburg Times*, February 21, 1939.

54. LNA CTS, 1928-1932, 9a/25158/1487, Calendar Reform, World Calendar Association, Report of the World Calendar Association, Inc. to the Committee on Communication and Transit of the League of Nations, received June 16, 1931.

55. LOC WCA, series 1: general files, 1931–1955, box 3, Fourth European Trip, May—October 1933, Achelis to Editors of *Journal of Calendar Reform*, August 4, 1933.

56. LNA CTS, 1919-1927, 14/36384x/12478, Draft minutes of the second meeting of the committee of enquiry, May 20, 1924, 1. 还可参看George Eastman, *Do We Need Calendar Reform?* (Rochester, NY: Eastman Kodak Co., 1927), 25; 还可参看*Modification of the Calendar, Hearing Before the Committee on the Judiciary, House of Representatives, Sixty- Seventh Congress,*

*Second Session*, On H. R. 3178, Serial 27, February 9, 1922 (Washington, DC: Government Printing Office, 1922), 15; Moses B. Cotsworth, *The Rational Almanac: Tracing the Evolution of Modern Almanacs from Ancient Ideas of Time, and Suggesting Improvements* (Acomb, UK: Self-published, 1902).

57. LNA CTS, 1928–1932, 9a/1487/1487, Calendar Reform, Correspondence with M. Cotsworth, letter, Haas to Cotsworth, July 26, 1928; and the materials in dossier 9a/14067/1487 on Cotsworth's tour in Latin America; dossier 9a/20987/1487 on a tour in the Far East and Canada; 9a/24495/1487 on Cotsworth's tour in the Near East.

58. LNA CTS, 1928–1932, 9a/24495/1487, Calendar Reform, Cotsworth's tour in the Near East, letter Cotsworth to Haas, January 14, 1931.

59. LNA CTS, 1933–1946, 9a/3743/1174, Calendar Reform, the World Calendar Association, memorandum, Essy Key-Lehmann, The League of Nations and Calendar Reform: Past, Present, and Future Developments, 3.

60. LNA CTS, 1919–1927, 14/22679/12478, Reform of the Calendar, Provisional Committee, League of Nations, Advisory Technical Committee on Communications and Transit, Note on the Reform of Calendar, Geneva, August 14, 1922, 12.

61. *Modification of the Calendar, Hearing before the Committee on the Judiciary*, 41, 5, 16.

62. Albert W. Whitney, *The Place of Standardization in Modern Life, With Introduction by the Honorable Herbert Hoover* (Washington, DC: Inter-American High Commission, 1924). 此前在泛美洲的语境下，历法改革一直被人提起。在1909年的泛美洲科学代表大会上，来自秘鲁的卡洛斯·A. 赫斯（Carlos A. Hesse）提交了一份有13个月历法：Carlos A. Hesse, *Proyecto*

*de reforma del calendario presentado al 4 congreso cientifco* (Iquique, 1909).

63. *Simplification of the Calendar, Hearings before the Committee on Foreign Affairs*, House of Representatives, Seventieth Congress, Second Session on H. J. Res. 334, A Joint Resolution Requesting the President to Propose the Calling of an International Conference for the Simplification of the Calendar, or to Accept, on Behalf of the United States, an Invitation to Participate in Such a Conference, December 20 and 21, 1928, January 7, 8, 9, 10, 11, 14, 18, and 21, 1929 (Washington, DC: Government Printing Office, 1934), 1.

64. LOC WCA, box 12, folder Central Statistical Board, Lecture transcript, The Use of Four-Week Reporting Periods for Industry with Relation to the Recovery Program, remarks by M. B. Folsom, Chairman of the Committee on Calendar Reform of the American Statistical Association, September 21, 1933; 还可参看The Four-Week Statistical Period, Principal Points in the Discussion at the Meeting of the Committee on Calendar Reform, n.d.

65. Ibid.

66. LNA CTS, 1928–1932, 9a/29580/10782, Reform of the Calendar, India, letter, India OffIce to Secretary General, London, June 10, 1937; 参见LNA CTS, 1919-1927, 14/34111x/12478, Reform of the Calendar, India, letter, director of Communications and Transit Section to Overseas Department, February 29, 1924; letter, India OffIce to Secretary General League of Nations, London, February 20, 1924; 14/36441/12478, Responses of Governments, Extrait du memorandum préparé par l'honorable Diwan Bahadur, January 26, 1924.

67. 参看Charles D. Morris, "India Launches Reform Movement," *Journal of Calendar Reform* 23 (1953): 59–62, here 60.

68. Ibid., 62; "Nehru Speaks Up for India. Proceedings of Calendar Reform Committee Meeting in Delhi," *Journal of Calendar Reform* 23 (September 1953): 115–121, here 115; Government of India, *Report of the Calendar Committee* (New Delhi: Council of Scientific and Industrial Research, 1955), 1. 还可参看M. N. Saha, "The Reform of the Indian Calendar," *Science and Culture* 18, no. 2 (1952): 57–68, and Saha, "The Reform of the Indian Calendar," *Science and Culture* 18, no. 8 (1953): 355–361.

69. BArch R1501/125221, Adolf Berger to Hitler, Liegnitz, June 20, 1933.

70. BArch R1501/23588, Head of the Office of Imperial Statistics to Ministry of the Interior, April 10, 1935.

71. BArch R1501/23588, Nazi Chamber of Lit erature to Off ce of Statistics, Berlin, March 25, 1935; BArch R1501/125218, Ministry of the Interior to all ministries, state governments, Berlin, November 27, 1933; BArch R1501/23588, German Protestant Church to Ministry of the Interior, Berlin, October 10, 1935; memorandum, Preliminary Remarks, n.d.; BArch R1501/125221, letter, Institute for Business Cycle Research to Ministry of the Interior, December 13, 1933.

72. Erland Echlin, "Germany's Viewpoint," *Journal of Calendar Reform* 4, no. 2 (1934): 83–85, here 84.

73. LNA CTS, 1933–1946, 9a/6576/6576, Calendar Reform, Replies from Religious Authorities, League of Nations, Communications and Transit Section, Stabilisation des fêtes mobiles, August 3, 1934, Pan-Orthodox Congress; Universal Christian Council for Life and Work, International Christian Social Institute Research Department, *The Churches and the Stabilisation of Easter: Results of the Enquiry into the Attitude of the Churches to the League of Nations*

*Proposal* (Geneva: International Christian Social Institute, 1933).

74. League of Nations Publication 4th C. G. C. T. 1, VIII. TRANSIT 1931. VIII. 12[11], Fourth General Conference on Communications and Transit, Preparatory Documents, vol. 2, Reply by the Holy See to the Invitation to Send a Representative to the Conference, Vatican to Secretariat League of Nations, Vatican City, October 8, 1931.

75. Carlyle B. Haynes, *Calendar Reform Threatens Religion* (Washington, DC: The Religious Liberty Association, n.d.), 1; 还可参看BArch R/16/2198, memorandum on the conference of the German calendar reform committee on March 16, 1931, 11.

76. 关于一周的起源和宗教内涵，参见Eviatar Zerubavel, *The Seven Day Circle: The History and Meaning of the Week* (New York: Free Press, 1985).

77. Joseph Hertz, *The Battle for the Sabbath at Geneva* (Oxford: Oxford University Press, 1932), 9; Moses B. Cotsworth, *Moses: The Greatest of Calendar Reformers* (Washington, DC: International Fixed Calendar League, n.d.); BArch NS/5/VI/17218, Resistance of the Rabbis against Changing the Calendar, Response of the International Fixed Calendar League from Director Moses B. Cotsworth to the elaborations by Chief Rabbi of the British Empire Dr. J. H. Hertz and other Rabbis and Opponents, 2. 还可参看J. H. Hertz, *Changing the Calendar: Consequent Danger and Confusion* (London: Oxford University Press, 1931), 1.

78. LNA CTS, 1919–1927, 14/36440/12478, Calendar Reform, Advisory and Technical Committee, Replies from the religious authorities, Reply from the Chief Rabbi of the United Hebrew Congregation of the British Empire, London, May 30, 1924, 1; ibid., letter from the President of the Central Conference of

American Rabbis, London, September 19, 1924, 2; LNA CTS, 1919–1927, 14/44863/12478, La réforme du Calendrier, Comité Special, Procès-verbal de la deuxième session, February 16, 1925, 1–4, listing five Jewish representatives in attendance who all made energetic statements; Ludwig Rosenthal, *"Juden der Welt erhaltet den Sabbat!" Referat zur Kalenderreform, auf dem SabbatWeltkongress am 2. August 1930 gehalten* (Berlin: Self-published, n.d.), 1; LNA CTS, 1928–1932, 9a/22806/1487, Correspondance avec le Comité Israélite concernant la réforme du calendrier, The Jewish Position on Calendar Reform, June 9, 1931, 2; 参见Rosenthal, *"Juden der Welt,"* 1.

79. LNA CTS, 1928–1932, 9a/31833/1487, Calendar Reform, Correspondence with the Jamiyat-e Ulama-e Burma, Rangoon, letter, Jamiyat-e Ulama-e Burma to Secretary General League of Nations, Rangoon, September 15, 1931.

80. LNA CTS, 1928–1932, 9a/35561/1487, Correspondence with Mr. Chowdhury, letter, G. A. Chowdhury to Secretary General League of Nations, Delhi, February 15, 1932.

81. Jean Nussbaum, "The Proposed Calendar Reform: A Threat to Religion," *British Advent Messenger* 60, no. 5 (March 4, 1955): 1–3; "International Organizations: Summary of Activities: Economic and Social Council," *International Organization* 10, no. 4 (1956): 618–627, here 618.

82. "Reform of the Hindu Calendar," *The Leader*, May 31, 1912, 6; 关于帕西人的历法改革，参见 "Parsi Festivals: The Unreformed Calendar," *Times of India*, August 13, 1915, 6.

83. LNA CTS, 1928–1932, 9a/1487/1487, Correspondence with Mr. Cotsworth, letter, Cotsworth to Robert Haas, January 26, 1931; LNA CTS,

1919–1927, 14/36440/12478, Replies from the religious authorities, Reply from the Confucian Association, Peking, China, Chen Huan-Chang, February 13, 1924.

84. LNA CTS, 1919–1927, 14/36384x/12478 Advisory and Technical Committee, Draft minutes of the second meeting of the committee of enquiry, May 20, 1924, 5, 8.

85. Abigail Green and Vincent Viaene, "Introduction: Rethinking Religion and Globalization," in *Religious Internationals in the Modern World: Globalization and Faith Communities since 1750*, ed. Abigail Green and Vincent Viaene (Basingstoke, UK: Palgrave Macmillan, 2012), 1–19, here 7-9; Christopher A. Bayly, *The Birth of the Modern World, 1780–1914: Global Connections and Comparisons* (Malden, MA: Blackwell, 2004), 325; Gorman, *Emergence*, ch. 7.

86. LNA CTS, 1928-1932, 9a/25153/1487, Religious Liberty Association, various signature collections, September/October 1931; letter, Religious Liberty Association to Director of Communications and Transit Section, Poona, September 25, 1931; October 2, 1931; October 9, 1931; October 25, 1931. 关于基督复临安息日会，还可参看 *Seventh-Day Adventist Denomination, A Petition to the League of Nations in Regard to the Revision of the Calendar* (Washington, DC: Self-published, 1931).

87. 斯蒂芬·茨威格最著名的自传（1942）描述了他在奥匈帝国生活的日子，不过可以更为宽泛地解读成是对19世纪的告别。Stefan Zweig, *The World of Yesterday: An Autobiography* (New York: Viking Press, 1943).

88. 关于"经济"作为一个分析的、会话的概念的出现，参见Karabell, *Leading Indicators*, 以及Mitchell, *Rule of Experts*, 81–82.

89. Mark Mazower, *Governing the World: The History of an Idea* (New York: Penguin Press, 2012), 189.

# 结　语

在21世纪初，当全球史和跨国史大量出现在美国大学的研究生课程、特定的期刊，以及对拓宽历史调查范围的方法论呼声之中时，这种对一个全球的、非民族的过去的追寻，间接受到了通过技术、通信、金融，以及贸易的网络让数据和货物的流动在20世纪90年代同时达到了史无前例的规模和范围的激发。历史学家对过去提出的问题，无论以何种形式出现，都往往是他们所处时代的产物。

自20世纪90年代以来，对稳定的网络、流动，以及公开的信息和数据的呼吁呈现出不同的变体，从有关所谓的"大稳健"（假定商业周期从20世纪80年代中期开始稳定下来）*的讨论到最近对互联网、大数据，以及硅谷催生出的、作为针对世界上最紧迫问题的良方的"智能"技术的不带批判的欢呼。在许多此类辩论中，全球化的修辞过去不曾、现在也没有突然中止对一个跨越边界的、无视时间和空间的流动性世界的描绘。更重要的是，流动性和关联性被带有倾向性地解读成一个把全球化还原为特定经济属性的单向过程。《经济学人》就是一例，在2008年金融危机的余波中，它频繁提醒要提防"全球化"的缩减，意指那种通过保护主义措施限制资本流动的行为。[1]在拥护仅仅有着经济层面上的全球化的观念时，这

---

\* 大稳健（great moderation），也译为"大缓和"，由斯托克和沃森在2002年提出，并随着伯南克2004年的演讲引发学界的关注，它指的是1984年到2007年，金融危机到来前他们认为的经济黄金时代（主要基于美国经济增长的历史），这个时期，经济不断增长，同时还没有出现大幅度的经济波动。——译者注

样一种阐释不仅存在显而易见的定义上的局限，而且还证明了"关于互联互通的讨论"不只是一种对现状的分析性评估或中性描述这个事实。在这里，唤起流动性和关联性的目的是推广一种特定的自由市场资本主义。

通过19世纪下半叶时间改革的透镜得以探索的全球化历史，以各种各样的方式暴露了这种描述所谓"互联互通"的叙事的局限性。当19世纪的旁观者开始把世界描绘成一个地球村，而在这个地球村里统一的时钟时间和历法时间会使差异变得可以比较时，他们谈及并写下了到对一整套系统的迫切需求，这套系统数十年来一直是不完整的，而在历法的例子中，则是从未实现的。在一个拥有24个统一时区的世界里，交通或通信可能会运行得更加顺畅，但在统一时间缺席的情况下，它们运作得照样很好。资本主义亦复如是，它继续在非正式的时间安排和异质的时钟时间和历法时间的基础上蓬勃发展。如果说斯文·贝克特（Sven Beckert）那部精湛的关于棉花的全球史*给出了什么启发的话，那就是：灵活性实际上可能是资本主义最了不起的资产。[2]

"有关互联互通的讨论"，对网络、关联，以及即时通信的召唤，既是今日的世界，又是19世纪晚期的世界的一个特征，它最好被理解成一种意识形态的形成过程。不加批判的全球史太容易只聚焦于观念和实践的传播和流动，以及跨越边界、跨越大陆的运动而采用其中某些修辞。这类版本的全球史在冒着使自己成为一种意识形态的喉舌的风险，这种意识形态预告说它仅仅是在描述一个网络化的全球（a networked globe），但经常会试图用这种高度规范的模式再造世界。今天的相互关联性的倡导者是19世纪霸权主义愿景的继承人。今天，对网络和关联的呼吁像极了1900年前后欧美人当中"有关时间的讨论"的传播，而它们同样都是政治化的、

---

* 指哈佛大学教授斯文·贝克特的著作《棉花帝国》（*Empire of Cotton*），该书已经有简体中文译本。——译者注

## 结 语

非普遍的、非中立的。当欧美人把无视时间和空间的关联及统一的时间描述成是给一个正在全球化的世界带来秩序的手段时,他们所提议的是以自己的形象创造一个世界,由他们自己统治的世界。那个世界绝不是"平的",而是惊人地等级森严。它见证了以牺牲边缘地区的利益、帝国和殖民统治的扩张为代价的工业化核心地区的崛起,而这些发展加深了经济和政治分歧,以及财富和权力的不平等分配。以统一的时间团结起来的19世纪的地球村愿景复现在这样一个时刻,此时,从许多方面来说世界不是一个更加同质的地方,而是一个愈发不均衡的所在。

与这样的叙事相反,时间改革的全球史表明,相互关联性曾经是何等的不均衡、何等的进展缓慢,以及何等的充满了意想不到的结果。因此,写一部全球化的历史,专门关注那些没有得到传播或流动的思想、对流动性的限制,以及那些即便在20世纪初还是没有关联的地方(那些在智识、金融,以及贸易的网络中都处于边缘的地方),是可以想象的(虽然要承认在这里是不可能的)。这样的历史同样是全球化的一个组成部分。此外,相互关联性还会随着时间的推移而转变。随着政治与经济地理学(political and economic geographies)得以重新安排,各个地方会在全球化进程中出现和消失。从历史的角度来看,不均衡性、缓慢,以及全球计划出错并非全球化进程的暂时性障碍,反而是其内在的结构性特征,这种视角对当代全球化动态的观察者也有很大的帮助。

\*\*\*

19世纪的全球化的历史并非遵循单一模式。在很多领域,世界同时变得既更差异化,又愈发同质化。尤其是在纵览历史时,我们会发现融合与分裂可谓是携手并进。商品价格和实际工资在少数几个主要是北大西洋国家之间趋同，伴随而来的是（可以说它就建立在其上的）全球劳动分工愈发根深蒂固，此时，自主的区域经济被拽入了世界经济当中。[3]正如近来对全球性的19世纪的研究所示，在19世纪，出现了特定可区分的城市、阶级或国家的类型，在世界范围内它们的一般性质是相似的，但仔细观察就会发现它们是不同的。仔细审视特征的话，那其综合性的本质就使得这个进程不太会是包罗万象的全球史的一部分。单单是关于这些城市、阶级和国家的全球类型学如何在不同的当地和区域背景下得以形成的问题，若是自上而下来看，就会让人迷失。[4]此外，当地的情形、个体行动者的重要性，以及传播内容的微妙翻译，都不在高高在上的专家和国际组织的视野中。全球的、国际的历史，同样还有"长时段的"（longue-durée）*历史，很容易会成为冰山一角的历史。因此，只有当全球史和国际史自觉地在不同的规模上运作时，讲述相互纠缠和全球化的故事效果最佳，它往往会为了特定的国家、帝国和局部城市档案的语境而舍弃全球性。正是从这个视角来看，相互关联性的不均衡传播，以及思想和实践的非传统传输载体最容易出现。全球史家们在写到欧洲与世界其他地区时必须为历史学科提供的，是一种考虑到了"大结构、大进程，以及宏观比较"的区域性档案技能和语言技能的组合。[5]

但是，就连对规模的仔细分析，对不均衡性、对本土与遥远地域在思想和实践上的偶然出现的混合（hybridizations）的关注，都不能影响或削弱欧洲在19世纪的世界占据的支配地位。19世纪的全球化，另外还有时间的全球化，以欧洲的统治地位为基础，这继而又影响到欧洲的思想、科

---

\* "长时段"（longue durée）理论，法国"年鉴学派"代表人物费尔南·布罗代尔（Fernand Braudel，1902—1985）提出的理论主张。布罗代尔将时间划分为三类：地理时间、社会时间，以及个人时间，它们分别对应长时段、中时段，以及短时段，而较之瞬息万变的短时段历史的研究，布罗代尔看重的是长时段的历史，认为它是"结构历史"。——译者注

学,以及技术的特定要素在世界其他地区的吸引力。非西方社会牢牢受到此类霸权的奴役。时间改革的全球史,并不是一段抵制占据统治地位的欧洲的时间观念的历史,甚至根本不是一段混合的历史(虽然的确出现了混合的现象,特别是在像贝鲁特这样的全球性城市)。它是一则故事,涉及对相互关联的世界的感知和理解如何引发了全球时间改革的政治,涉及时间是如何充当智识的、制度的工具的,从而人们可以想象世界既是全球的,又是相互关联的。在这个过程中,对相互关联性的后果和意义给出的对比鲜明的解释让统一时间的某些原则的应用比一般公认的要慢得多,也不均衡得多。不均衡性持续存在于非西方世界,同样也存在于欧洲本身。

对相互关联性的理解就是对时间和空间在形态上急剧变化的世界的反思,这并非欧洲和北美所独有。那就是世界被人描绘的方式。欧美人高谈无视空间和时间的通信和交通技术,阔论一个从巴黎旅行至纽约比100年前从巴黎到马赛更加轻松的世界。1898年,阿尔及利亚奥兰(Oran)地理学会的法国会长推测道:"在某种程度上,地球表面已经缩小。人类的栖息地已经变成数周内就能环游的一个小小地区,其中所有当事人都与另一位当事人保持即时联系。"[6]对相互关联性有同样的印象的非西方社会的评论家领悟到一种隐含着的不同理解:世界的确正在缩小,因为欧美人夺取了整整好几块大陆。改善了的交通和通信,其主要作用是将全球置于欧洲人的指尖,好让他们实施更多的劫掠。

从贝鲁特、北京、开罗、东京,以及曼谷的旁观者的视角来看,19世纪末和20世纪初版本的地球村是欧洲人从他们那儿掠夺了一切能够到手的东西过后剩下的部分。在正在崩溃的全球空间的限制之下,通过有针对性地采纳和翻译欧美科学、文化,以及它们表面上对时间管理的特定要素以期自强,可谓获得自由的唯一途径。[7]这些都是指在明确的"民族的"和"文明的"语境下参与到一个相互关联的世界中。断言全球化是由全球与地方之间的互动组成的已经成为普遍现象。[8]在全球范围内,当地的精英人士无疑在挪用改造时间的过程中扮演着主导性角色,无论是在黎凡特地区、英属印度、法国,还是德国。但是,全球化比人们普遍认为的更加突显了民族差异,并推动了具有民族动机的时间改革的公开化。80多年里,采纳统一的平均时间的政策逐步升级,以建立一套统一时区的系统为目标。尽管全球时间最终取得了成功,但它在将近一个世纪里都是国家时间。而且,由于各国政府和宗教界有着宗教和民族上的顾虑,历法改革始终未能完成。因为时钟时间的统一在将近80年过后的20世纪中叶前后或多或少算是完成了,所以,时间的标准化如今一直被认为仅仅指时钟时间。相形之下,历法改革基本上已经被人遗忘了,因为它不像时钟时间的统一,从来就没有盛行过。然而,就其获得的关注、催生出的讨论,以及激起的兴趣来说,历法改革在自己的时代比稍早时期的时钟时间的标准化更加突出,哪怕没有超过,那至少也引起了同夏令时一样广泛的争论。重要的是记住,由于历法改革遭到了来自宗教、民族主义,以及文化方面的反击,作为一个整体的时间改革直到今天仍然没有完成。与此同时,国际化和全球化的种种努力也导致了对民族和宗教差异的坚持。

就伊斯兰教而言,电报对全球时间和空间的重新配置,第一次把确定伊斯兰教历法的种种变数暴露了出来,因为有关不断增加的对阴历月的定义的新闻时不时会浮出水面。随之,像电报(有必要加上印刷)这样的技术,及其在让散布于数个大陆上的穆斯林取得联系的过程中发挥的作用,促使伊斯兰教的学者们想象一个并非作为民族,而是作为一种全球性实体存在的穆斯林共同体,它能够从宗教实践的统一和历法时间的和谐节奏中汲取力量。然而,关于如何确定伊斯兰教的历法的某些特定观念的传播,也让伊斯兰教思想家们能够将想象中的穆斯林全球共同体自然化、本质化为一个整体的文明实体,并让这个共同体以在整个19世纪中各国家、各民族得以本质化和"被发明"的类似方式实现自然化、本质化。在这个过程中,国家和文明在对时间的重构方面像极了彼此。[9]

把正在一体化的世界的各种关联转化为服务于各民族、各民族国家,以及各文明的利益的种种努力,是一种常态,而非例外。统一的时区和平均时间为何进展如此缓慢,直到20世纪中叶数十年仍有很多部分不完整,原因可谓多种多样,而想象抽象时间的复杂性则为此增加了难度。然而,一个重要的因素是,在欧洲以内及以外,采纳平均时间背后有着国家化和区域化的因素。做出何种决定基于区域整合,往往还包括了与邻国的关系。但是,时间的国家化还是导致在20世纪中叶之前越来越多的国家统一平均时间的不断增加,而大部分时区的设置都与格林尼治的零度子午线有着均匀的距离。这是一个附加的、计划之外的进程。服务于阿拉伯和伊斯兰自强运动的有效时间管理的工具化,也产生了类似的意外结果。当中东和亚洲的一些社会策略性地接纳了他们所理解的"西方"现代性的特定面向时,他们以民族的或文明的名义行事。但出乎他们意料的是,这类自强与复兴的策略助长了欧美价值观的普及,进而促进了价值和观念在某种程度上的不断趋同,这就像各国的国家时间逐步增多,形成了近乎通用的、统一的时区网络。

时间的国家化和区域化也是19世纪和20世纪初的某种类型的知识生产与传播的结果。在国际会议和代表大会上以各种形式进行交流的知识和信息,大部分都与国家有关,或者说,至少可以被阐释为国家话语,并能服务于国家。19世纪的诸国都发现,人口和领土是能够量化、可以衡量的资产与负债。因此,生成数字知识以估算和控制人口成了当务之急。[10]许多学科和其他通过期刊、学会,以及大会等形式参与知识国际交流的专家群体,他们交换得来的,正是各国政府渴望获取的那类信息。统一的时间,虽然有着比铁路经营者和管理人员所阐释的更多层次的价值,但这并没有带来什么不同。知识与实践的流通被无缝地部署起来,以推进国家建设和民族建设的进程。

于是,从19世纪末和20世纪初的视角来看,全球化和相互关联性意味着"民族国家时代的终结"这个主张是错误的。历史上,欧洲的民族国家似乎已经相当成功地研读了跨境流动和跨境联系的离心推力和拉力。[11]是帝国——准确说来(至少最初)是欧亚大陆上古老的多民族陆上帝国——没能得到幸存,并以各种形式土崩瓦解。帝国无法聚集资源,而民族国家却有动员它们来驾驭全球化的力量。而且,以国家的名义利用知识和思想,并赋予其国家功能这一方式,对帝国来说效果不佳。1900年左右,提倡把时间管理用作"民族"自强的工具的阿拉伯知识分子们,在奥斯曼帝国统治诸个阿拉伯省份的框架下仍然这般行事。但是,对通过这种方式增强的对"阿拉伯民族"和"伊斯兰文明"的信念,是叙利亚和穆斯林身份认同的预兆,它很快就会以各种方式同占有该地区的奥斯曼势力(因此即非阿拉伯势力)发生冲突,最终造成了帝国的解体,尽管奥斯曼帝国的苏丹一度争取利用泛伊斯兰主义的力量来支撑起帝国。[12]虽然各个帝国在慢慢瓦解,可另一方面,由于地处一个更大的地区的入口或中心的位置,许多城市在智识和经济方面仍然非常活跃。与此同时,随着新的贸易争相从老牌贸易城市迁出,而某些自强运动的实验和西化主张对更为保守的人士来说太过大胆,整合进思想和经济交换的全球网络,可谓加剧了这些城市与内陆腹地之间的分裂。于是,另一个强调关注不同政治实体的规模和差异的论点提出,对民族国家、殖民地、帝国、城市,以及国际组织来说,与流动和关联的网络的接触会带来截然不同的后果。从不同的地缘政治环境的视角出发来思考时间改革感受肯定会不一样,因为这些视角对改革主义思想和实践有着不同的阐发和运用。更重要的是,这类不同的阐发和运用反过来又为更进一步地扩大这些政治实体之间的差异创造了条件。

结　语

***

时间改革大约是在1908年到1913年间达到了顶峰。各个商会都起草了关于历法改革的决议书，并努力争取让各国政府加入。奥斯曼帝国的一个委员会讨论了正式用欧洲时间取代"阿拉伯"或"土耳其的"时间。朱卜兰·马舒赫，《当下之声》的记者，写到了他"假扮欧洲人"的经历，以及他随后观察到的黎凡特都市社会中的景观，即富有的、人脉广的阶层是如何浪费时间的。法国在其本土和整个帝国都采纳了格林尼治时间，同时举行了两次有关电报时间信号分发的国际会议。一家国际计时局在巴黎设立。一位谢赫在麦加布道，说时间的意义如同命运。伊拉克著名诗人马鲁夫·鲁萨菲，在一首关于时钟，以及更多相关主题的诗中，让阿拉伯－伊斯兰教对时间之流逝的沉迷得以不朽。

英国国会议员罗伯特·皮尔斯把关于历法改革和夏令时的议案带到了议会。英国政府指定了一个委员会研究夏令时。瑞士议会和各种德国机构在考虑复活节日期的稳定化问题，并与比利时外交官一道，争取让梵蒂冈参与历法改革。伊斯兰教法律学者对确定伊斯兰阴历月开端的各种不同的做法愈发忧心忡忡；关于在报告目击新月的问题上使用电报的一场争议，激发出一种完整的法律思想类型，以及关于在确定宗教仪式的时间时运用技术的文章。夏令时协会在英美世界层出不穷。泛美联盟科学代表大会（The Scientific Congress of the Pan-American Union）鼓励在西南半球也采纳时区。德属殖民地官员开始关心起标准时间在其属地的运用情况。印度教教徒和帕西人则在思考他们自己的历法改革。这份清单可以继续往下列。

全球史的和国际史提供了一种优势，也即把看似独特的欧美的（或者就此而言，南亚的或阿拉伯－伊斯兰教的）故事与世界其他地区类似的发展相提并论。在这样的视角下，双方都有了更清晰的认识。当罗伯特·皮尔斯和同时代的英国人烦恼于日光和本该用于有益活动的时间遭到"浪费"时，黎凡特地区和埃及的阿拉伯改革者们则告诫东方同胞要明智地使用时间、管理时间，以便更有效地获取知识和技能。而艾哈迈德·沙基尔有关统一的伊斯兰教历法的提议，必须与各个商会、国际联盟，以及许许多多参与到这场运动的个体改革活动家讨论的有关统一的世界历法的提议进行对话。思想的调解人和传播者常常与印刷和通信被捆绑在一起，形成知识分子的集群，它们完完全全无视诸如国家的、民族的、国际性的、区域的，以及当地规模的各类政治单元。

要理清这些活动令人难以置信的同时性，清楚地确定是什么支撑着它，可谓困难重重。有时，我们有可能在单一的改革努力之间发现传播的直接轨迹——比方说，在档案中发掘到1910年前后瑞士、比利时，以及德国的历法改革者之间的通信时。在其他情况下，时人也可能在读到或听说了某处的改革后，总结说是时候采取类似的举措了，尽管他们并没有留下这类轨迹的痕迹。但在更多的案例中，兴许根本就没有这样的联系。19世纪的全球化鼓舞人们思考并谈论与时间有关的类似问题，即便是在直接的刺激和交流缺席的情况下。

铁路和电报、蒸汽和电力无疑巩固了全球化的基础。但是，要让相互关联性得以持续，就需要人们把这个世界当作一个全球空间（global space）来进行思考和写作。以这种方式推动了全球化的很多个体，包括了记者、宣传家，以及编辑，他们可谓是适当地利用各种形式的印刷品来传播自己的思想的公共知识分子。对欧洲和北美，同样还有非西方社会来说，亦复如是。截至19世纪晚期，黎凡特地区、英属印度，以及东亚社会都在持续出产大量印刷品。众所周知，这些年里，在欧洲，报纸、期刊，以及大众读物和廉价报刊是新闻和观念的重要传输纽带。[13]通常较少为人所知的是小册子在印刷文化的中心地位。小册子这种形式与近代早期的历史、启蒙运动史,以及尤其是法国大革命、美国革命的历史联系密切;因此,它一般不会被看作是19世纪晚期和20世纪初观念传播过程中的重要特征,然而,它应当被这样看待。纸张生产上的创新——其中最重要的就是不再从制浆碎布中提取纤维,转而从制浆木材中提取纤维——大大降低了19世纪中叶以来纸张的价格。纵然关于知识产权的观念正开始形成,但版权实际上仍然不是强制的。[14]

严格的法律限制的缺席,加上不断降低的纸张价格,使普通中产阶级男性(和少数女性)能够将自己的想法付诸印刷,他们宣传自己的产品,重印曾在媒体或期刊上发表过的文章,以及发布并分发传播一道裁决教令。政府档案中尽是这些小册子,它们大多数是自行出版的,同一时期的图书馆也是如此。多数时候无需请求,作者们便将这些小册子分发至任何他们能分发的地方。小册子和脆弱的版权执行让作者们可以汇编著名的文学作品及其他作品的"最佳"合集。出版了多部畅销书的苏格兰出版商约翰·穆雷就有这样一则故事不吐不快,他出版的书有很多未经授权的版本和摘录版本,它们层出不穷地出现在世界各地的小册子里面。这些小册子让前述那位中国历法改革者能够向国际联盟寄出一百份自己的改革计划书,让专攻伊斯兰教律法的学者能够表达自己对电报及阴历月的看法。作为一种具有历史性的形式,小册子在19世纪的全球化进程中非常活跃。在全球层面上,本尼迪克特·安德森的"印刷资本主义"(print-capitalism)这个概念既建立在小册子和非正式的单行本的基础上,又同等建立在书籍和报纸的基础上。小册子和非正式的单行本,或未经授权的翻译和重印,并不具有安德森所认为的报纸具有的效应,也即通过翻开同一日期的日报这个行为的同时性创造出了一个被同时性联合起来的共同体。尽管如此,这些印刷品还是有助于锻造出超越民族国家的思想共同体,以及知识生产的集群，同时也有助于与世界其他地区进行交流、传播有关时间的观点和看法。

然而，在创造一个同时关注着时间的世界的过程中，最重要的因素不是组织与物质因素，对1900年前后的全球化来说，最重要的是一种时间的基本特质。在19、20世纪之交，因为时间要助力于全球的构成，所以它以多种多样的形式呈现了自身。并非偶然的是，进化谱系、技术网络，以及"现代的"和"古老的"时间，都强烈地标识出并构成了种族的、政治的、社会的，以及经济的等级制和权力关系。以不同形式表现的时间在本质上是一种话语的、制度性的和技术性的衡量尺度，它生产了一种全球意识并允许其出现。

通过将某人自己和他人定位在时间系统当中，时间确立了某种看起来与可通约性和可比较性有关的事物。全国平均时间促进了人们对地区内部，以及同邻国之间的时差的计算，进而划分出了地缘政治空间，偶尔还有势力范围。凭借对职业群体和他们的"时间"进行更具体的区分，社会时间在一个国家的不同社会经济群体之间创造了劳动分工：工人、办公室职员、中产阶级专业人士，以及"有闲"阶层。这些差异很容易就延伸至全球层面，并在全球的劳动分工中把不同民族和社会归类。在这个方面，E. P. 汤普森本人在他1967年那篇关于时间规训的文章中生动地描述过，他在文中仍然在使用从人类学和民族志的观察中选取的一些例子，比如埃文斯－普里查德（Evans-Pritchard）有关努埃尔人（Nuer）的文字，布尔迪厄有关阿尔及利亚的卡比尔人（Kabyle people）的文字，以及来自爱尔兰西海岸阿伦群岛（Aran Islands）的一份描述，以便解释他所说的"任务导向"——用他的话来说即"原始人群"的时间是何含义。[15]

历法改革，以及在更为广阔的社会范围内对历法时间的高度兴趣，都是由一种类似的比较思维激发出的，这种思维力图促进并简化历法和纪元的计算、转换,以及比较,进而在时间与空间当中为自己定位。在穆斯林学者中间,驱动历法改革的,与其说是竞争激烈或居高临下的比较,不如说是这样一个问题:在一个日益缩小的世界中,宗教时间究竟能有多少普遍性,以及在一个由国家、地区及其不同的纬度和经度组成的世界里,是否有可能把穆斯林的共同体,"乌玛",想象成是全球性的。在其仍然有影响力的论及民族主义的著作中,本尼迪克特·安德森辩称,在许多不相关和遥远的地方阅读同一日期的报纸所具有的同时性,"使得迅速增加的越来越多的人得以对他们自身进行思考,并将他们自身与他人关联起来成为可能"*。在他著名的论证中,这就是促成了创造民族的"想象的共同体"的事物。[16]安德森忽略了民族主义和19世纪的全球化的双重属性。新的交通与通信工具,以及各国内部广泛传播的小册子和期刊引起的同时性,启发了19世纪的许多社会想象全球不比想象民族来得少。事实上,在想象民族的过程当中,其核心部分就是将其想象为处于世界之中的民族。全球化与民族主义在时间系统中交织在一起。正是变革后的时间系统作为一种社会环境的基本潜质,才使得时间在对19世纪和20世纪初的世界的理解方面占据着核心位置。当世界正落入西方帝国主义的统治之下时,有关时间的讨论开始出现并达到了顶峰。时间从来都不是中立的;从来就没有一种客观的、逐渐应用至全世界的时间系统;时间改革从来不仅仅是为了设定好一些经常令人眼花缭乱的时钟,以让它们同时报时。时间和被时间化的差异(temporalization of difference)帮助了欧洲人和做出回应的非西方人来理解这个帝国的时代的相互关联又异质的世界。

---

\* 参考本尼迪克特·安德森著《想象的共同体:民族主义的起源与散布》,吴叡人译,第33页,上海人民出版社,2011年,略有改动。——译者注

# 注释

1. "Turning Their Backs on the World," *The Economist*, February 19, 2009, http://www. economist.com/node/13145370; "Going Backwards: The World Is Less Connected than It Was in 2007," *The Economist*, December 22, 2012, http://www.economist.com/news/business/ 21568753-world-less-connected-it-was-2007-going-backwards; 还可参看Dani Rodrik, *Has Globalization Gone Too Far?* (Washington, DC: Institute of International Economics, 1997).

2. Sven Beckert, *Empire of Cotton: A Global History* (New York: Knopf, 2014).

3. 参见O'Rourke and Williamson, *Globalization and History*, chs. 2, 3; 还可参看Geyer and Bright, "Regimes," 218.

4. 有两本书对近来撰写全球史的尝试做出了大量贡献，这两本书解释了相似性和差异性之间的张力，它们是：Bayly, *Birth of the Modern World*, 以及Osterhammel, *Transformation of the World*.

5. 转述的是Charles Tilly, *Big Structures, Large Processes, Huge Comparisons* (New York: Russell Sage Foundation, 1984).

6. AN F/17/2921, Commission de décimalisation, Pamphlet, Henri de Sarrauton, Deux projets de loi, 1.

7. 关于非西方世界的自强和有针对性的自发现代化，参见Philip Curtin, *The World and the West: The European Challenge and the Overseas Response in the Age of Empire* (Cambridge: Cambridge University Press, 2002); 作为一例，参见Thongchai Winichakul, *Siam Mapped: A History of the Geo-Body of a Nation* (Honolulu: University of Hawaii Press, 1994).

8. Roland Robertson, "Glocalization: Time-Space and Homogeneity-

Heterogeneity," in *Global Modernities*, ed. Mike Featherstone, Scott Lash, and Roland Robertson (London: Sage, 1995), 25–44, and Arjun Appadurai, *Modernity at Large: Cultural Dimensions of Globalization* (Minneapolis: University of Minnesota Press, 1996).

9. 关于整体的文明身份和各种"泛"运动（pan-movements）的出现，参见Cemil Aydin, *The Politics of Anti-Westernism in Asia: Visions of World Order in Pan-Islamic and Pan-Asian Thought* (New York: Columbia University Press, 2007).

10. 关于人口的发现，参见米歇尔·福柯的生命政治与治理性的概念：Foucault, *The Birth of Biopolitics:* Lectures at the Collège de France, 1978–1979, ed. Michel Senellart (London: Palgrave Macmillan, 2008); Foucault, "Governmentality," in Foucault, *Security, Territory, Population: Lectures at the College de France, 1977–78* (London: Palgrave MacMillan, 2007), 126–145; Charles S. Maier, "Leviathan 2.0: Inventing Modern Statehood," in Rosenberg, *A World Connecting*, 29–283, here 156–170. 在《想象的共同体》的修订再版中，本尼迪克特·安德森增加了一章讨论地图和人口普查，呼应了这些论据中的部分。Anderson, *Imagined Communities*, ch. 10.

11. Torp, *Herausforderung*, esp. 369–370.

12. Hassan Kayalı, *Arabs and Young Turks: Ottomanism, Arabism, and Islamism in the Ottoman Empire, 1908–1918* (Berkeley: University of California Press, 1997).

13. Osterhammel, *Transformation of the World*, 29–35.

14. 关于中东视野下的早期纸张与印刷，参见Nile Green, "Journeymen, Middlemen: Travel, Trans-Culture and Technology in the Origins of Muslim Printing," *International Journal of Middle East Studies* 41, no. 2 (2009):

203–224; Isabella Löhr, *Die Globalisierung geistiger Eigentumsrechte: Neue Strukturen internationaler Zusammenarbeit, 1886–1952* (Göttingen: Vandenhoeck & Ruprecht, 2010).

15. Thompson, "Time, Work Discipline, and Industrial Capitalism," 58–59.

16. Anderson, *Imagined Communities*, 36.